성공하는 스타트업을 위한 로켓 비즈니스모델

Startups Business

Strategy and Execution From A to Z

스타트업 창업

창업의 A부터 Z까지 전략과 실행

최은정 · 김경민 · 이인구 · 박정은

박영사

머리말

본서는 스타트업 창업을 준비하는 예비창업자와 스타트업 창업을 교육하는 현장을 위한 창업기본서이다. 본서는 다음 그림과 같이 로켓 추진체, 본체, 윙, 헤드의 4단계를 11개의 CHAPTER로 구성하였다. 각 CHAPTER는 스타트업이 학습하고 적용해야 하는 중요 전략과 실행방안들에 대한 관련 이론, 프레임워크, 사례 등을 담았다.

창업의 과정은 끊임없는 학습의 과정이고, 점검의 과정이라 해도 과언이 아니다. 본서는 스타트업의 성공적인 린(Lean) 경영을 위해 거시적, 미시적 환경의 변화와 도전에서 차별화된 가치를 개발하고 효과적으로 전달할 수 있도록 해당 역량을 키우는 데도 집중했다. 이를 위해 다양한 방법론과 실습 프레임워크를 제시하고 각 CHAPTER별 학습 후 응용 실습할 수 있도록 하였다.

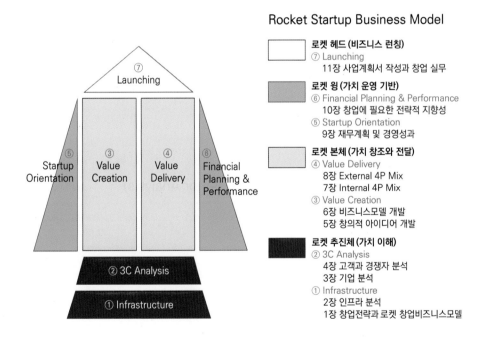

Rocket Startup Business Model

로켓 헤드 (비즈니스 런칭)
⑦ Launching
11장 사업계획서 작성과 창업 실무

로켓 윙 (가치 운영 기반)
⑥ Financial Planning & Performance
10장 창업에 필요한 전략적 지향성
⑤ Startup Orientation
9장 재무계획 및 경영성과

로켓 본체 (가치 창조와 전달)
④ Value Delivery
8장 External 4P Mix
7장 Internal 4P Mix
③ Value Creation
6장 비즈니스모델 개발
5장 창의적 아이디어 개발

로켓 추진체 (가치 이해)
② 3C Analysis
4장 고객과 경쟁자 분석
3장 기업 분석
① Infrastructure
2장 인프라 분석
1장 창업전략과 로켓 창업비즈니스모델

2024년 5월
최은정, 김경민, 이인구, 박정은

차례

PART 2 로켓 본체: 가치 창조와 전달

PART 3 로켓 윙: 가치 운영 기반

PART 1 | 로켓 추진체: 가치 이해

CHAPTER 01 창업전략과 로켓 창업비즈니스모델

Startup Strategy & Rocket Startup Business Model

네이버웹툰, 수익 모델 PPS 규모 10년간 2조 원 이상 성장

2013년 PPS 첫 적용… 지난해 연간 규모 2조 255억 원
지난해 네이버웹툰 한국어 서비스 웹툰 52% 해외 매출 발생

네이버웹툰은 창작자 수익 다각화를 위해 마련한 웹툰 비즈니스모델 패키지 'PPS 프로그램'이 출시 10주년을 맞았다고 25일 밝혔다. 10년간 PPS 프로그램의 연간 규모는 2조 원 넘게 증가했다. 네이버웹툰은 2013년 3월 콘텐츠 유료 판매 수익, 광고 수익, IP 비즈니스 수익을 중심으로 하는 창작자 수익 다각화 모델 'PPS 프로그램'

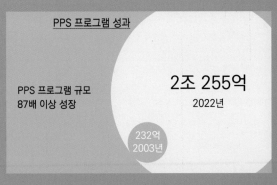

출처: 네이버웹툰 제공.

을 정식 연재 작가들에게 공개하고 4월부터 본격 적용하기 시작했다. PPS 프로그램의 연간 규모는 2013년 약 232억 원에서 2022년 약 2조 255억 원으로 10년간 2조 원 이상 성장했다. 10년 전 대비 87배 이상 증가한 수치다. 웹툰 산업도 10년간 성장했다. 네이버웹툰은 국내에만 존재하던 웹툰 산업을 글로벌시장으로 확대하고자 지속적으로 글로벌시장에 투자했다. 일본어·영어 등 글로벌 서비스를 확대하고 현지 공모전이나 코믹콘 등을 통해 현지 창작자를 발굴하고 사용자층을 넓혔다.

무료 감상이 중심이던 웹툰 시장에서 유료 콘텐츠 모델도 크게 성장했다. 네이버웹툰, 네이버시리즈, 라인웹툰, 라인망가 등 네이버웹툰이 운영하는 플랫폼에서 연간 거래액 1억 원 이상을 기록한 웹툰, 웹소설 작품 수는 2013년 1편에서 2022년 904편으로 증가했다. 한국 웹툰 작품의 글로벌 진출도 확대됐다. 2022년 기준 네이버웹툰 한국어 서비스에서 정식 연재되고 있는 작품의 52%가 해외에서 매출을 냈다. 아울러 네이버웹툰은 수익 모델 PPS를 '페이지 프로핏 쉐어(Page Profit Share)'에서 '파트너스 프로핏 쉐어(Partners Profit Share)'로 변경하기로 했다고 발표했다. "예전에는 웹툰, 웹소설 플랫폼 내의 페이지에서 발생하는 수익을 나누는 것이 중심이었지만, 앞으로는 원작 IP를 기반으로 한 다양한 비즈니스를 통해 발생하는 매출도 커질 것"이라며 "네이버웹툰은 작가들의 IP가 더욱 큰 비즈니스 기회를 만날 수 있도록 든든한 조력자 역할을 할 것이며 그 의지를 담아 브랜드명을 변경하기로 했다"고 말했다.

이날 새로운 PPS 프로그램의 목표도 공개했다. 대표는 "새로운 PPS 프로그램을 토대로 2028년까지 연간 거래액 1억 원 이상 작품을 2,000편으로 두 배 이상 늘리고 2025년까지 월평균 500만 원의 IP 비즈니스 매출을 발생시키는 작품을 연간 500개 이상으로 확대시킬 것"이라고 밝혔다. 네이버웹툰은 창작 생태계 지원 프로그램 '웹툰위드'를 공개했다. 최근 웹툰위드의 일환으로 도전만화·베스트 도전 창작자 전용 시스템 '크리에이터스'를 오픈했고 점진적으로 기능을 확대하고 있다.

지난달 2일 아마추어 창작자들이 창작 편의성을 높일 수 있도록 '작품 통계' 기능과 '회차 예약 기능', 악성 댓글로부터 창작자를 보호하기 위한 '댓글 관리' 기능을 출시했다. 아마추어 창작자 대상 수익 창출 기능도 올해 중 도입을 준비하고 있다. "한국의 웹툰 생태계가 글로벌로 확대되고 독자 저변이 커졌지만 해외 시장에서는 거대 엔터테인먼트 기업들과 치열한 경쟁을 하고 있다"며 "글로벌 1위 스토리테크 기업으로서 책임감을 가지고 창작자 지원을 확대해 나가겠다"고 전했다.

출처: news1, 2023.04.25.

⠿ 창업전략

스타트업의 기술창업

스타트업 창업의 범위는 매우 넓지만 협의적으로 통용되는 스타트업 창업은 일반적으로 벤처창업을 지칭한다. 이는 기술창업으로 혁신적 기술을 기반한 창업을 지향하기 때문에 혁신의 방점이 기술에 있음을 말한다. 세상을 바꾸는 혁신 기술들을 지금도 끊임없이 선보이고 있는데, 가트너사는 매년 가트너 하이프곡선(Hype Cycle)을 발표하고 있다. 하이프곡선은 신흥 기술들의 등장과 함께 2년 이내, 2~5년, 5~10년의 구간별로 기술의 변화, 진화, 퇴출 등 해당 기술의 발전상의 현 위치를 알려주고 성숙해 가는 사이클을 설명하여 혁신 기술의 트렌드를 한눈에 보여준다.

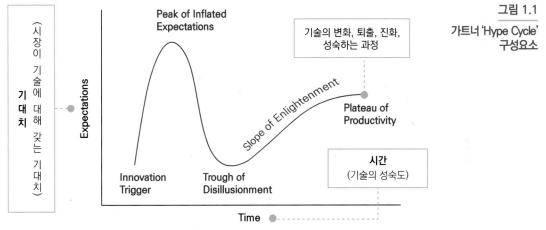

그림 1.1
가트너 'Hype Cycle'
구성요소

출처: Gartner, 이글루코퍼레이션(내용 재구성).

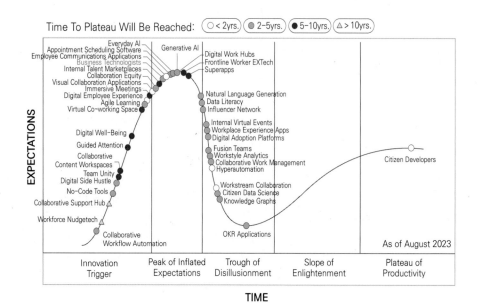

그림 1.2

2024년 신기술
'Hype Cycle'

출처: Gartner Top 10 Strategic Technology Trends for 2024.

혁신수용모델과 캐즘 극복

혁신수용모델 (Innovation Adoption Model)

스타트업의 혁신 제품이나 서비스의 마켓 출시는 소비자의 수용과 밀접하게 연결되어 있다. 에버렛 로저스(Everett Rogers)가 제안한 혁신수용모델(Innovation Adoption Model)은 혁신을 수용하는 사람을 다섯 가지 범주로 분류하여 제안했다. 다단계 흐름 이론(Multi-Step Flow Theory) 또는 혁신 확산 이론(Diffusion of Innovations Theory)으로도 불린다.

그림 1.3

캐즘 포함
혁신수용모델

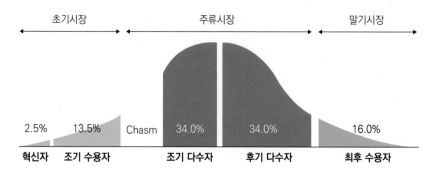

출처: Ragers, E. M.(1983), Diffusion of Innovations.

혁신 기술 스타트업 창업에서 확산(Diffusion)은 매우 중요한 개념으로서 다음과 같이 다섯 가지의 초점 중심으로 연구됐다.

① 혁신의 수용에 영향을 미칠 수 있는 혁신의 특성 예 최신 스마트폰의 폴더형, 롤업형 등과 같은 디스플레이 기술의 혁신
② 개인이 새로운 아이디어, 제품 또는 관행을 채택하는 것을 고려할 때 발생하는 의사결정 프로세스 예 개인의 구매 및 의사결정 성향(분석적 의사결정 vs. 즉흥적 의사결정)
③ 혁신을 수용하게 하는 개인의 특성 예 개인의 인구통계적 특징(성별, 연령, 직업 등), 개인의 지식, 경험, 지각된 위험(위험 선호형 vs. 위험 회피형) 등
④ 혁신을 수용한 개인 및 사회에 대한 영향 예 개인의 의사결정 과정에서 구전, 추천 등에 대한 영향
⑤ 수용 프로세스에서 사용되는 커뮤니케이션 채널 예 SNS, 댓글, 인플루언서 등의 영향

혁신 수용에 따른 유형

혁신수용모델이 제안한 혁신수용의 확산곡선은 혁신의 수용 정도에 따라, 소비자를 혁신자(Innovator), 조기 수용자(Early Adopter), 조기 다수자(Early Majority), 후기 다수자(Late Majority), 최후 수용자(Laggards)의 5단계로 구분한다.

〈그림 1.3〉에서 보여주듯이, 혁신자는 2.5%에 해당하며, 변화를 끌어당기는 용기 있는 집단으로 혁신기술 수용에 있어서 아주 중요한 커뮤니케이션 메커니즘을 제공하는 집단이다. 혁신자의 초기 수용 이후, 단계별 수용이 도미노처럼 이루어지기 때문에 혁신기술 수용을 위해 가장 신중히 먼저 공략해야 하는 집단이다. 조기 수용자는 13.5%에 해당하는데 존경할 만한 사람들, 의견 선도자, 새로운 아이디어를 수용하여 조심스럽게 시도해 보는 집단이다. 조기 다수자는 34.0%에 해당하며 신중한 집단으로 다소 조심스러우나 일반적인 사람들보다 좀 더 빨리 변화를 수용한다. BCG모델에서 높은 수익률과 보유 현금을 높여주는 'Cash Cow' 범주로 성장할 수 있게 하여주는 집단이기도 하다. 후기 다수자는 34.0%로서 전반적으로 혁신 기술에 회의적인 생각을 하고 있으며 대다수 사람이 새로운 아이디어와 제품을 사용할 때 수용하는 집단이다. 마지막으로, 최후 수용자는 16.0%로서 전통적인 생각의 집단으로서 기존 방식을 고수하는 것을 좋아하고, 새로운 아이디어에 대해서는 비판적이다.

새로운 기술이나 아이디어가 주류가 되거나 심지어 전통이 되어야지 가장 마지막으로 수용한다. 혁신 기술 기반의 스타트업들은 혁신수용모델에서 정의한 단계별 수용자의 다른 특성을 정확히 파악하고 이를 반영한 초기 마케팅 기획이 필요하

다. 즉 대중인 조기 다수자를 바로 타깃하는 것이 아니라 전체의 2.5%밖에 안 되지만 변화를 좋아하고 혁신에 선도적으로 도전하는 혁신 소비자 그룹을 우선 타깃으로 하고 이후 그다음 단계의 그룹으로 확장되도록 해야 한다.

혁신수용단계의 캐즘 극복

캐즘이론(Chasm Theory)은 Moore가 제시한 이론으로서 혁신기술 제품이 초기 시장 단계에서 그다음 단계인 대중화 단계로 넘어가는 과정에 단절된 계곡인 캐즘을 넘어서야 하는데, 일부 혁신제품은 이 캐즘을 넘어서지 못하고 일부 초기 수용자들에게만 수용되고 시장에서 사라지는 현상을 설명한 것이다.

일반적으로 혁신제품들은 시장 초기 단계에 혁신가들로부터 지대한 관심을 받고 일시적인 수요 급증을 보이다가 시장 수요가 정체되는 긴 기간을 경험한다(그림 1.3 참조). 대중화 기준인 전체 시장에서 16% 이상이 수용하면 대중화 단계로 넘어서는 것으로 보는데, 16% 이상의 수용 단계로 넘어설 때, 캐즘의 극복이 중요하다. 성공적으로 캐즘을 극복하기 위한 방안은 다음과 같다.

① 현 시장에 선보인 제품의 오류가 있는지 적극적인 개선 작업 수행
② 조기 다수자의 수용이 이루어지도록 조기 다수자의 니즈를 파악하고 적극적인 공략 및 마케팅 수행
③ 가치 기반의 가격 정책보다는 시장 수요 기반의 가격 정책으로 전환
④ 주류시장으로 진입하기 위한 적절 유통 경로 개발 및 전개

시장 진입 전략

시장의 진입 시점에 따라 우위 원천들이 상이하기 때문에 시장 진입 시점이 중요하다. 시점에 따라, 다른 경영전략들이 개발되고 시행되기 때문이다. 대부분의 비즈니스 의사 결정은 복잡하며 시장 진입에 관한 선택은 매우 어려운 경영의사결정이다. 시장 진입 전략은 진입 유형(자생적으로 진출할 것인지 vs. 파트너 주도로 진출할 것인지)과 시장 상황(신시장 vs. 확립시장, 또는 국내 vs. 다국적), 진입 시기(선도, 후발, 초기, 후기) 등을 선택하는 것이다. 이러한 선택은 기업의 성과와 생존에 영향을 주는 기업의 방향성, 운영 규모, 파트너 관계, 산업 내 포지셔닝 등에 영향을 미친다. 〈그림 1.4〉는 시장 진입시기와 관련한 중요 고려 경영변수 및 경영성과와의 역학관계들을 한눈에 알아볼 수 있도록 해준다. 진입시기의 순서 또는 관계 관련 경영 의사결정의 중요 선행요인들은 산업/시장 조건, 기업의 특징, 제품요인이 있다. 진입시기에 미치는 선행요인이나 진입시기가 경영성과에 미치는 영향을 고려할 때 다양한 사항들을 검토해야 한다. 산업의 성숙정도 및 변화속도, 경쟁조건, 국가조건 등의 산업/시장조건의 검토가 우선되어야 하며, 기업의 규모, 자원 및 역량 등의 기업특징의 검토, 제품의 라이프 사이클, 혁신성/보완성 및 소비자 태도 및 충성 정도의 제품요인의 검토 등이 필요하다.

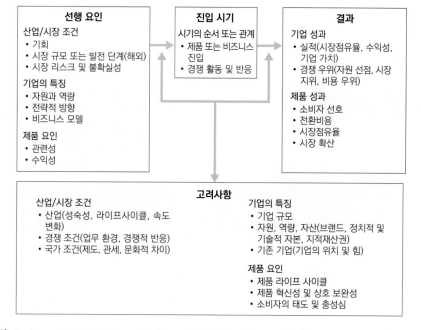

그림 1.4

시장 진입시기 관련 중요 고려 경영변수 및 경영성과

출처: Zachary, Gianiodis, Payne, Markman(2015), "Entry Timing: Enduring Lessons and Future Directions," *Journal of Management*, 41(5), 1388-1415.

선도자 우위 전략 (First Mover Advantage)

선도자 우위 전략은 시장에서 가장 먼저 특정 제품이나 서비스를 런칭하여 특정 시장에서의 선도적 위치를 선점함에 따라 그 혜택들을 배가시키는 전략이다. 즉, 특정시장을 처음 진입함에 따라 해당 기업 중심으로 그 시장의 기준을 새로이 만들기 때문에 업계 기준이 스스로 될 수 있고, 후발기업이 진입하기 어렵게 진입장벽을 세울 수 있고, 경험효과를 통해 원가우위를 확립할 수 있다. 무엇보다도 고객 인식 속에 선도자로서 포지셔닝하기 때문에 오피니언 리더를 통한 좋은 평판을 형성하고 강력한 선도브랜드 이미지를 포지셔닝할 수도 있다. 즉 선도자 우위 전략은 특정시장을 처음 들어간 것이 아니라 새로운 시장을 만든 창조한 것이라고도 볼 수 있다. 선도자 우위 전략의 사례로는 IBM, 아이폰, 코카콜라, 제록스, 맥도날드 등이 있다. 이들은 선도자 우위의 높은 혜택을 통해 수년간 해당 사업 카테고리에서 선도 브랜드로서 위상을 날리고 있다.

선도자 우위 전략의 최근 사례는 LG가 세계 최초로 출시한 'LG 시그니처 OLED TV R'을 들 수 있다. TV가 대형화되면서 차지하던 한정된 공간을 화면을 구부리고 돌돌 말리는 Roll-Up의 혁신 기술을 통해 새로운 공간 구성의 새로운 가치를 제공하였다. 이러한 혁신제품은 백라이트 없이 스스로 빛나는 패널인 OLED의 독보적 기술과 함께 종이처럼 얇게 만든 기술이 없이는 불가능하다.

그림 1.5

선도자 우위 전략의 사례: LG 시그니처 OLED TV R

출처: LG전자 홈페이지(https://www.lge.co.kr/signature/oled65rxkna).

그러나, 선도자 우위 전략이 항상 성공적이지는 않다. 시장 선도 진입은 기업들로 하여금 자신들의 전략, 운영, 비즈니스모델의 변화를 요구하며 최초 진입으로 인한 사업의 불확실성을 감수해야 하기 때문이다. 최초 진입자(선도자)는 진입 과정과 성과에 대해 리스크 노출과 자원 창출 능력 등을 통제할 수 있는 다양한 상황요인을 고려해야 한다. LG 시그니처 OLED TV R의 경우도 OLED를 롤업하는 혁신 기술이 적용된 해당 제품을 출시하기까지 매우 높은 연구개발의 시간과 비용이 소요되었다. 이 때문에 TV 한 대에 4~5천만 원의 너무 높은 가격으로 책정되어 빠른 시장 확대의 어려움에 직면하기도 한다.

후발자 우위 전략 (Late Mover Advantage)

선도자가 개척한 시장에 추격자(Follower)로 뛰어들어서 선도자가 경험한 위험들을 피하고, 초기 연구개발 및 특정시장 인지를 높이기 위한 마케팅 비용 등을 줄이면서 특정시장에서의 혜택은 배가시키는 전략이다. 선도자의 선험적 시행착오를 경험하지 않고 오히려 선발자가 1등이라는 타성에 젖어 있을 수 있고, 기업 규모가 커질수록 시장 변화를 능동적 대처가 늦어지기 때문에 새로운 사업의 기회를 잃기 쉽다. 후발자들은 기본적으로 선도자의 미투 전략(Me-Too Strategy)이 수행하면서 선도자와의 차별화나 선도자를 통해 미해결된 불편점(Pain Point) 해결에 노력한다. 비타민을 편하게 마신다는 콘셉트의 광동제약의 '비타500', 편한 조작과 단순 디자인의 애플의 '아이시리즈', 고도화된 인터넷 게임에서 캐주얼하게 누구나 즐길 수 있도록 한 캐주얼게임의 대명사 '카트라이더'가 해당된다.

그러나 차별화한다고 하여 모두 성공하는 것은 아니다. 너무 혁신적이고 차별점이 너무 어려우면 시장이 받아들이지 못하여 실패할 수도 있다, Zhang and Markman의 연구에 따르면, 후발기업이 선도자와 달리 차별화하더라도 소비자들이 이해 가능하고 받아들이기 쉬운 성격으로 차별화해야만 후발기업에게 후발자 우위가 발생할 수 있다고 지적하였다. 따라서 시장 선도자를 단순히 모방하는 미투 전략도 시장 선도자와의 차별화를 모색하여 추격하는 후발자가 후발자로서의 혜택을 누리면서도 우위를 획득해야 한다. 이를 위해서 다양한 차원의 검토 노력과 함께 고객 기반의 수용이 용이하고 차별성을 식별할 수 있는 차별적 콘셉트 개발이 중요하다.

창업전략의 창조적 모방과 창조적 파괴

창조적 모방 (Creative Imitation)

스타트업 창업은 신기술이나 신사업의 아이디어를 기반한 기존 시장에서의 독창적인 경쟁력을 기반으로 한다. 신기술이나 신사업의 아이디어는 항상 새로운 것만은 아니다. 기존의 성공한 기업의 경영전략이나 혁신에 대한 창조적 모방과 창조적 파괴를 통해 이루지는 경우가 매우 많다. 대부분의 혁신 제품이나 혁신 서비스는 기존에 성공한 제품과 서비스의 모방과 파괴를 통해 이루어진다고 해도 과언이 아니다. 모방(Imitation)은 시장진입 시 경쟁우위를 확보하기 위해 시장 내 존재하는 제품이나 서비스를 복제하는 것을 말한다. 단순히 복제만 한다면 위조품으로 불법적이지만, 기존의 제품과 서비스의 문제점들을 보완하면, 시장이 형성되는 초기 단계에 후발주자로서 시장 진입하면서 선도자나 혁신자를 뒤따르는 초기 추격자(First Follower) 전략이다.

그림 1.6
글로벌 모바일
운영체계 시장
점유율

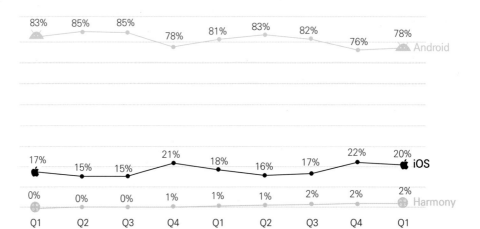

출처: Counter Point Research.

창조적 모방으로서 초기 추격자 전략의 대표적 성공 사례는 검색엔진의 글로벌 1등 기업인 구글이다. 구글은 세르게이 브린과 래리 페이지가 1990년대 후반에 온라인상의 정보량이 급속히 증가할 것을 예상하고 사용자가 원하는 정보를 빠르고 정확하게 제공하기 위해 '페이지랭크(PageRank)'라는 독창적인 검색 알고리즘을 개발하고 선보이면서 시작되었다. 그 당시, 야후가 인터넷 검색시장에서 50%에 가까운 시장점유율을 차지하고 있었고 검색 속도를 우려할 정도로 인터넷 트래픽이 많지도 않았던 상황이어서 초기 한동안은 구글의 가치를 인정받지 못했었다. 그러나 이후 구글은 후발주자임에도 불구하고 대표적으로 성공한 사례가 되었다.

구글의 성공의 원인은 첫째, 창업자들의 '전 세계의 정보를 체계화해 모두가 편리하게 이용할 수 있도록 하겠다'는 창업 정신, 실패를 두려워하지 않은 실험 정신과 창의 중심의 기업문화이다. 구글은 많은 외부 기업 인수들의 실패도 많았지만 외부 기업 인수 등 실패를 두려워하지 않는 실험 정신과 자율을 통해 유튜브와 같은 성공적인 인수하였고 운영의 성과를 만들어 내었다. 둘째, 구글은 개발하는 모든 서비스 플랫폼을 자유로이 사용하도록 사용자와 개발자에게 개방하는 오픈소스정책을 사용하였다. 이는 후발주자임에도 불구하고 짧은 시간 내 사용자 수를 늘리면서 시장점유율을 끌어올리는 데 핵심 역할을 하였다. 셋째, 스마트폰의 시대가 도래하면서 구글의 안드로이드 운영체계는 시장진입 10년 만에 전체 모바일 운영체제의 약 90%의 점유율을 차지하였다. 물론, 지금은 애플의 iOS의 추격으로 점유율 70%대를 유지하고 있지만 후발주자로서 모바일 시대의 기본 운영체계의 선두를 지속하고 있다.

창조적 파괴 (Creative Destruction)

창조적 파괴는 기술혁신이 낡은 것을 파괴하고 도태시키고 새로운 것을 창조하고 변혁을 일으키는 과정을 말한다. 슘페터는 100여 전에 출판한 그의 책 『경제발전론』에서 기업의 이윤은 기업가의 혁신에서 파생되는 것이고 혁신적인 기업가의 창조적 파괴 행위가 기존의 생산요소들과 결합되면서 이윤이 발생한다고 주장하였다. 즉, 창조적 파괴는 파괴적 혁신을 기반하게 되는 것이다. 자동차 시장의 후발주자인 테슬라는 창조적 파괴의 대표적인 예이다. 전기자동차의 핵심기술인 소프트웨어 및 배터리 기술들 가지고 혁신기술을 가지고 기존의 내연기관 자동차 산업을 파괴하고 새로운 전기자동차 산업을 창조한 것이다. 이러한 산업 창조 과정에서 보다 빨리 전기시장의 확대하기 위해서는 규모의 경제의 원리가 중요함을 인식하고 핵심 기술들을 오픈소스로 전면 공개함으로써 후발주자들이 새로운 전기자동차 시장으로 전환하도록 하였다. 이러한 테슬러의 오픈소스전략은 자동차 시장의 창조적 파괴의 역할을 하여 조만간 내연기관 자동차는 소멸하고 전기자동차가 주류가 되도록 촉발하였다.

Market Report
창조적 파괴 신산업, 주류를 넘보다

'창조적 파괴(Creative Destruction)'. 경제학자 조셉 슘페터가 주창한 개념이다. 기존 산업이 간과한 부분이나 낡은 구조를 깨버리는 새로운 기업 출현 또는 기술을 설명할 때 자주 인용된다. 최근에는 애플 아이폰에서 시작된 스마트폰 시장이 대표 창조적 파괴 사례로 언급된다. 전기차, 공유경제, 온라인동영상제공서비스(OTT) 등 최근 1~2년 사이에도 창조적 파괴에 해당하는 산업이 속속 등장했다. 어떤 것은 이미 기존 주류 산업 위치를 위협하고 있다. 기존 산업과 치열한 자리싸움을 벌이는 나머지도 언젠가 전면에 등장하리라는 기대를 한 몸에 받는다.

■ 흑자 진입한 테슬라, 내연기관 밀어낼 채비 마친 전기차

〈테슬라 전기차 모델3. 1~7월까지 북미시장 누적 판매량 3만 8,617대로 시장점유율 25%를 기록했다. 전자신문DB〉

테슬라는 지난해 3분기 흑자전환했다. 7분기 만이다. 5만 6,065대가 판매된 모델3이 실적을 이끌었다. 테슬라 흑자 전환은 순탄치 않았다. 일론 머스크 테슬라 CEO는 8월 "테슬라 상장폐지를 검토 중"이라고 트위터에 밝혔다. 이사회 의장직

에서 물러나야 했다. 테슬라 주가가 요동쳤고 미국 증권거래위원회(SEC)는 뉴욕 연방지방법원에 그를 고소했다. 이 해프닝은 테슬라와 일론 머스크에 대한 불신에서 비롯됐다. 머스크가 진두지휘하는 테슬라는 완전 자동화를 목표로 전기차 공장을 운영했다. 2017년 여름 출시한 보급형 전기차 모델3은 예약 물량을 소화해내지 못할 정도로 과부하가 걸렸다. 머스크는 지난해 4월 CBS와 인터뷰에서 "테슬라의 과도한 자동화는 실수"였다면서 자동화 개선을 시사했다.

2018년 3분기 실적에서 테슬라가 '반전'을 이뤄내자 시장과 소비자는 확신을 가졌다. 전기차만 만드는 테슬라가 첫 보급형 모델 생산에서 성공하며 시장 주류로 진입하는 순간이었다. 머스크는 "역사적 분기"라며 "모두가 불가능할 것이라고 말했지만 모델3은 테슬라를 지속가능한 기업으로 만들 것"이라고 자신감을 표시했다. 머스크의 말처럼 세계 주요 자동차 기업은 전기차로 중심을 옮기는 추세다. 아우디는 지난해 9월 브랜드 최초로 양산형 순수 전기구동 모델인 '아우디 e-트론'을 공개했다. 전기차 최초로 브레이크-바이-와이어 시스템을 도입해 감속 중 90% 이상 에너지를 회수한다. 최대 30% 이상 추가 주행거리 확보가 가능하다. 아우디는 올해 두 번째 전기차인 아우디 e-트론 스포트백, 2020년에는 순수 전기 컴팩트 모델을 선보이며 라인업을 늘린다.

메르세데스-벤츠는 올해 첫 전기차 'EQC'를 내놓고 2020년까지 10여 종 전기차를 시장에 선보인다. 현대차 역시 다양한 차량에 적용이 가능한 전기차 플랫폼 개발을 진행 중이다.

■ 더 이상 TV 안 봐··· 엔터산업 주도권 쥔 인터넷 방송·OTT

〈넷플릭스는 올해 한국에서 LG유플러스와 제휴해 IPTV까지 진출했다. 사진: LG유플러스〉

넷플릭스는 지난해까지 국내에서 약 30만 명 이상 가입자를 모은 것으로 추정된다. 넷플릭스는 지난해 LG유플러스와 제휴하며 IPTV 시장까지 진출했다. 1998년 서비스를 시작한 넷플릭스는 비디오 대여사업으로 시작해 오리지널 콘텐츠를 내세우며 글로벌 영상 스트리밍 업체로 급성장했다.

국내 가입자는 적지만 넷플릭스가 가진 폭발적 잠재력을 우려하는 분위기다. 지상파가 주축이 된 방송협회는 5월, 11월 연속으로 넷플릭스 반대성명을 냈다. 미디어산업을 파괴하는 시발점이 될 것이라는 지적이다. 방송협회는 "넷플릭스는 플랫폼 수익 50~60%를 배분받는 국내 콘텐츠 사업자와 달리 이번 제휴에서 수익 대부분인 85~90%

배분 조건을 관철시켰다"면서 "국내 사업자 역차별을 넘어 국내 콘텐츠 제작 재원으로 돌아가야 할 수익을 거대 글로벌 기업이 독점하게 된다"고 지적했다.

기존 방송업계가 반발하지만 OTT는 확산될 전망이다. 유튜브와 아프리카TV는 이미 연예인 등 기존 TV 중심 엔터테인먼트 산업 종사자까지 가세하는 거대 플랫폼으로 성장했다. 인터넷방송을 직업으로 삼는 BJ, 스트리머, 유튜버 등 단어는 낯설지 않다. 게임은 이미 지상파나 케이블보다 인터넷 방송으로 더 많은 홍보와 마케팅을 펼친다.

출처: 전자신문, 2019.01.01.

디지털 트랜스포메이션 시대의 고객경험의 중요성

아마존 성장 플라이 휠 모델 (Growth Flywheel Model)

아마존의 창업자 제프 베이조스가 2001년 레스토랑의 냅킨에 그린 스케치로 알려진 아마존의 비즈니스모델 "아마존 성장 플라이 휠 모델(Growth Flywheel Model)"은 매우 유명한 브랜디드 비즈니스모델이다. 성장 플라이 휠 모델은 아마존 비즈니스가 고객의 경험에서 출발한다는 점을 보여주는데, 아마존의 경영목표인 고객경험(Customer Experience, CX)이 어떻게 가치를 창출하고 혁신을 창출하는지의 과정을 한눈에 잘 설명해 주고 있다. 고객 경험의 혁신이 일어날수록 더 많은 고객이 아마존으로 몰리게 된다. 그럴수록 더 많은 판매자가 진입하려 할 것이다. 더 많은 진입자로 인해 다양한 상품 구색을 제공할 수 있게 되고 이에 따라 더 많은 고객이 몰리게 된다. 그럼 더욱 규모의 경제가 달성되기 때문에 원가를 더 낮출 수 있으므로 더 저렴한 가격으로 판매가 가능해진다. 이러한 선순환 구조를 통해 고객의 경험은 더욱 좋아져서 결과적으로 기업의 성장을 이루는 것이다.

고객경험은 디지털 트랜스포메이션의 하이테크 환경하의 하이터치(High Touch)에서 나온다. 필립 코틀러는 마케팅 5.0에서 4차 산업혁명의 기술을 활용하는 마테크(Mar Tech)를 수단으로 활용하는 시대가 도래하며, 그 방향은 휴머니티와 하이터치로 향해야 한다고 강조하였다. 4차 산업혁명과 AI 활용이 고도화될수록 기업의 차별화는 고객경험의 하이터치에서 산출되기 때문에 하이테크에 의한 비즈니스모델을 통해 고객경험의 고도화는 모든 스타트업들의 당면 과제 중 하나이다.

그림 1.7

아마존 Growth
Flywheel Model

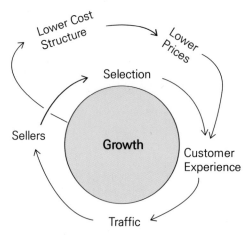

출처: 제프 베이조스 아마존 창업자 제시.

로켓 스타트업비즈니스모델

로켓 스타트업비즈니스모델의 개요

성공적인 창업을 위해 예비 스타트업은 철저한 시장조사를 기반으로 가치를 이해하고, 구체적인 가치 창조 및 유지방안을 마련해야 하며, 이를 성공적으로 전달하기 위한 구성요소로 확보해야 한다. 로켓 스타트업비즈니스모델(Rocket Startup Business Model)은 성공적인 창업을 위한 비즈니스모델을 개발하는 절차와 중요 구성요소를 설명하는 모델이다. 이는 로켓의 구조를 차용하여 중요 창업 구성요소와 창업 프로세스를 상세히 설명하고 있다. 본 로켓 스타트업비즈니스모델은 스타트업 창업을 준비하는 전 영역 및 각 단계별 필요한 요소들을 설명하고 있어서 예비 스타트업에게는 준비 가이드라인으로서 활용이 가능하며, 스타트업에게는 본인들의 비즈니스모델을 점검하고 개선하는 데 각 단계별 지침으로 활용할 수 있다.

본 모델의 구성은 다음과 같다. 첫 번째 단계인 로켓 추진체는 스타트업의 가치 이해 단계이다. 이 단계에서 창업의 인프라스트럭처를 점검하고 3C 차원(Company, Consumer, Competitor) 분석을 통해 새로운 가치 창출의 기회를 알게 된다. 두 번째 단계인 로켓 본체는 새로운 가치를 창조하는 가치 창조(Value Creation) 단계를 겪게 된다. 이후 창조된 가치는 4P Mix 전략(Product, Price, Place, Promotion)을 기반한 가치 전달(Value Delievery) 단계이다. Internal 4P Mix 중의 Product, Price와 External 4P Mix 중의 Place, Promotion이 해당된다. 세 번째 단계인 로켓 윙은 스타트업의 가치 운영에 요구되는 기반 요소로서 왼쪽 윙은 스타트업 창업자의 오리엔테이션 및 전략적 방향성이 오른쪽 윙은 재무계획 및 경영성과 요소가 구성되어 있다. 스타트업은 이러한 세 개의 단계들을 순차적으로 밟으면서 스타트업 사업의 본질을 정의하고 시장 내 경쟁력 있는 가치를 개발하고 효과적으로 전달할 수 있는 준비가 완성된다. 마지막 단계로 로켓 헤드는 스타트업 사업 런칭의 실질적 단계로 지금까지 준비한 비즈니스모델이 출시되는 것이다.

그림 1.8
로켓 스타트업
비즈니스모델

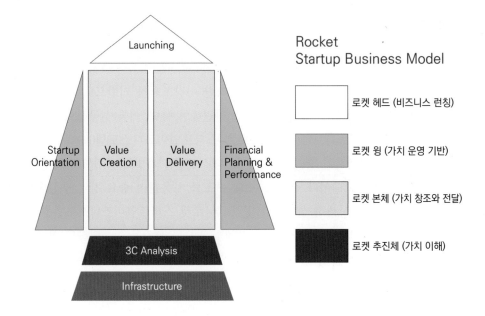

성공적인 창업을 위한 창업전략의 전제조건

성공적인 창업전략을 수립하기 위해서는 여러 전제조건이 고려되어야 한다. 성공적인 창업전략을 수립하기 위한 주요 전제조건은 다음과 같다.

① **시장조사와 통찰력**(Market Research and Insights): 성공적인 창업은 시장에 대한 철저한 조사와 이해로부터 시작한다. 기본적으로 체계적인 시장조사를 통해 경쟁 환경, 표적 시장, 고객 요구사항, 트렌드 및 기회를 파악하고 시장 통찰력을 얻어야 한다.

② **고객 중심 접근**(Customer-Centric Approach): 창업은 고객의 니즈와 요구에 맞추는 것이 중요하다. 고객 중심 전략을 채택하여 제품 또는 서비스를 고객의 기대에 부합하도록 개발하고 제공해야 한다.

③ **고유한 가치 제안**(Unique Value Proposition): 스타트업은 시장에서 경쟁력 있는 고유한 가치 제안을 개발해야 한다. 이는 다른 기업과의 차별화를 가능하게 하며, 고객들에게 특별한 이유를 제공해야 한다.

고유한 고객 가치를 제안하기 위한 방법론은 다양하게 존재하는데, 이를 간단히 정리해 보면 다음과 같다.

① **고객 세분화**(Customer Segmentation): 고객을 다양한 기준에 따라 세분화하여 그룹화한다. 이는 비슷한 고객들에게 고유한 가치를 제공할 수 있는 기회를 발견하는 것에 도움을 준다. 일반적인 세분화 기준으로는 연령, 성별, 지리적 위치, 관심사, 구

매력, 선호도 등이 포함된다. 고유한 고객 가치를 제안하기 위해서는 일반 세분화 기준이 아닌 시장을 새롭게 세분화할 수 있는 고유하고 차별적인 세분화 기준을 찾아내는 것이 매우 중요하다.

② **고객 여정 매핑**(Customer Journey Mapping): 고객이 제품 또는 서비스와 상호 작용하는 구체적인 여정을 매핑한다. 이를 통해 어떤 단계에서 어떤 종류의 가치가 필요한지 이해할 수 있으며 각 단계에서 맞춤화된 개별 가치들을 제공할 수 있도록 전략을 개발할 수 있다.

③ **고객 피드백 수집 및 분석**(Customer Feedback & Analysis): 고객 피드백을 수집하고 분석하여 고객의 의견과 요구를 이해해야 한다. 만족도 조사, 설문 조사, 고객 리뷰 및 소셜 미디어 모니터링을 통해 고객의 목소리(Voice of Customer, VOC) 등 다양한 채널을 통해 데이터를 수집·분석하여 개선점을 파악해야 한다.

④ **경쟁 분석**(Competitive Analysis): 경쟁사들의 제품 또는 서비스를 분석하고, 그들이 제공하지 못하는 부분에 중점을 두어 고유한 가치를 찾는다. 경쟁우위를 창출할 수 있는 고유한 특징이나 기능을 식별해야 한다.

⑤ **맞춤형 제품/서비스 개발**(Customized Product/Service Development): 고객의 요구와 선호도에 맞춘 제품 또는 서비스를 개발한다. 예를 들어, 고객이 특정한 기능을 원하거나 특정한 문제를 해결하길 원할 때 구체적인 기능과 솔루션이 탑재된 제품을 제공한다.

⑥ **개인화된 마케팅 및 커뮤니케이션**(Personalized Marketing and Communications): 고객의 개별적인 특성과 선호도를 고려한 개인화된 마케팅 및 커뮤니케이션 전략을 수립한다. 다양한 소셜 미디어들을 통해 개인화된 콘텐츠를 제공한다.

⑦ **사회적 책임 경영**(Corporate Social Responsibility, CSR): 기업의 사회적 책임에 대해 관심이 날로 높아지고 있다. ESG(Environment, Social, Governance) 경영의 도래로, 환경-사회적 가치-거버넌스 이 세 가지 기준의 부합은 기업에게 있어서 선택이 아닌 기업 생존을 위한 강제적 요구로 전환되었다. 이러한 ESG 경영 환경하에 환경 보호, 탄소배출 저감 노력, 사회 공헌 활동 등의 사회적 가치들을 고객의 새로운 가치로서 제공한다.

⑧ **고객 로열티 프로그램**(Customer Loyalty Program): 고객 로열티 프로그램을 통해 고객들을 보상하고 충성도를 높일 수 있다. 할인, 리워드, 맞춤화된 멤버십 혜택 등을 제공하여 신규고객을 유치, 고객 유지 및 고객 충성도를 강화한다. 이를 'Lock-In 전략', '자물쇠 효과', '잠금 효과'라고도 하며, 기업이 고객 자사의 제품이나 서비스를 묶어두는 전략으로 전환비용(Switching Cost)을 높여서 고객이탈을 최소화하고 해당 기업의 생태계에 더 오래 머물도록 유도하여 수익을 극대화하는 전략이다.

PART 1

로켓 추진체: 가치 이해

CHAPTER 02 인프라 분석

Infrastructure Analysis

지속가능성, 미래유망기술의 화두로 부상?

한국과학기술기획평가원(KISTEP)은 향후 10년 을 좌우하게 될 핵심 트렌드로 탄소중립 시대를 선정하고, 국가온실가스감축목표에 기여할 수 있 는 10대 기술을 선정해 발표했다. 최종 선정된 대 표적인 기술은 이산화탄소 포집 및 전환 기술, 바 이오 기반 생산기술, 탄소저감형 고로–전로 공기 술, 청정수소 생산기술, 초대형 해상풍력 시스템 등으로 우리나라 온실가스 배출량 저감에 대한 기 대가 담겨 있다.

세계경제포럼(WEF)은 사회와 산업을 긍정적으로 변화시킬 10대 유망기술을 선정해 매년 다보스 포럼에서 발표를 해왔다. 지난해에 WEF는 지구환경, 바이오, 인류건강에 중점을 둔 기술을 선정 한 것으로 보인다. 세부 기술로는 탈탄소화 기술, 자가 비료 식물, 질병 진단 호흡 센서, 개인주문형 의약품, 무선 에너지, 노화 질병 표적 치료법, 녹색 암모니아, 3D 프린팅 주택, 우주 사물인터넷 등 이 그것.

미국의 IT 시장조사 및 민간 컨설팅 기업인 가트너(Gartner)는 IT에 분야의 트렌드를 선정하여 발 표하는데, 매년 선정 개수가 상이하다가 올해는 12개 기술을 선정·발표했다. 2022년에 선정된 12개 기술은 성장 가속, 변화 형성, 신뢰 구축 등 세 가지 주제로 압축된다. 먼저 성장가속 부문에 는 제너레이티브 AI, 오토노믹 시스템, 통합경험, 분산형 엔터프라이즈 기술이 포함돼 있다. 변화

형성 부문에는 컴포저블 애플리케이션, 의사결정 지능, 초자동화, 인공지능 엔지니어링이, 그리고
신뢰구축 부문에는 데이터 패브릭, 사이버보안 메시, 프라이버시 강화 컴퓨테이션, 클라우드 네이
티브 플랫폼 기술이 선정됐다.

2023년, 어떤 기술로 우리의 미래를 준비할까

내년도 전략기술 트렌드를 발 빠르게 준비한 가트너는 '지속가능성'을 2023년 모든 전략 기술 트렌
드를 관통하는 주제로 선정했다. 발표문에 따르면 최근의 투자자들은 기업의 수익과 매출 다음으
로 '환경 및 사회적 변화'를 중요한 목표로 삼는다고 분석했다. 이런 인식이 확산되는 것은 기업이
지속가능한 목표를 달성하기 위한 기술, ESG 요구사항을 충족할 수 있는 혁신적 솔루션에 더 많이
투자해야 한다는 것을 의미한다. 실제로 전 세계는 지속가능성에 대한 관심이 최고조에 달한 것으
로 보인다. 작년과 올해 CES에서 지속가능한 기술이 크게 주목을 받았고, 기술업계에서도 큰 화두
로 등장했다. 더불어 이제는 이것을 단일 기술로만 접근하는 것이 아니라, 기업과 조직의 프레임워

크를 구축하는 데 활용될 전망이다. 때문에 가트너가 선정한 2023년 주목해야 할 전략기술이 바로 기업과 소비자의 지속가능발전목표를 실현할 수 있는 매개, 솔루션이 될 것으로 기대를 모은다.

가트너는 최적화(Optimize), 확장(Scale), 개척(Pioneer)을 테마로 10개의 전략기술을 선정·발표했다. 먼저, 최적화(Optimize) 테마에 들어가는 기술은 **디지털 면역 시스템, 관찰 가능성 응용, AI신뢰, 리스크 및 보안관리** 등이다. 이들 기술은 기업의 안정성과 보안, 신뢰를 보장하기 위한 역량을 강화하는 기술로 적합하다. 확장(Scale) 테마에는 **산업 클라우드 플랫폼, 플랫폼 엔지니어링, 무선가치실현** 기술이 포함됐다. 가트너는 2027년까지 기업의 50% 이상이 산업 클라우드 플랫폼을 사용해 비즈니스 이니셔티브를 가속화할 것으로 예측했다. 즉 이제 네트워크는 개인-기업, 기업-기업을 이어주는 것 이상의 역할을 통해 인사이트를 제공하고 비즈니스의 핵심 자원이 될 것을 의미한다.

마지막으로 개척(Pioneer) 테마에 들어가는 기술은 **메타버스, 슈퍼앱, 적응형 AI** 등이다. 여전히 메타버스와 AI에 대한 집중도가 높은 것을 반영하지만, 이것이 보다 구체화된 양상으로 나타날 것을 전망한다. 대표적으로 적응형 AI는 실시간 피드백을 통해 외부 변화에 대응할 수 있으며 기업의 목표에 최적화된 업무를 모듈을 제공한다. 또한 메타버스는 NFT를 통해 자체적 가상 경제 구조를 갖추게 될 것이며, 디지털 트윈의 조합으로 효용성을 높일 것으로 예측한다.

앞으로 속속 발표될 미래유망기술은 어떤 목표를 지향할지 섣불리 예단할 수는 없다. 하지만 분명한 것은 기술이 환경과 미래세대에 미치는 영향을 고려하고 지속가능한 목표를 달성하기 위해 발전해야 한다는 기조에는 변함이 없을 것으로 보인다.

출처: The Science Times, 2022.11.09.

⋮ 창업환경의 분석

성공적인 창업과 비즈니스는 특정한 환경에서 디자인되고 실행된다. 창업에 처한 환경을 올바르게 이해함으로써 성공적으로 강력하고 경쟁력이 있는 창업이 이루어지게 된다. 환경에 대한 지속적인 검토가 무엇보다 중요하다. 경제환경이 매우 복잡해지고 기술혁신이나 세계 금융환경 등의 불확실성이 커지며 새로운 제품과 서비스의 등장과 같은 시장의 혼돈이 심해졌기 때문이다. 외부 환경변화를 잘 파악해야지 사업을 성공적으로 시장에 안착시킬 수 있다.

외부환경을 일종의 디자인 공간으로 생각하는 것도 도움이 된다. 수많은 디자인 추진동력(고객의 새로운 니즈, 새로운 기술의 등장 등)과 다양한 제약요소(규제, 경쟁자 등)를 고려하면서 외부환경을 자신의 창업 모델을 만들 배경으로 생각해 보자. 이 환경은 어떤 방식이든지 창업자의 창의성을 제한하거나 창업자의 비즈니스모델을 미리 한정하지 않아야 한다. 한편으로는 창업자가 구상하고 있는 선택에 영향을 미치는 정보를 기반하여 바른 의사결정을 내릴 수 있도록 설계해야 한다. 이러한 외부환경을 창업자가 확실하게 개념적 정리를 하기 위해서는 사회구조적 기반 시설 등 외부 환경영역을 분석이 필요하다.

일반적으로 창업 아이템을 탐색하는 과정에서 특정 산업의 환경을 분석하게 된다. 〈그림 2.1~3〉에서 보듯이, 특정 산업의 개괄적 이해를 위해 시장 크기, 성장률, 경쟁상황 등을 분석한다. 이후 특정 산업의 마케팅 이슈는 4P Mix 차원에서 검토하고, 특정 산업에 진입 시 검토해야 하는 규제 및 세금 등 진입 장벽 등을 조사 분석해야 한다.

그림 2.1
산업분석을 위한
분석 기준: 중국
화장품 예시

중국 화장품 산업 개괄	시장 크기	성장률	경쟁상황
	지역별 시장 크기	지역별 시장 성장률	• 유통망별 경쟁상황 • 제품별 경쟁상황

중국 화장품 산업 마케팅 이슈	Price	Place (Channel)	Product	Promotion
	브랜드 가격 포지셔닝은 어떻게 해야 하는가?	활용 가능한 최적의 유통은 무엇인가?	중국 소비자에게 적합한 제품 및 Line-Up은 무엇인가?	중국 판매에 효과적인 판촉방안은 무엇인가?

중국 화장품 산업 진입 관련 규제 이슈	수입제품 등록 절차	세금
	중국 수입절차는 어떻게 되는가?	제품 수입 시 세금은?

출처: 남윤정(2016), 창업아이템 개발, 마인드탭.

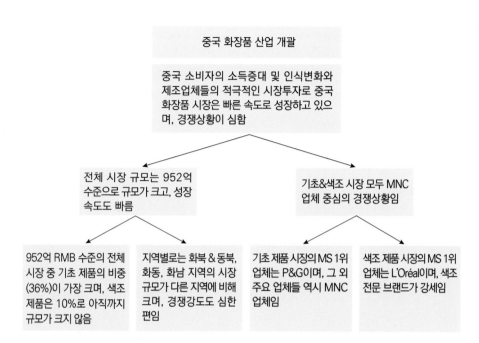

그림 2.2

산업 개괄 분석
결과: 중국 화장품
예시

출처: 남윤정(2016), 창업아이템 개발, 마인드탭.

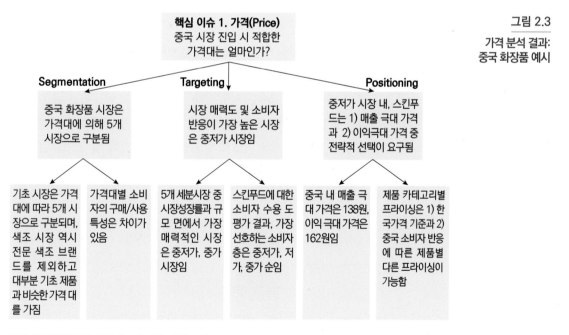

그림 2.3

가격 분석 결과:
중국 화장품 예시

출처: 남윤정(2016), 창업아이템 개발, 마인드탭.

⋮ 창업환경의 거시적 분석 방법론

주요 거시환경 영역은 정치적 환경(Political Environment), 경제적 환경(Economical Environment), 사회문화적 환경(Social-Culture Environment), 기술적 환경(Technological Environment)으로 구성된다. 이 네 가지 영역의 첫 글자를 따서 PEST 분석(PEST Analysis)이라고 하는데, 여기에 생태적 환경(Ecological Environment)을 더한 개념이 바로 STEEP 분석이다. 이 외에도 업계에 많이 사용하는 분석 방법론으로는 마이클 포터의 5요인 모형(Five Force Analysis)이 있다.

거시환경 요소는 개인의 창업에 직·간접적으로 영향을 미치는 중요한 환경적 요소이다. 그러나 일부 창업자들은 창업자가 어떤 조치를 취하기에는 너무 불확실하다고 인식하고 있거나 또는 많은 환경 요소들이 본인 창업에 미치는 영향이 느리거나 간접적이기 때문에 인지하지 못하는 경우도 많다. 창업자는 환경의 변화 및 수준을 인지하고 포함되는 요소들이 무엇인지를 잘 알고 요소 간 관계가 창업 기업의 성과에 어떻게 영향을 미치는지를 파악하도록 노력하는 것이 중요하다.

PEST 분석 방법

PEST 분석은 대표적인 거시적 차원의 분석 방법으로 외부 환경 변화가 빠르게 진행되고 복잡한 상황에서 창업을 준비할 때 아주 기본적이면서 동시에 중요한 핵심 항목을 도출해 간단하고 명쾌한 창업전략을 구상할 수 있도록 도움을 제공한다. PEST 분석은 또한 사업화 추진 분야의 해당 산업을 둘러싼 거시환경 영향 요인을 추출해 창업에 있어 현재와 미래에 영향을 미치는 기회 및 위협요인을 분석하는 데 도움이 된다.

그림 2.4
PEST Analysis

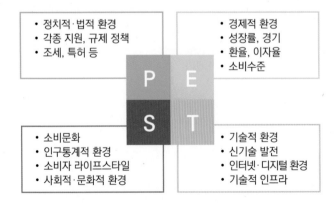

- 정치적·법적 환경
- 각종 지원, 규제 정책
- 조세, 특허 등

- 경제적 환경
- 성장률, 경기
- 환율, 이자율
- 소비수준

- 소비문화
- 인구통계적 환경
- 소비자 라이프스타일
- 사회적·문화적 환경

- 기술적 환경
- 신기술 발전
- 인터넷·디지털 환경
- 기술적 인프라

정치적 (Political) 환경

정치적 요인은 정부가 경제에 개입하는 방법과 정도에 관한 것이며 세금 정책, 노동법, 환경법, 무역 제한, 관세, 정치적 안정과 같은 영역을 포함한다. 그러므로 정치적·법률적 환경변화는 시장의 규칙이나 전제를 변화시키기도 하고 경쟁의 구조를 변화시키는 등 기업 경영환경에 미치는 영향을 분석한다. 창업자의 비즈니스 모델에 영향을 미치는 규정과 규제 트렌드를 기술한다. 어떤 규정이 당신의 창업에 영향을 미칠 수 있는가? 어떤 규제와 세금이 고객의 수요에 영향을 미치는가를 고려해야 한다. 추가적으로 창업 관련 정치적 협의 내용, 창업 관련 규제안, 관련 이해가 얽힌 정당과 NGO 등의 동향도 파악해야 한다.

경제적 (Economic) 환경

외부 경제 환경요인의 변화는 창업에 상당한 영향을 미치게 된다. 예를 들면, 경제성장 또는 정체는 기업의 제품 수요에 영향을 미치고, 원화 가치 상승은 수입 및 수출 관련 창업에 기회와 위협을 초래하게 된다.

일반적으로 경제 요인에는 경제성장, 금리, 환율 및 인플레이션 등이 포함된다. 이 요소는 창업에 있어 자금 운영 및 다양한 의사결정 방법에 큰 영향을 미친다. 예를 들면, 금리는 창업의 자본과 비용에 영향을 미치므로 창업 시 어느 정도 규모로 해야 하고 어느 정도 확장하는지에 영향을 준다. 환율은 원재료의 공급 및 가격에 영향을 미쳐 원가의 큰 변동 요소가 된다.

사회적 (Social) 환경

사회적 요소에는 문화적 측면이 포함되며 건강 의식, 인구 증가율, 연령 분포, 직업 태도 및 안전 강조가 포함된다. 그뿐만 아니라 '시장 내의 수익, 부의 분배의 특징은 무엇인가', '실질소득이 얼마나 되는가'에 대한 추가적인 고려도 필요하다. 일반적으로 인구통계학적 구조의 변화와 소비자 기호의 변화는 창업에 큰 영향을 미친다. 출산율의 저하, 맞벌이 가구의 증대, 노인인구의 증대 등은 관련 비즈니스에 영향을 미치고, 제품이나 서비스에 대한 소비자 기호의 변화 또한 큰 영향을 미치게 된다. 한편, 고령화 인구는 인력 풀이 적으며 취업 의지가 낮은 인력 시장을 의미한다. 따라서 노동 비용이 증가할 수 있다. 또한 창업자는 이러한 사회적 트렌드(고령 근로자 채용)에 맞게 다양한 관리 전략을 변경해야 한다. 이상과 같이 창업자는 창업과 관련된 주요 사회·문화·경제적 트렌드의 개요를 명확하게 파악해야 한다.

기술적 (Technological) 환경

기술적 환경은 R&D, 자동화, 기술 인센티브 및 기술 변화율과 같은 기술적 내용에 대한 환경을 의미한다. 기술적인 혁신이나 비약적인 개선 등의 변화는 기업의 비즈니스 시스템에 영향을 미치게 되며, 또한 기술적 환경은 경쟁 상황을 변화시키고 정보기술 인프라의 확장에 따른 비용절감과 부가가치의 증대 효과로 경쟁력을 향상시키는 구조를 형성시킨다. 기술적 요인은 진입 장벽, 최소한의 효율적인 생산 수준과 아웃소싱 결정에 영향을 줄 수 있다. 또한 기술 변화는 비용, 품질에 영향을 미치고 혁신으로 이어질 수 있다. 이에 따라, 구체적으로 기술적 환경은 다음과 같은 내용을 분석해야 한다. 가장 우선적으로 창업모델을 위협하거나 발전·개선시킬 수 있는 기술 트렌드를 확인한다. 그리고 시장 내외부의 주요 기술 트렌드, 중요한 기회 또는 파괴적인 위협이 되는 기술, 주변 고객들은 어떤 기술을 선택하고 있는가를 분석해야 한다.

STEEP 분석 방법

STEEP 분석은 PEST 분석에 환경요인(Environmental Factor)을 추가적으로 분석하는 것이다. 사회(Society), 기술(Technology), 경제(Economy), 환경생태(Ecology), 정치(Politics)를 분석하는 방법이다. 여기서 환경생태요인에는 날씨, 기후 및 기후 변화와 같은 생태 및 환경 측면이 포함된다. 특히 관광, 농업 및 보험과 같은 산업에서 영향이 높다. 특히 최근에 크게 주목되고 있는 기후 변화의 중요성 인식이 높아짐에 따라 새로운 시장 창출과 기존 시장의 축소 또는 파괴 등 기업 운영 방식과 제품 제공에 영향을 적극적인 분석이 요구된다.

STEEP 분석 프로세스는 5가지 단계로 이루어진다. 일반적으로 STEEP 분석은 너무 방대한 영역이기 때문에 이 분석에 들어가기 전에 먼저 창업 성공에 있어 예측 범위를 단기, 중기, 장기 중 어디까지 진행할지와 분석을 어느 정도 심도까지 진행할지를 결정해야 한다.

그림 2.5
STEEP 분석
프로세스

분석 중인 요인 이해 → 다른 트렌드와 상관관계 분석 → 중요한 트렌드의 순서화 → 다가올 이슈의 방향성 예측하기 → 시사점 도출

1단계: 분석 중인 요인 이해

1단계는 평가 중인 환경요인을 이해하고 결정해야 한다. '창업자는 환경요인 내 주요 트렌드와 이벤트는 무엇이며 이를 뒷받침하는 근거는 무엇인가', '이 트렌드는 역사적으로 어떻게 전개되었고 변화의 본질은 무엇인가' 그리고 '창업에 어떤 영향을 미치는가'에 대한 결론을 도출해야 한다.

2단계: 다른 트렌드와 상관관계 분석

2단계에서는 트렌드가 외부 환경요소와 갖는 상호 관계를 올바르게 평가해야 한다. 기획자는 트렌드 간 충돌과 상호 관계를 이해해야 한다.

3단계: 중요한 트렌드의 순서화

창업자는 자신의 목표 달성을 위한 프로세스에 도움이 되거나 방해가 되는 트렌드를 판단해야 한다. 3단계를 실행하는 가장 좋은 방법은 작성이 가능한 트렌드 리스트를 만든 후 중요한 이슈를 찾기 위해 지워나가는 것이다. 이런 과정을 통해 각 이슈별 기업에 미치는 영향 정도 및 발생 가능성을 고려해 우선 순서화한다.

4단계: 다가올 이슈의 방향성 예측하기

4단계에서는 이전 단계에서 수집한 정보 이상의 분석 작업을 진행해야 한다. 전문 지식과 수집된 데이터를 사용해 이슈 뒤에 숨어있는 원동력(Driving Force)을 발견해야 한다. 이를 위해 해당 트렌드의 원인과 현상을 파악하는 것이 필요하다.

5단계: 시사점 도출

5단계는 의미를 도출하는 매우 중요한 단계이다. 이 요소가 현재 및 미래의 전략적 이니셔티브(Initiatives)에 어떤 영향을 미칠 수 있는지 추론하는 데 도움이 된다.

PEST 분석과 STEEP 분석의 강점

PEST와 더불어 생태적 환경을 포함한 STEEP 분석과 같은 환경 분석의 주요 강점은 창업자에게 창업과 단기적 지평을 넘어 생각할 수 있도록 이끄는 것을 명시적으로 목표하고 있다. 그러면서도 현재 창업 및 단기적 활동과도 자주, 적절히 연계함으로써 신뢰성을 유지하도록 해준다. 환경 분석이 성공하기 위해서는 현재의 창업 기획 활동과 개념적으로나 실제적으로 연결되어야 한다. 창업전략의 수립 절차는 외부 상황의 중요성과 관련성을 판단할 수 있는 여과 절차가 없는 경우 상당히 약화한다. PEST 분석과 STEEP 분석은 바로 그러한 여과 절차가 가능하도록 한다. 따라서 거시 환경 분석에는 창업자는 직접 꼼꼼히 작성하는 것이 중요하다.

정확한 거시 환경 분석 평가는 더 높은 창업 성공을 확보할 수 있도록 한다. 창업자는 PEST 분석 또는 STEEP 분석 내에서 관련 있는 트렌드나 사건, 이해관계자의 기대를 파악하고 분석할 수 있는 체계적인 방법을 마련해야 한다. 그 가운데에는 환경 변화가 창업의 비즈니스와 활동 계획에 미치는 영향에 대한 체계적 평가도 포함해야 한다. 창업의 성패는 의사 결정권자들이 환경을 얼마나 정확히 읽고 그에 대응하는가에 크게 좌우될 수 있다. 따라서 창업자는 정보의 흐름과 이용을 어떤 형태로 활용할지 신중히 생각해야 한다. 환경 분석이 목적을 달성하기 위해서는 창업의 전략, 계획 수립 절차와 창업자의 정보 니즈를 전략적으로 반영해야 한다. 효과적인 환경 분석은 예상되는 정도에 따라 알맞은 조치를 취해야 한다.

2020년 기준 전체 창업기업 수, 고용인원, 매출액

구분		창업기업 수(개)	고용인원(명)	매출액(조 원)
전체		3,071,694	3,611,672	988.5%
업종	기술기반	675,923(22.0%)	1,675,172(46.4%)	278.5(28.2%)
	기술기반	2,395,771(78.0%)	1,963,500(53.6%)	710.0(71.8%)
연령	청년	675,140(22.0%)	557,091(15.4%)	157.0(15.9%)
	중장년	2,393,319(77.9%)	3,054,581(84.6%)	823.3(83.3%)

자료: 중소벤처기업부

지난 2020년 국내 전체 창업기업 수는 307만 개로 나타났다. 전체 창업기업의 매출액은 989조 원 수준으로 조사됐다. 16일 중소벤처기업부와 창업진흥원이 발표한 2020년 기준 창업기업 실태조사 결과에 따르면 2020년 기준 전체 창업기업 수는 307만 2,000개다. 이 중 기술기반창업은 67만 6,000개(22.0%), 비기술기반 업종은 239만 6,000개(78.0%)로 대다수를 차지했다. 연령별로는 30대 이하 청년층 창업기업이 67만 5,000개(22.0%), 중장년층 창업기업이 239만 3,000개(77.9%)로 조사됐다. 전체 창업기업의 총 고용인원은 361만 200명으로 기업당 평균 1.2명으로 확인됐다. 구체적으로 기술기반업종 창업기업이 167만 5,000명(46.4%, 기업당 평균 2.5명)을 고용해 기업 수 비중에 비해 높은 고용 창출력을 보였다. 전체 창업기업의 매출액은 988조 5,000억 원으로 나타났다.

창업 직전 직장 경험이 있는 창업자는 63.8%로 절반 이상이 직장 경험을 살려 창업에 도전하는 것으로 조사됐다. 창업 경험(재창업)이 있는

기업은 36.2%였으며, 평균 창업 횟수는 1.4회이었다. 창업 장애 요인으로는 '자금확보'라고 응답한 비율이 70.7%로 가장 높았다. '실패에 대한 두려움'(40.3%), '창업 지식ㆍ능력ㆍ경험 부족'(28.3%)이 그 뒤를 이었다. 창업기업들의 주요 창업 동기는 '더 큰 경제적 수입을 위해' 52.7%, '적성에 맞는 일이기 때문에' 38.0%, '경제ㆍ사회 발전에 이바지' 28.6% 순으로 나타났다.

창업 시 소요되는 자금은 평균 3억 1,800만 원 수준이며, 자금 조달방법으로는 '자기자금'이 93.8%로 가장 큰 비중을 차지했다. 정부지원이나 투자를 받은 경우는 6% 수준에 그쳤다. 창업기업의 정규직 고용비율은 전체 인력의 83.7% 수준이었으며, 평균 자산은 5억 원, 매출액 대비 영업이익률은 7.9%로 나타났다. 또 평균 3.15건의 산업재산권을 보유하고 있으며, 해외 진출 경험이 있는 기업은 2.6%에 불과한 것으로 확인됐다.

출처: 파이낸셜뉴스, 2023.02.16.

⋮ 창업환경의 가치사슬 분석

가치사슬 분석은 창업자가 하고자 하는 산업 내 포지션과 내외부 측면에서의 강점과 약점을 파악하여 성공적인 창업을 하기 위한 반드시 수행되어야 하는 중요한 분석이다.

가치사슬

가치사슬(Value Chain)이란 일반적으로 기업이 상품과 서비스를 생산·유통하면서 고객들에게 가치를 제공하는 일련의 활동을 의미한다. 창업에서 가치사슬은 창업자가 비즈니스 모형을 수립할 때 고객에게 최종재를 제공하기까지 부품, 기자재, 원료의 구매에서부터 조달, 제조, 운송, 유통 등의 일련의 과정을 의미한다.

그림 2.6
가치사슬

보조적 활동	기업구조		하부지원: 기획, 재무, MIS, 법무, 총무			
	인적자원관리		직무관리, 보상관리, 평가관리, 조직관리			
	연구개발		연구, 설계, 개발, 디자인			
	조달 및 구매		자재조달, 아웃소싱, 정보시스템			
본원적 활동	기술획득	제품설계	생산	물류유통	마케팅	서비스
	•원천기술	•제품기능	•입지	•수송 및 저장	•상품, 가격	•보증제도
	•기술정교화	•특성	•용수	•재고	•광고, 홍보	•직접/독립
	•지적재산권	•디자인	•원재료 조달	•채널	•판촉/판매원	•속도
	•생산공정	•품질	•부품/조립	•통합	•포장, 배달	•가격

마진

출처: Porter, M.(1985). Competitive Strategy: Techniques for Analyzing Industries and Competitors, New York: Free Press.

가치사슬은 사업 과정을 제품이나 서비스가 고객에게 제공되는 과정을 직접적으로 관계되는 활동인 본원적 활동(Primary Activities)과 주활동을 지원하는 보조적 활동(Support Activities)으로 구분할 수 있다. 구매, 물류, 생산, 마케팅, 영업, 서비스 등이 주 활동이며, 회사의 시설, 장비, 인적자원관리, 기술개발, 전산 관련 시설 등이 대표적인 지원 활동으로 구분된다. 이러한 가치사슬들은 회사 내부뿐 아니라 기업 외부의 공급자, 구매자, 사용자와 연결되어 다양한 관계를 형성한다. 창업자는 이러한 가치사슬을 정확히 분석하여 창업에 있어서 전략적 우위를 형성할 수 있도록 치밀하게 준비해야 할 것이다.

가치사슬 분석의 유용성

점점 세분되는 소비자의 니즈와 새로운 기술로 인해서 창업 시에 이러한 가치사슬을 이해하고 창업을 전개하는 것이 매우 중요하다. 기존에 원재료의 조달, 생산, 판매, 물류서비스 등 가치 창출의 전 과정을 자신이 집적 소유하고 통제하는 방식에서 최근에는 자신들이 소유하고 있는 핵심역량에만 사업을 집중시키고 나머지는 아웃소싱이나 네트워킹에 의한 방식으로 가치를 창출하는 사업시스템으로 변화하고 있다. 이러한 점에서 가치사슬 분석은 창업 관련 비즈니스를 전체 차원이든 특정 기업이든 간에 분석한다면 새로운 창업기회를 만들 수 있을 뿐 아니라 경쟁우위를 획득할 수 있도록 해준다. 이러한 가치사슬 분석은 창업자가 보유한 단위 활동들의 강점과 약점을 분석하고 경쟁자와 현재 혹은 미래의 차별화 원천을 파악하는 것이다.

가치사슬 분석과 핵심 성공요인 분석

가치사슬 중에서도 특히 CSF(Critical Success Factor)는 창업자와 기업이 비전과 사업목표를 달성하기 위해 갖추어야 할 핵심 성공요인이다. 조직이 보유·확보하고 유지·발전시켜야 하는 핵심 요소로, 성공하기 위한 필수적 요소이다. 그러므로 CSF 중심으로 경쟁자와 상대적 우위도를 파악함으로써 강약점을 분석하여 창업 경쟁전략 수립에 이용할 수 있다. 그뿐만 아니라 각각의 핵심 요인에 대한 창업의 영향도와 자신의 보유 역량을 비교 분석하여 대응할 수 있다. 창업에 영향이 크고 강점이 있는 CSF는 지속적으로 발전이 필요하며 자신이 약한 부분의 CSF는 개선 및 보완이 필요하다.

표 2.1
CSF 요소별
경쟁우위 비교
분석표

CSF (Critical Success Factor)		가중치	자사A		경쟁B		경쟁C		평균	
			평가	점수	평가	점수	평가	점수	평가	점수
생산	• 연구개발 • 납기 • 품질 • 설비 유연성	1.5 1 2 1.5								
	합계	6.0								
마케팅	• 브랜드 이미지 • 채널 입지와 수 • 채널지원 시스템 • 상품 구색	2 1.5 1 1.5								
	합계	6.0								
서비스	• 판매원 친절도 • 판매 speed • 서비스 센터 입지와 수 • 서비스 가격	1.5 1.5 2 1								
	합계	6.0								
인적 자원	• 핵심인력 보유 • 리더십 • 조직구조 • 직원 창의성	1 1.5 2 1.5								
	합계	6.0								
합계	–	–								

Startup Workshop

1. 다음의 산업분석 도구를 활용하여 고려하고 있는 특정 산업의 산업개괄을 분석해 보자.

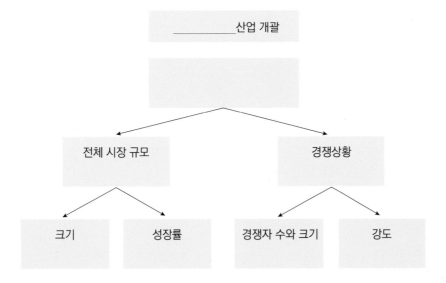

2. 다음의 STEEP 환경분석표를 작성하고 결론을 도출해 보자.

유형	주요 이슈	향후 진행방향	창업 시사점
정치(Political)			
경제(Economic)			
사회(Social)			
기술(Technological)			
생태 및 환경 (Environmental)			
STEEP 결론			

3. 다음의 가치사슬을 작성하고 이에 대한 해결방안을 마련해 보자.

보조적 활동	기업구조	강점:		약점:		마 진
	인적자원관리	강점:		약점:		
	연구개발	강점:		약점:		
	조달 및 구매	강점:		약점:		
본원적 활동	기술획득 & 제품설계	생산(제조)	물류유통	마케팅	서비스	
	강점: 약점:	강점: 약점:	강점: 약점:	강점: 약점:	강점: 약점:	

PART 1

로켓 추진체: 가치 이해

CHAPTER 03 기업 분석

"첫 투자, 덥석 받지 마라"… 스타 창업자 10인의 후회 섞인 금기사항

책 『마지막 몰입』으로 유명한 작가 짐 퀵은 'To Do(할 것)'보다 'Not to Do(하지 말 것)'를 정해서 지키는 것이 삶에 도움이 된다고 강조한다. 스타트업 창업과 경영도 '절대 하지 말아야 할 것'을 먼저 찾는 게 도움이 될 수 있다. 하지 말아야 할 실수 때문에 시행착오를 겪거나 회사 자체가 무너지는 일이 적지 않기 때문이다. 산전수전은 물론 공중전까지 겪은 스타트업 대표 10명을 인터뷰해 '이것만은 하지 마라'를 물었다.

화상 영어 서비스로 유명한 링글의 이승훈 대표는 사업 초기에 너무 많은 자금을 투자받지 말라고 조언했다. 사업 초기 필요 이상의 투자를 받은 스타트업이 하는 대표적인 실수가 **대규모 채용, 마케팅 예산 급증, 사무실 확장 이전** 등이다. 이 대표는 "6개월 내 망하지 않는 수준의 현금을 보유하는 게 적정하다"며 "돈이 많아지면 머리를 쓰지 않고 돈을 쓰기 때문"이라고 말했다.

최혁재 스푼라디오 대표는 "법인 계좌로 투자금이 입금되기 전까지는 믿지 말라"고 조언했다. 최 대표는 "호의적인 기업설명회(IR) 미팅을 한두 번 하게 되면 많은 창업자가 투자받을 것이라고 착각한다"며 "구두로 투자 결정이 나도 확신하면 안 된다"고 했다. 여러 서류 작업이나 프로세스를 거치면서 결정이 뒤집어지는 일도 적지 않다.

현물 조각투자 플랫폼 '피스'를 운영하는 바이셀스탠다드의 신범준 대표는 "개발에 너무 오랜 시간을 투자하지 말라"고 조언했다. '제품·서비스 시장 적합성(PMF)'을 빨리 검증하는 게 더 중요하다는 얘기다. 최소 기능 제품(MVP)을 빠른 시간 안에 구현해 창업자가 생각한 사업의 가설을 시장에

'던져' 놓으라고 했다. 그는 "사업모델이 좋으면 개발 수준이 당장 조금 떨어지더라도 충분히 경쟁력을 가질 수 있다"고 설명했다.

자이냅스의 주동원 대표는 "시장은 따라가는 것"이라며 "바꿀 수 있다는 착각은 함부로 하면 안 된다"고 했다. 그는 "초기 창업가의 반은 자신이 서비스를 내놓으면 사람들이 쓸 것이라고 생각한다"며 "실제론 창업가가 소비자 마음에 맞춰가야 한다"고 말했다. 자이냅스는 지난해 1월 국내 최초로 인공지능(AI) 음성 합성 기술을 활용한 오디오 성경을 선보였다. 170만 자 분량의 성경 내용을 실제 목사의 음성 데이터에 기반해 만들었다. 주 대표는 "일반 신도들이 자발적으로 가입해 사용할 것이라고 생각했지만 현실은 달랐다"며 "일종의 기업 간 거래(B2B)처럼 교회를 중심으로 서비스를 확대하는 것이 해답이었다"고 말했다.

■ 창업 멤버에게 같은 권한을 주지 마라

AI 의료 스타트업 포트레이의 이대승 대표는 "창업 멤버 모두에게 똑같은 권한을 주지 말 것"을 강조했다. 보통 공동 창업자들은 각자 잘할 수 있는 업무를 맡는다. 최고경영자(CEO), 최고기술책임자(CTO), 마케팅 담당, 영업 담당 등이다. 하지만 이 대표는 회사 업무비 지출, 인사 등 경계가 모호한 지점에서 문제가 발생할 수 있다고 지적했다. 2018년 블록체인 관련 회사를 창업했다가 실패한 경험에서 체득한 노하우다. 어느 날 모르는 사람이 사무실에서 일하는 것을 보고 확인해 보니 다른 공동 창업자가 채용했다는 사실을 뒤늦게 알게 됐다. 이 대표는 "인사 담당자 없이 운영진의 역할이 겹쳐서 발생한 낭비였다"고 설명했다.

■ 당장의 성과에 조급해 하지 마라

마켓컬리를 운영하는 김슬아 컬리 대표는 "당장의 성과에 조급해해선 안 된다"고 강조했다. 눈에 보이는 성과를 내고 싶다는 마음에 서두르다가 실수하는 창업자가 많다는 것이다. 김 대표는 "창업 초기엔 무엇 하나 뜻대로 되지 않기 때문에 초조함과 불안감을 느끼게 마련"이라며 "하지만 대표가 흔들리면 회사가 방향을 잃고 표류할 위험이 있다"고 말했다. 김 대표 역시 창업 초기엔 힘든 시기를 보냈다. 회사의 더딘 성장을 보는 게 힘들었고 '이런 속도로 내가 꿈꾸던 회사를 만들 수 있을까' 하는 걱정 때문에 자신도 모르게 무리한 시도를 한 경우도 있었다. 그는 "당장의 극적인 결과물을 기대하기보다는 멀리 보고 자신을 차분하게 다스리는 습관이 중요하다"고 했다.

4050 여성 패션 커머스 '퀸잇' 운영사 라포랩스의 홍주영 공동대표는 "작은 시장에 집착하지 말라"고 조언했다. 아무리 아이템이 좋더라도 시장의 크기가 뒷받침되지 않으면 성공할 수 없다는 얘기다. 그는 대학 시절부터 세 번이나 스타트업을 차렸다. 경제뉴스를 큐레이팅해주는 서비스를 선보인 게 첫 창업이었다. 뉴스레터 시장이 크게 성장하는 추세가 아니어서 회사의 덩치를 불리기가 쉽지 않았다. 흙 없는 화분을 온라인으로 판매하는 사업도 했다. 이 역시 화훼 시장이 그렇게 크지 않은 탓에 사업을 접었다. 홍 공동대표는 "첫 아이템이 성공할 것이라고 섣불리 판단하지 말라"고 덧붙였다. 팀원들도 '우리 팀이 실패할 수도 있다'는 공감대가 형성된 사람으로 모으라고 했다. 홍 공동대표는 "특정 아이템에 꽂혀서 팀원을 모았는데 그 아이템이 실패하면 퇴사자가 속출한다"며 "다양한 시도를 하고, 망한 뒤 다시 일어서는 것을 반복할 수 있다는 사실을 잘 아는 사람들로 팀을 구성하는 게 좋다"고 강조했다.

출처: 한국경제, 2022.09.30.

춘추시대 오나라의 군사 전략가이자 책략가인 손무의 『손자병법』 3장 모공 편에 '지피지기 백전불태(知彼知己 百戰不殆)'라는 결구가 나온다. 우리가 익히 알고 있듯이 적을 알고 나를 알면 백번을 싸워도 위태롭지 않다는 뜻이다. 창업가가 기업을 창업할 때에도 이 결구가 의미하는 바는 동일하다. 치열한 경쟁 환경에서 창업하고 기업을 성장시키는 일은 전장에서 장군이 군대를 이끄는 일과 같다고 할 수 있다. 현대 경영에 있어서도 창업과 성장 전략 추구의 출발점은 자사가 가지고 있는 경쟁력을 파악하는 것이다. 자사 경쟁력 파악은 경영자원, 가치사슬, 조직분석, 상황분석, 비용분석을 통해 가능하다. 자원준거 관점에서 자사의 핵심역량이 무엇이며, 가치사슬상에서 경쟁사 대비 자사의 강약점을 파악하고 이를 바탕으로 SWOT 분석이 이루어지며, 스타트업에 적합한 조직문화와 리더십에 대한 고민 그리고 창업기업의 실제적인 성과 분석에 필요한 비용 분석 등이 수행되어야 한다.

⁝ 경영 자원

기업의 규모와 상관없이 기업의 목표 달성을 위해 전략을 수립하고 집행하는 것에 있어서 자원(Resources)은 매우 중요한 요소이다. 자원은 조직의 자산이고 조직을 구성하고 있는 기초적인 단위라 할 수 있다. 자원에는 공장이나 장비 같은 물리적 자원, 유능한 종업원 같은 인적 자원, 조직문화와 규범 같은 조직 자원 등이 있다. 기업은 보유하고 있는 자원을 전략적으로 효율적으로 활용할 수 있어야 한다. 경영의 질 차이는 자원을 어떻게 활용하느냐에 따라 달라진다고 할 수 있다. 창업기업도 예외는 아니다.

자원준거 관점

자원준거 관점(Resource-Based View, RBV)은 기업의 경쟁력과 성공의 핵심적 동인은 그 기업이 보유하고 있는 자원과 능력으로 보는 경영전략의 한 관점이다. 즉 기업의 시장 성과는 기업의 자원에 의해 결정된다고 하는 것으로 기업의 자원과 능력의 중요성이 강조되고 있다. 여기서 능력이라는 것은 주어진 자원을 어떻게 잘 활용하느냐에 관한 것이다. 자원준거 관점의 자원은 다음과 같은 특성을 가지고 있다. 자원은 고객에게 가치(Value)를 제공할 수 있어야 하며, 다른 경쟁자가 가질 수 없을 만큼의 희소성(Rareness)이 있어야 하며, 자원을 모방하려면 상당한 비용

CHAPTER 03 기업분석 **43**

이 수반되어야 하고(Inimitability), 조직(Organization)이 자원을 활용할 수 있어야 한다. 이러한 자원은 기업 내에 있는 일반적인 자원과 달리 기업의 지속 가능한 경쟁력을 확보하는 데 도움을 줄 수 있다. 역량(Competency)은 조직 간에 가지고 있는 능력을 조정하고 통합하는 것이고 핵심역량(Core Competency)은 조직 내에 있는 이러한 능력들을 조합하는 개념으로 집체화하는 것으로 해석할 수 있다. 즉 회사는 '자원 – 능력 – 역량 – 핵심역량'으로 이어지는 사슬관계에 대한 이해를 바탕으로 하여 기업의 지속가능한 경쟁력을 확보하기 위해 노력해야 하며 이러한 자원-역량 간의 사슬관계는 창업기업 성공의 핵심적 요소이다. 그래서 창업자는 회사가 가지고 있는 자원은 무엇이며 이를 어떻게 활용할 것인가를 고민해야 하고 이를 조직 내 구성원들로 하여금 조직 역량으로 발전할 수 있게끔 하는 리더십을 발휘해야 한다. 자원준거관점에서의 역량은 조직 단위의 역량이다. 이와 더불어 기업을 구성하는 종업원들의 개인 역량에도 창업자는 신경을 써야 한다.

종업원 역량

개인 역량은 개인의 생물학적 동기 요소로 한 개인이 외부 환경과 어떻게 효과적으로 상호작용하는 것에 초점을 둔다. 회사 내에서의 개인적 역량은 직무 성과에 기초가 되는 지식과 기술이다. 직무 수행 관점에서, 역량은 개인이 직무를 효과적으로 수행하기 위해 필요한 지식, 기술, 능력을 의미하고 이러한 역량에는 직무 특성에 따라 기술 관련 지식, 문제해결 능력, 커뮤니케이션 스킬, 대인 간 능력 등이 포함된다. 회사 내 구성원들은 자신의 직무를 처리하기 위해 기초적인 인지적 역량을 지지고 있어야 하며 상위 수준의 과업에 대처하기 위한 필요 역량들이 종업원에게 요구될 수 있다. 종업원들이 수행해야 할 직무에 대해 역량 기준이 적절하게 마련되어 있지 않으면 채용, 관리, 훈련, 경력 계획 등이 어려울 수 있다. 이러한 역량은 일반적으로 교육, 훈련, 경험을 통해 개발되고, 개선할 수 있는 영역이고 평가의 대상이 된다.

창업기업의 특성상 종업원들에게는 다음과 같은 역량이 좀 더 요구된다고 할 수 있다. 창업기업은 사업 초기이기 때문에 새로운 아이디어와 문제해결을 계속해서 해야 하기에 개인의 창의적 사고를 통해 문제를 해결할 수 있는 능력이 요구된다. 또한 창업기업이 성공한다는 것은 쉽지 않은 경우가 많기에 고난과 역경을 이겨낼 수 있는 개인의 높은 내적 동기가 요구된다고 할 수 있다. 따라서 스타트업 창업가는 종업원 자신의 아이디어를 실현하기 위한 노력과 적극적 행동이 수반될 수 있도록 종업원들에게 동기 부여 및 지속적인 인사관리가 필요하다.

창업가 역량

창업기업의 초기 단계에서는 그 무엇보다도 창업자의 개인 역량과 심리적 특성에 따라 기업의 성공이 좌우될 가능성이 있다. 성공적인 창업가의 특성으로 장기적 안목과 비전 제시, 목표 달성을 위한 몰입과 집중력, 결단력과 끈기, 다양한 위험에 대한 위험평가 및 대응능력 그리고 의사소통능력을 제시하고 있다. 창업기업은 사업 초기부터 위험에 노출되어 있기 때문에 구성원들 간의 협업과 창의성을 이끌어 내기 위해 비전 제시는 필수적이다. 불확실한 미래에 대해 방향성을 제시해 주는 비전을 믿고 조직 구성원들은 안정적으로 과업에 집중할 수 있다. 그리고 창업가가 리더십을 발휘하기 위한 선행 조건으로 창업가와 구성원들 간의 커뮤니케이션이 활발해야 한다. 커뮤니케이션은 신뢰를 형성할 수 있고 이는 곧 리더십을 발휘하는 원천이 된다. 창업 초기에는 자금 조달 문제, 생존에 대한 두려움, 시장 성과에 대한 조급함 등이 창업가에게는 강한 심리적 압박감으로 작용한다. 이러한 압박감을 이겨내고 성과를 창출하기 위해서 탁월한 창업가는 목표에 집중력을 갖고 몰입하는 성향이 매우 강하다. 목표 달성을 통한 성과 창출이 곧 생존이고 발전이라는 생각이 지배적인 사고로 자리잡고 있기 때문에 몰입을 하게 되는 것이다. 창업가가 제시된 역량을 고루 겸비하고 있으면 가장 이상적일 수 있다고 할 수 있으나 현실에서는 쉽지 않은 일이다. 그래도 창업을 생각하고 있는 예비 창업자라면 제시된 역량에 자신이 어느 정도의 수준인지를 파악할 필요는 있다.

자원 확보

창업자는 창업 초기에 자원을 확보하기 위해 노력해야 한다. 창업 초기이기 때문에 외부에서 자원을 조달해야 하는 상황이 빈번하다. 외부 자원을 조달하는 초기에는 창업자의 개인적 역량과 외부와의 네트워크가 매우 중요하다. 회사의 명성, 기술력, 내부 자원 등이 아직 축적되어 있지 않기 때문에 오로지 창업자의 개인 역량에 의존해서 외부 자원을 끌어올 수밖에 없는 경우가 다반사다. 창업기업이 가질 수 있는 구체적인 자원은 물적 자원, 재무자원, 인적 자원, 기술자원 등이다. 공장, 설비, 기계, 재고 등 유형자산으로 할 수 있는 것들이 물적 자원이다. 창업기업 누구나 가지고 있는 물적 자원은 지속 가능한 경쟁력을 확보하는 것에는 한계가 있으나 창업 후 기술적 노하우 등이 형성되면 자원준거 관점에서 언급하고 있는 자원의 특성을 지닐 수 있다. 그리고 창업기업들이 보유하기 가장 쉽지 않은 재무자원이 있다. 재무자원에는 자본금, 현금, 은행 차입금 등 내부 자금과 외부 자금으로 나눌 수 있는데 대부분 창업기업은 외부 자금의 비중이 높다. 외부 자금의 비중이 높기에 자금 조달 비용인 이자 수준을 되도록 낮추는 것이 좋다. 창업가는 경쟁력 있는 재무자원을 확보하기 위해 은행권 차입 같은 융자와 투자를 병행하는 재무전략을 사용해야 한다.

다음으로 인적 자원이 있다. 인적 자원에는 창업자 자신, 종업원, 파트너, 임원 등이 있다. 각 개개인이 가지고 있는 능력, 역량, 지식, 경험, 스킬, 창의력, 도전정신 등에 따라 인적 자원의 질이 결정된다. 창업자는 인적 자원의 질 제고를 위해 교육, 훈련, 경력관리를 수행할 수 있다. 기술자원은 특허권, 연구시설, 기술 인력 등으로 구성된다. 기술창업을 한 창업가에게는 기술자원은 핵심적 자원이 된다. 창업기업의 규모는 비록 작지만 큰 기업과의 거래 관계에서 기업의 이익을 지킬 수 있는 것은 기술자원을 이용해 보호받는 것이다. 그만큼 창업기업은 기술자원을 만들어 내는 것은 인적 자원이기에 우수한 인력 확보를 위해 노력해야 한다.

창업가는 이러한 자원들을 효율적이고 효과적으로 활용하기 위해 다음과 같은 단계를 거치를 수 있다. 회사가 보유하고 있는 자원의 현황과 강점과 약점에 대해 파악하고 분석해야 한다. 그리고 이러한 자원들이 역량으로 이어질 수 있도록 조합하는 과정을 거친다. 즉 자원과 역량 간의 매트릭스를 만들어서 자원-역량 조합의 방향성을 제시한다. 이러한 자원과 역량의 조합이 최적으로 활용될 수 있는 전략적 대안을 도출하고 이를 위한 조직구조의 변화까지 고려한다.

⋮ 조직 분석

조직에 대한 이해

창업기업도 조직이기에 창업가는 조직의 개념, 구조, 역량, 문화, 인적자원관리에 대한 이해가 있어야 한다. 조직(Organization)은 공동의 목표를 달성하기 위해 협력하는 사람들의 집단이다. 설립 목적에 따라 영리 조직, 비영리 조직, 정치적 조직, 종교적 조직 등으로 구분할 수 있으며 기업, 정부, NGO 등 다양한 형태로 존재한다. 창업기업은 영리 조직인 기업의 형태이다. 특히 기업 조직은 일반 조직과는 다른 형태의 구조를 보인다. 빠르고 효율적인 경영 의사결정을 위해 기업 조직은 명령과 통제를 근간으로 하는 위계(Hierarchy) 조직의 특성을 가지고 있다. 기본적인 조직구조에는 소유주-매니저와 종업원들 간의 직접적인 관계로 되어 있는 단순 구조, 경영층과 제조, 판매, 재무 등과 같은 기능(Functions)과 관계로 되어 있다.

창업기업의 조직구조는 규모가 있는 기업들의 조직구조와 다르다고 할 수 있다. 창업기업은 기본적으로 CEO와 관리자, 종업원들로 구성되어 있는 소규모 단수 구조의 조직이다. 이러한 소규모 조직에 피라미드 형태의 관료제와 비슷한 위계 구조를 갖는다는 것은 창업 초기에는 적합하지 않을 수 있다. 초기 창업기업은 사업이 안정되지 않기에 조직도 불안정한 상태에 직면할 수 밖에 없는 것이 현실이다. 조직 구성원들의 역할과 책임(R&R)의 경계가 모호해질 수 있다. 적은 수의 인원으로 많은 일을 처리할 상황이 있을 수 있다. 그래서 조직을 설계할 때 고려해야 할 요소가 규모가 큰 기업들처럼 조직 설계의 안정성보다는 가변성에 초점을 맞출 수밖에 없다. 창업기업을 둘러싸고 있는 외부 환경의 변화에 민첩하게 대응하려면 불가피한 선택이라고 볼 수 있다.

인적자원관리

기업의 HRM 담당자의 주된 업무는 개인과 직무 간의 매칭을 개선하는 것이다. 인적자원관리 능력이 뛰어난 기업은 그렇지 않은 기업보다 성과가 높다는 것은 여러 연구결과에 의해 밝혀졌다. 비록 규모가 작아서 가변적인 조직구조를 지닐 수밖에 없는 창업기업이라 하더라도 인적자원관리의 중요성을 인식해야 한다. 특히 창업기업이 탄생하고 성장하는 것의 원동력은 인적자원에 있다. 가변적인 조직구조하에서 구성원들이 동기부여가 되어 과업에 몰입하고 심리적 안정감을 가지려면 창업기업에 적합한 보상시스템과 리더십이 있어야 한다. 특히, 창업기업은 해당 업종에서 업력이 짧기에 체계적이면서 풍부한 현금을 바탕으로 하는 보상시스템을 갖추는 것은 현실적으로 쉽지는 않으나 구성원들의 동기 부여를 위해 나름의 보상시스템을 갖추고 있어야 한다. 창업기업이 갖출 수 있는 보상시스템은 경제적 보상과 비경제적 보상으로 나누어 볼 수 있다. 경제적 보상으로는 기본급, 스톡옵션, 인센티브가 있으며 비경제적 보상 요인으로는 개인이 성장할 수 있는 기회가 있는 조직 문화, 직원들이 원하는 복리후생 제도 등이 있으며 특히 창업기업의 특성상 창업 초기에는 보상을 최대한 단순하고 짧게 하는 것이 필요하다. 창업 초기에는 현금이 충분하지 않기 때문에 비교적 적은 기본급을 바탕으로 미래 성장성에 초점을 둔 스톡옵션 등을 이용한 보상 구조를 설계하는 것이 바람직하다.

Case Study
직원만족 높은 스타트업 조직문화 살펴보니⋯ 비결은

직원들에게 만족도가 높은 스타트업은 공통점 중 하나로 남다른 조직문화가 꼽힌다. 일하는 방식부터 인간관계까지 구성원 모두가 함께 공감하고 소통하고 어울릴 수 있는 문화는 그 기업에 대한 신뢰를 넘어 자긍심을 고취시키고 스스로 더욱 열심히 일하게끔 만드는 원동력이 되기도 한다. 특히 확실하고 세세한 '매뉴얼'을 만들어 모든 직원들이 준수하고 실천할 수 있도록 지원하고 있어 눈길을 끈다. 간편투자 서비스를 제공하는 어니스트펀드는 '어니스트매뉴얼'이라는 12개의 문화강령을 올해 초 새롭게 개편했다. 변화와 혁신을 만들어가는 핀테크 스타트업으로서 기존 기업들이 일반적으로 공유하는 문화 양식에 대해 의문을 품고, 더 나은 방향으로 고민에 고민을 거듭한 결과다. 무엇보다, 고객들의 자산을 다루는 서비스인 만큼, 신뢰와 도덕성을 최우선으로 두고, 불필요한 조직적 스트레스를 최소화하는 환경을 만들기 위해 노력하고 있다.

배달의 민족 서비스를 운영하는 우아한 형제들은 조직문화에서 국내 스타트업계를 선도해 온 기업으로 유명하다. 실제로 대기업을 비롯한 많은 기업들이 배달의 민족의 성공 비결을 조직문화로 보고 '배민다움'을 배우기 위해 찾아오기도 한다. 배민다움은 '엄격한 규율 위에서의 자율이 보장되는 문화'로 정의할 수 있다. 일반 기업의 사무실이 도서관처럼 정숙한 것과는 달리, 배민은 언제나 활기차고 웃음이 넘친다. 그 중심에는 조직문화를 총괄하는 피플팀이 있다. 피플팀은 직원을 관리의 대상이 아닌 보살핌의 대상으로 본다. 또한 허

상으로만 존재할 수 있는 조직의 제도를 촉진하고 현실화시키는 역할을 하고 있다.

온라인 수제품 플랫폼 '아이디어스'를 운영하는 백패커의 일하는 방식은 사업 초창기부터 이어져 내려오고 있는 일종의 DNA다. 스타트업들이 겪는 사업 초기의 어려움을 극복하고, 차별화 포인트를 만들어 내기 위한 노력들이 꾸준히 전해 내려오고 있다. 실제로 아이디어스는 지난 2017년 성장이 급격히 정체되는 위기를 맞기도 했지만 기업문화 정립을 통해 새로운 추진력과 원동력을 얻었고 이는 곧 폭풍 성장의 발판이 되었다. 아이디어스에는 현재 1만 8,000여 명의 작가가 입점해 있다. 업계 관계자는 "스타트업은 규모면에서 대기업과 비교가 되지 않기 때문에 직원들의 자긍심을 높이기 위한 조직문화에 신경을 쓸 수 밖에 없다"며 "매뉴얼의 원칙을 기반으로 기업문화를 꾸준히 개선해 좋은 직원을 오래 회사에 남도록 하는 것이 스타트업의 경쟁력에 있어서도 장기적으로 이익이라고 생각한다"고 전했다.

1. 휴가를 다녀올 때 선물을 사 오지 않는다.

2. 의사결정은 수직적으로, 소통은 수평적으로, 논의는 사실에 기반하여

3. 의자정리에서부터 자율의 문화가 시작된다.

4. 비윤리적인 행위는 모두가 용납하지 않는다.

5. 수천 개의 상품을 팔아도, 고객은 하나의 상품으로만 평가한다.

6. 맥락을 공유하는 수고로움을 기꺼이 받아들인다.

7. 내가 틀렸을 수 있음을 인정할 때 발전이 시작된다.

8. 변화를 지향하고, 동시에 변하지 않는 본질에 집중한다.

9. 다양성을 사랑하고, 차별을 배격한다.

10. 나의 일은 문제 정의, 목표 설정, 과업 설정으로 시작한다.

11. 함께 일할 땐 일의 목적, 업무 기간, 다른 업무에 대한 영향성을 고민한다.

12. '그럼에도 불구하고 해내는 것'이 우리가 가진 최고의 자산이다.

1. 12시 1분은 12시가 아니다.

2. 실행은 수직적! 문화는 수평적!

3. 잡담을 많이 나누는 것이 경쟁력이다.

4. 쓰레기는 먼저 본 사람이 줍는다.

5. 휴가나 퇴근 시 눈치 주는 농담을 하지 않는다.

6. 보고는 팩트에 기반한다.

7. 일의 목적, 기간, 결과, 공유자를 고민하여 일한다.

8. 책임은 실행한 사람이 아닌 결정한 사람이 진다.

9. 가족에게 부끄러운 일은 하지 않는다.

10. 모든 일의 궁극적인 목적은 '고객창출'과 '고객만족'이다.

11. 이끌거나, 따르거나, 떠나거나!

출처: 매일경제, 2020.08.08.

조직문화 (Organizational Culture)

조직문화(Organizational Culture)는 한 조직 내에 있는 구성원들 사이에 존재하는 공유된 신념, 가치, 전통이라고 할 수 있다. 조직관리에서 문화가 갖는 의미는 문화가 구성원들의 행동규범, 기대, 역할 등에 대해 내용과 방향성을 나타내준다는 것이다. 창업기업에게도 해당 조직만의 고유한 조직문화가 존재하고 문화에 따른 구성원들의 인식이 상호 공유될 수 있는 것이다. 이는 개인 간, 부서 간, 리더와 구성원 간의 업무처리 방식에 영향을 줄 수 있다. 그래서 창업자는 해당 조직만이 가질 수 있는 문화를 조성하고 발전시켜야 한다.

창업기업의 조직문화 특성은 다음과 같다. 창업기업 같은 소규모 조직은 CEO를 정점으로 한 수평적이고 창의적인 조직문화를 가지고 있는 것이 특징이다. 신생기업답게 조직 구성원들에게는 기업가 정신으로 혁신적인 제품이나 아이디어를 창출하는 문화가 있을 수 있다. 혁신적이고, 도전적이고, 위험을 감수하면서 새로운 사업을 추구하는 기업가 정신(Entrepreneurship)이 창업가에만 있는 것은 아니고 조직 전반의 구성원들에게 널리 공유되는 가치이다. 기업가 정신 문화는 구성원들이 자기 주도적으로 업무를 처리하며 새로운 성과를 내고자 하는 동기를 유발할 수 있다. 창업기업이 규모가 큰 조직보다는 좀 더 유연할 수 있다. 규모가 작은 신생기업이라 다양하게 급변하는 외부 환경에 대해서 대응하기 위해 경직되지 않은 조직구조를 가진 창업기업의 더 유리한 조직문화가 필요하다. 수평적 조직구조는 창업기업에서 흔하게 볼 수 있는 형태이다. 창업기업에서는 규모가 큰 기업보다 위계적 성격이 약하고 종업원들의 자율성이 한층 더 많은 것이 특징이다. 그리고 창업 초기에는 조직의 분화가 덜 이루어져 있기에 구성원들 간의 개방된 커뮤니케이션이 활발히 일어난다. 창업기업에서 볼 수 있는 조직문화로 기업가 정신 문화, 유연한 문화, 개방된 커뮤니케이션, 수평적 조직문화 등이 있다. 창업가는 창업기업에 적합한 조직문화를 조성하고 유지하려는 노력을 해야 하고 이는 곧 기업의 성과로 연결될 수 있다.

Market Report
성공한 스타트업엔 비전 가진 '플레잉 코치'가 있다

최근 수년간 많은 스타트업이 생겨나고 이들 중 일부가 유니콘 기업으로 성장하면서 스타트업의 조직 문화에 대한 관심이 커졌다. 한때는 스타트업을 경쟁 상대나 벤치마킹의 대상으로 여기지 않았던 대기업들까지 나서서 "우리도 스타트업처럼 변해야 한다"고 외치는 상황이다. 이처럼 스타트업이 주목받게 된 이유는 기존 대기업과는 다른 생존 방식 때문이다. 기존 기업들이 매출과 영업이익 같은 재무적 성과에 주목하는 반면, 스타트업은 실제 성과보다 성장에 집중한다. 신규 고객 가입자 수, 이탈률 등의 성장 지표에 초점을 맞춰 민첩하게 스케일업(Scale-Up)함으로써 투자를 유치하고 더 높은 기업 가치를 인정받고자 한다.

■ 가슴을 뛰게 하는 비전

대기업은 회사의 비전, 미션, 핵심 가치 등을 담은 비전 체계를 주기적으로 개편하더라도 조직 구성원의 업무 방식이 크게 바뀌지 않는다. 하지만 스타트업에서는 회사의 비전이 상당히 중요하다. 상대적으로 업력이 짧고 경험도 부족한 스타트업 구성원들의 생각을 하나로 묶고 앞으로 달리게 하기 위해서는 가슴을 뛰게 만들 비전이 필요하기 때문이다. 비전을 바탕으로 빠르게 성장한 대표적인 예가 핀테크 유니콘 '토스(Toss)'이다. 토스는 '금융을 혁신한다'는 목표를 바탕으로 창업 초기부터 일하는 방식에 대한 명확한 메시지를 전달해 왔다. 좋은 것이 아닌 위대한 것을 추구하고, 모두에게 정보를 투명하게 공개하는 것, 일에 방해되는 불필요한 절차를 제거해 나가는 것 등 일상의 매 순간 무엇을 위해 일하는지와 어떻게 일해야 하는가를 끊임없이 강조하고 실행해 나가는 것이 이

회사의 특징이다. 그 결과 높은 업무 강도나 압박감으로도 유명해졌지만 구성원들은 일하면서 직접 느끼는 '탁월함'에 큰 자부심을 느끼면서 회사와 함께 성장할 수 있었다.

■ 스타트업 리더는 '플레잉 코치'

또 연공서열이 분명한 대기업에서 리더십은 주로 부하 직원의 팔로워십을 극대화하기 위한 도구로 인식된다. 이와 달리 스타트업에서는 구성원 모두에게 각자 주도적으로 문제를 해결하는 역할이 요구된다. 리더는 팔로워십보다 문제 해결의 리더십을 강조하고 구성원들이 긴밀한 협업을 통해 시너지를 낼 수 있도록 이끌어야 한다. 스타트업의 리더는 팀장은 물론이고 최고경영자(CEO)에 이르기까지 모든 리더가 실무를 맡는다는 점도 특징이다. 대기업에서 팀장이 되면 대개 실무를 놓고 관리자 역할에 집중하는 것과 대조적이다. 스타트업의 리더는 경기장에서 직접 선수로 뛰는 동시에 선수를 육성하고 지휘하는 '플레잉 코치'의 역할을 한다.

■ 리더의 자기 인식이 중요

스타트업의 조직 문화에 단 하나의 '정답'은 없다. 그래서 성공한 스타트업의 리더십을 무비판적으로 따르기보다는 우리 회사와 조직원들에 대한 분석을 바탕으로 우리 조직만의 리더십 스타일을 만들려는 노력이 필요하다. 현 시점에서 스타트업이 배워야 하는 모습은 수많은 시행착오 끝에 자신들만의 문화와 성공 방식을 완성한 넷플릭스가 아니라 창고에서 한 걸음씩 나아가던 초기의 구글에 가깝다. 2009년 넷플릭스가 문화기술서를 공개하

며 화제가 된 이후 많은 스타트업이 이를 바이블처럼 인식하고 따랐다. 하지만 아무리 실리콘밸리에서 유행하는 기법이라도 우리 회사가 지금 처한 상황이나 조직이 진정 원하는 모습과 맞지 않으면 성과가 나지 않을 수 있다. 그렇게 리더십의 일관성이 흔들리면 구성원의 신뢰를 잃을 수 있다. 다른 한편, 구글의 철자는 수학에서 1에 0이 100개 붙은 수를 뜻하는 '구골(Googol)'의 오타였다. 이름에서 보듯 엄청난 비전이나 심오한 의미를 갖추고 시작한 것은 아니었다. 또 많은 사람이 구글의 일하는 방식으로 알려진 OKR(Objectives and Key Results) 등을 근거로 들며 구글이 체계적인 계획을 바탕으로 성장했다고 믿지만 사실 구글에서도 1988년 창업 이후 10여 년 동안은 정교한 문화나 평가 보상 제도 등이 제대로 마련되지 않았다. 이에 리더가 본인이 어떤 사람인지, 어떤 리더십을 가졌는지, 어디까지 할 수 있고, 할 수 없는지를 파악해 일관성 있게 자신을 보여주는 것이 조직 문화를 구축하는 첫걸음이 될 수 있다. 마지막으로 개개인의 리더십 육성을 논하기 이전에

리더십이 최소한으로 작동될 수 있는 구조를 설계하는 것이 중요하다. 특히 스타트업처럼 수평적인 의사소통을 지향할수록 업무를 추진할 때 수직적인 책임 구조가 필요하다. 예를 들면, '명령의 사슬(Chain of Command)', 즉 조직 간, 그리고 구성원 간에 서로가 서로에게 보고하는 구조를 설계하는 것이다. 아주 단순한 규칙이지만 어떤 일을, 어떤 순서로, 누구를 거쳐, 누가 실행하고 책임지느냐를 명시적으로 정함으로써 커뮤니케이션 비용을 상당히 절감할 수 있다. 배달 앱 서비스 '배달의민족'으로 유명한 우아한 형제들이 '업무는 수직적, 인간적인 관계는 수평적'이라는 문구를 '송파구에서 일 잘하는 11가지 방법'에 넣은 이유도 여기에 있다.

출처: 동아일보, 2022.08.17.

⋮ SWOT 분석

기업 분석을 하는 데 있어서 외부의 기회와 자사의 강점 간의 전략적 적합성(Fit)을 파악하는 것은 중요하다. 기업 내부와 외부를 연결하여 기업 내부 경쟁력을 평가하는 대표적인 방법론이 SWOT 분석이다. SWOT 분석은 단순히 자사의 강점, 약점을 파악하는 것에 그치는 것이 아니고 환경에서는 오는 기회를 어떻게 활용해서 경쟁력을 갖출 것인가에 관한 방법론이다. S는 회사의 강점(Strength), W는 회사의 약점(Weakness)이고 O는 회사의 외부 환경에서 오는 사업 기회(Opportunity)이며 T는 사업에 리스크가 될 수 있는 위협(Threat)이다. 회사의 강점과 약점은 가치사슬상에 운영, 마케팅, 기술개발, 서비스, 인프라 같은 기능 수준 단위에서 도출된다.

회사의 강점과 약점, 환경에서 오는 기회와 위협을 상호 교차시켜서 2×2 매트릭스 형태로 상황분석을 통해 기업 전략의 방향성을 얻고자 하는 것이 SWOT 분석이다.

구분	자사	강점(Strength)	약점(Weakness)
환경		S1 S2 S3	W1 W2 W3
기회 (Opportunity)	O1 O2 O3	S1O1 S2O3	W1O1 W2O3
위협 (Threat)	T1 T2 T3	S1T1 S2T3	W1T1 W2T3

표 3.1
SWOT 분석표

SWOT 분석은 2×2 매트릭스이기에 4개의 칸 안에 전략의 방향성이 표출된다. SO전략, ST전략, WO전략, WT전략으로 유형화된다. SO전략은 회사의 강점으로 환경으로부터 오는 기회를 포착하여 활용하는 것이다. ST전략은 회사의 강점으로 환경으로부터 오는 위협을 사전에 방지하고 제거하는 전략이다. WO전략은 환경으로부터 오는 기회를 이용하여 회사의 약점을 극복하거나 보완하는 것이고 WT전략은 약점을 최소화하거나 위협을 회피하는 전략을 사용한다. SWOT 분석은 강점과 약점의 세부 항목과 기회와 위협의 세부 항목들을 상호 매칭시켜서 전략의 방향성을 도출하는 방식이다.

여기서 회사의 강약점을 파악하는 과정은 우선 경쟁사가 어느 회사인지를 먼저 확인하고 벤치마크가 되는 경쟁사 대비 강약점을 비교 분석해야 한다.

표 3.2

회사의 강약점 체크리스트

구분	평가					중요도		
	Major Strength	Minor Strength	Neutral	Minor Weakness	Major Weakness	Hi	Med	Low
연구개발								
연구개발 인력의 우수성								
신제품 개발 능력								
기술력								
특허권								
생산								
원가구조								
생산운영의 유연성								
설비								
경영관리								
경영진의 리더십								
구성원의 역량								
조직문화								
마케팅								
제품 품질								
제품 특징과 차별화								
브랜드 자산								
판매								
판매원								
유통경로								
시장점유율								

출처: 한상만, 하영원, 장대련(2018), 경쟁우위 마케팅전략, 4판, 박영사.

⋮ 비용구조 분석

비용의 유형

기업 설립과 경영의 목적은 이익을 창출하고 성장하는 것이다. 기업과 관련한 이해관계자들의 경제적 만족을 높이기 위해 기업은 이익을 창출해야 하고 창업기업도 예외는 아니다. 이익 창출에 관한 가장 기초적인 분석은 기업의 비용구조(Cost Structure)를 파악하는 것이다. 비용구조는 기업의 고정비(Fixed Costs)와 변동비(Variable Costs)의 상대적인 구성 관계를 의미한다. 비용을 고정비와 변동비로 구분하는 것은 비용구조 분석에 큰 도움을 준다. 고정비는 조업도(생산량)의 변화와 상관없이 일정하게 발생하는 비용을 말한다. 예를 들어, 감가상각비, 임차료, 보험료 등이 고정비에 속한다. 생산량이 증가하더라도 총 고정비는 일정하다. 그러나 단위당 고정비는 생산량이 증가하면 감소하는 특징을 가지고 있다. 반대로 변동비는 생산량의 변동량에 비례하여 발생하는 비용을 말한다. 예를 들어, 직접재료비, 직접노무비 등이 변동비에 해당한다. 생산량이 증가하면 총 변동비는 비례적으로 증가한다. 그러나 단위당 변동비는 생산량과 상관없이 일정하다.

손익분기점 분석

고정비와 변동비 개념을 이용하여 원가조업도이익(CVP) 분석을 할 수 있다. CVP 분석의 기초 개념으로 공헌이익(Contribution Margin)이 있다. 공헌이익은 매출액에서 변동비를 차감한 금액을 말한다. 공헌이익은 '매출액 - 변동비'이다. 공헌이익은 고정비를 회수하고 이익을 만들어 내는 데 얼마만큼 공헌하는지를 나타낸다(Horngren, Foster and Datar, 2000). 단위당 공헌이익은 단위당 판매가격에서 단위당 변동비를 차감한 금액을 말한다. 단위당 공헌이익은 '단위당 판매가격 - 단위당 변동비'이다. 그리고 공헌이익률은 매출액에 대한 공헌이익의 비율이다.

CVP 분석의 일부분인 손익분기점(Break-Even Point, BEP) 분석이 있다. 손익분기점이란 수익과 비용이 같아져서 이익도 손실도 발생하지 않는 판매량(매출액)을 의미한다. 손익분기점 분석은 생산량 결정, 원가 분석, 가격 결정 등에 사용된다. 손익분기점 초과 구간에서는 이익이 발생하고 미달 구간에서는 손실이 발생한다. 손익분기점을 구하는 방식은 공헌이익법, 등식법, 도표를 이용한 방식 등이 있다. 공헌이익법을 이용한 손익분기점 판매량과 매출액은 다음과 같다. 손익분기점 판매량은 $\dfrac{\text{고정비}}{\text{단위당 공헌이익}}$ 이고 손익분기점 매출액은 $\dfrac{\text{고정비}}{\text{공헌이익률}}$ 이다. 예를 들어, A회사는 단위당 판매가격이 ₩40이고 단위당 변동비가 ₩20인 제품을 생산해서 판매하고 있다. 연간 고정비는 ₩80,000이다. 이 회사의 손익분기점 판매량은 다음과 같이 구해진다. 손익분기점 판매량은 $\dfrac{\text{고정비}}{\text{단위당 공헌이익}} = \dfrac{₩80,000}{(₩40-₩20)} = 4,000$ 개이다. 다음으로, B라는 회사는 변동비율이 60%인 제품을 생산, 판매하고 있으며 연간 고정비는 ₩60,000이다. 이 회사의 손익분기점 매출액은 다음과 같다. 손익분기점 매출액은 $\dfrac{\text{고정비}}{\text{공헌이익률}} = \dfrac{₩60,000}{(1-0.6)} = ₩150,000$ 이다.

영업레버리지 분석

경영자는 비용구조 분석을 통해 매출액의 변동에 따른 이익의 변동을 어느 정도 예측할 수 있다. 손익분기점 분석처럼 고정비와 변동비를 활용해서 비용구조 분석을 할 수 있는 방법에 레버리지(Leverage) 분석이 있다. 레버리지는 고정비의 부담 정도를 의미하는 것으로 고정비 부담이 이익의 변동 폭을 얼마나 설명할 수 있는지에 관한 연구에서 나온 개념이다(김철중, 2000). 레버리지 유형에는 영업활동에서 발생하는 영업 레버리지(Operating Leverage)와 재무활동에서 발생하는 재무 레버리지(Financial Leverage)가 있고 영업과 재무 레버리지를 합한 것이 결합레버리지이다. 기업이 영업활동을 하면서 부담해야 할 비용을 영업비용이라 하고 영업비용은 매출원가와 판매 및 일반관리비로 구성된다. 영업비용은 고정비와 변동비로도 구분된다. 매출원가 내의 고정비와 판매 및 일반관리비 내의 고정비를 합해서 영업고정비라 하고 이를 영업 레버리지라고 한다. 영업고정비인 영업레버리지가 커질수록 이것이 지렛대 역할을 해서 매출액의 변화율보다 영업이익의 변화율이 더 커지는 현상을 영업레버리지 효과라고 한다. 영업레버리지 효과를 측정하는 지표를 영업레버리지도(Degree of Operating Leverage, DOL)라 한다. 영업레버리지도(DOL)는 $\dfrac{\text{영업이익의 변화율}}{\text{매출액의 변화율}} = \dfrac{\text{고정이익}}{\text{영업이익}}$ 이다.

Startup Workshop

1. 자신이 창업하고 싶은 가상의 기업을 만들어 사업계획서를 작성하고 회사의 강약점 체크리스트를 만들어 보자.

2. 1번 문제에서 작성된 회사의 강약점 체크리스트를 바탕으로 SWOT 분석표를 작성해 보자.

3. 2번 문제에서 작성된 SWOT 분석표를 바탕으로 각 SO전략, ST전략, WO전략, WT전략의 구체적인 실행계획(Action Plan)을 만들어 보자.

PART1 | 로켓 추진체: 가치 이해

CHAPTER 04 고객과 경쟁자 분석

Consumer & Competitor Analysis

고객 중심 전략은 어떻게? … "창업 첫날처럼"

"제프 베이조스의 이메일(jeff@amazon.com)은 누구에게나 공개돼 있다"

아마존의 창업자 제프 베이조스는 고객의 소리를 듣기 위해 이메일을 공개했다. 고객이 아마존을 이용하면서 느낀 불편함을 적어 보내면, 그는 꼼꼼히 읽은 뒤 해당 서비스 담당자에게 메일을 전달했다. 메일 윗부분에 '?' 하나만 붙여진 채 보내진 메일을 받은 직원은 문제를 최대한 빨리 조사하고 베이조스에게 답변해야 했다. 이러한 베이조스의 경영 철학은 '첫날(DAY1)' 정신으로 요약할 수 있다. 그는 주주들에게 보내는 편지에 "지난 20년 동안 오늘이 아마존의 첫날(DAY1)이라고 말해왔다"면서, 창업 첫날의 마음을 늘 기억해야 한다고 강조했다. 서비스를 기획하고 출시할 때 다른 무엇보다 고객을 우선하는 '고객 중심 사고'를 말한 것이다. 전문가들은 빠르게 변하는 시장에서 기업이 경쟁력을 갖추려면 "고객 중심 사고"가 필요하다고 말한다. 아직도 제품을 먼저 만들고 시장을 찾는다면, 조직 변화가 시급하다. 고객이 불편하다고 느끼거나, 스스로도 알아차리지 못한 '욕구'를 날카롭게 파악해야 치열한 경쟁 속에서도 살아남는다.

이커머스 업계 후발주자였던 쿠팡은 '더 빨리 물건을 받고자 하는' 고객 욕구를 해결한 로켓배송으로 고객 만족도를 크게 높였다. 플랫폼만 제공하는 오픈마켓 대신, 물건을 직접 구매해 물류창고에 보관하는 직매입 모델을 도입해 배송 기간을 단축할 수 있었다. 최근에는 마켓컬리가 신선한 음식을 빨리 받기를 원하는 고객 욕구를 발견하고, 이를 새벽배송으로 배송하고 있다. 스타트업 데이원 컴퍼니(구 패스트캠퍼스)도 창업교육으로 시작했지만, '아마존 첫날(DAY1)' 정신을 생각하며 커리

큘럼을 전폭적으로 수정했다. 수강자가 창업 준비자보단 직장인 위주라서, 현장 실무자에 의한 실무 교육을 제공하기로 했다. 또한, 사내독립기업(Company-In-Company, CIC) 체제를 도입하면서, 다양한 맞춤형 프로그램도 운영하고 있다. 스노우볼CIC는 온라인 강의를 완강하기 어렵다는 점에 주목해 환급 제도를 활용한 과정을 개발했다. 레모네이드CIC는 부담 없이 외국어를 배우는 하루 10분 분량의 '가벼운 학습지'를 기획했다. 넷플릭스는 고객 중심 경험을 위해 비즈니스 모델을 과감하게 바꾼 사례로 꼽힌다. 초기 넷플릭스는 구독료를 내면 DVD를 배달해 주는 온라인 DVD 대여점으로 시작했다. 구독료 낸 고객은 연체료를 물지 않고 무제한으로 DVD를 이용하고, 영상을 다 본 다음에 반납하면 됐다. 이후로 스트리밍 서비스가 인기를 끌면서, 넷플릭스는 '광고 없이 영상을 보길 원하는' 고객 욕구를 발견했다. 그리고 광고 없는 영상 스트리밍 구독 서비스를 시작했다.

"현장에서 고객을 관찰해라"

고객이 원하는 걸 알려면, 기업은 현장에서 고객의 목소리에 귀를 기울여야 한다. 고객을 인터뷰하거나 설문조사 하면서, 회사와 제품, 서비스 전반에 대한 만족도를 묻고 이용 행태를 분석해야 한다. 이때, 고객이 어떤 반응을 하는지 그리고 욕구가 무엇인지를 관찰해야 한다. 고객은 생각 그대로를 답하지 않을 수 있으니, 빅데이터와 시장 트렌드 리서치 등으로 보완하는 것도 좋은 방법이다. 초기의 승차 공유 서비스 타다가 핫할 수 있던 이유는 고객의 미충족 욕구에 민감하게 반응했기 때문이다. 기존 택시에선 고객은 '승차 거부', '택시 기사와의 불편한 대화' 등 불쾌한 일을 겪는 일이 많았다. 타다는 승차 거부 없이 차량을 배차하고, 쾌적하고 넓은 실내환경을 제공했다. 타다 기사가 매뉴얼에 맞는 대화만 하게끔 해, 고객이 느낄 불편함을 최소화하기도 했다. 이용자가 기존 택시 경험에서 불편함을 느끼는 지점을 끊임없이 관찰했기 때문에 나올 수 있던 서비스다.

기업 문화를 고객 중심적으로 만드는 것도 중요하다. 고객 관리는 고개 지원팀만의 문제가 아니다. 모든 직원들이 고객 경험을 발전시키는 일에 함께해야 한다. 세일즈포스 코리아는 '고객 중심의 조직 문화 개선을 위한 6가지 팁과 전략' 글을 통해서, "CEO부터 일반 직원까지 고객을 대면하지 않는 직원에게 도 기회를 제공해, 이들이 고객과 시간을 보내거나 서비스 콜을 처리함으로써 고객에게서 배울 수 있게 해야 한다"고 했다. 이외에도, 조직 부서 간 용어나 표현의 차이로 소통이 단절되는 장벽을 없애야 하며, 직원이 관련된 역량을 학습할 수 있도록 지원해야 한다고 조언했다. 하지만, 세일즈포스는 '고객 관계 관리 트렌드 보고서(State of the Connected Customer)'에서 "73%의 고객은 기업이 자신의 필요를 이해할 거라고 기대했지만, 51%만이 기업이 전반적으로 고객을 이해한다고 답했다"고 했다. 회사 리더들은 종종 자신이 제공하는 가치가 답이라고 생각하지만, 아무리 최첨단 기술을 제공할지라도 고객에게 가치가 없으면 성공하기 어렵다. 그리고, 고객이 중요하게 여기는 가치는 오직 고객에게서만 발견할 수 있다.

출처: IT동아, 2022.01.13.

"어떻게 고객을 선택하는가?"라는 영역은 창업의 첫 단계에서 가장 중요하다. 고객을 획득하기 위해 창업 시 자원을 어느 부분에 집중할 것인지는 장래의 생존에 크게 영향을 미친다. 그 때문에 고객을 선택하기 위한 구체적인 방향 설정이 창업 구상의 열쇠가 되는 것이다. 고객의 유형은 크게 일반 대중인 소비자와 조직 구매자로 구분할 수 있다. 한편, 진출하고자 하는 시장에 있어서 경쟁자들은 누구이며 어떠한 경쟁구조를 가졌는지에 대한 분석과 대응은 매우 중요하다. 이번 장에서는 3C 중 고객과 경쟁자 분석에 대해 알아보고 효과적인 창업전략 수립 및 실행의 기초에 대해 살펴보고자 한다.

⋮ 소비자 고객행동의 이해와 분석

구매 의사결정과정

사람들은 일상생활에서 많은 구매 의사결정을 하게 된다. 소비자들의 구매의도와 구매행동을 이해한다면 창업자들은 자신의 사업을 성공적으로 이끌 수 있을 것이다. 그러나 소비자의 구매 의사결정과정을 이해한다는 것은 쉽지 않다. 왜냐하면, 소비자의 행동은 정치, 경제, 사회, 문화, 기술 등 다양한 여러 환경적 요인뿐만 아니라 마케팅 활동을 통해 전달되는 자극과 소비자의 개인적 · 심리적 요인들에 의해 나타나는 소비자 반응의 결과이기 때문이다. 그러므로 창업자들은 자신이 제공하는 제품이나 서비스의 다양한 마케팅 자극에 대해 소비자들이 어떻게 반응할 것인지를 제대로 이해한다면 경쟁자보다 큰 이점을 가지고 제대로 된 창업을 할 수 있을 것이다.

소비자들은 제품을 구매할 때 일반적으로 '문제 인식 → 정보 탐색 → 대안 평가 → 구매 결정 → 구매 후 행동'의 구매 의사결정과정을 갖는다. 그러나 이러한 과정을 언제나 모두 차근차근 밟는 것은 아니다. 경우에 따라서는 생략하기도 하고 어떤 경우에는 특정 과정에서 멈추기도 한다. 창업자들은 자사의 제품 및 서비스를 이용하는 소비자들에게 각 단계별로 잘 이해하고 있어야 하며 각 단계에 영향을 미칠 수 있는 효과적인 창업 마케팅 전략 프로그램을 개발해야 할 것이다.

문제 인식

소비자의 구매 의사결정과정의 첫 단계인 문제 인식은 소비자들이 실제 상태와 바람직하거나 이상적인 상태와의 차이가 발생했을 때 나타난다. 이러한 차이는 충분한 동기유발을 유발해 활성화시킬 수 있다. 창업자는 소비자의 실제 상태와 바람직한 상태의 갭을 유발할 수 있는 것을 개발해야 한다.

정보 탐색

소비자들은 문제를 인식하고 나면 이를 해결하기 위해 정보탐색을 하게 된다. 정보탐색은 흔히 구매 상황과 관련해 소비자의 기억 속에 저장되어 있는 관련 정보를 회상하고 이를 인출하는 과정인 내적 정보탐색과 광고나 타인(친구, 인플루언서, 판매원 등)으로부터 정보를 수집하는 과정인 외적 정보탐색으로 나눌 수 있다. 그러므로 소비자의 기억에 저장된 것을 인출할 수 있는 마케팅 자극을 개발 운용해야 할 것이다.

대안 평가

소비자들은 기억으로부터 회상하거나 외부 정보원으로부터 정보를 수집하는 도중이나 혹은 정보를 수집하는 도중이나 혹은 정보를 수집한 후에 그간 정보탐색을 통해 알게 된 내용을 구매대상이 되는 여러 가지 선택대안들을 평가하게 된다. 소비자들은 나름의 평가 기준을 설정하여 대안들을 평가하게 되는 과정을 겪게 된다.

구매 결정

소비자가 대안의 평가를 이루어지고 제품이 결정된 후에는 구체적인 구매가 일어나는 것이다. 그러나 실제 구매가 이루어지기까지는 몇 가지의 요인이 발생할 수 있다. 첫째, 구매 의사결정에 영향을 미칠 수 있는 가족, 친지, 동료 등의 주변 사람들의 태도이다. 소비자가 선호하는 브랜드 대안에 대한 부정적인 태도가 강하고, 소비자와 자신의 주변사람과의 친분 정도가 강할수록 구매 의도를 수정할 가능성이 높다. 둘째, 구매 의도는 예상하지 못한 상황적 요인에 의해서 영향을 받는다. 소비자는 기대되는 가계소득, 제품에 대한 기대 효익이나 가치 등과 같은 요인에 의해 구매 의도가 형성되는데 예상치 못한 상황적 요인이 발생하여 구매 의도를 변화시킬 수도 있다. 실제로 구매를 결정한 소비자는 구매과정에서 제품 유형, 모델, 대금 지불방법, 브랜드, 수량, 구매 시기, 점포 유형, 그리고 점포내 쇼핑 과정까지 부가적으로 다양한 의사결정들을 한다.

구매 후 행동

제품을 구매했을 때 소비자는 구매 행위를 통해 어떤 결과를 기대한다. 이러한 기대가 얼마나 잘 충족했느냐에 따라 소비자는 구매한 결과에 대해 만족을 하느냐 혹은 불만족을 하느냐가 결정된다. 일반적으로 만족은 사전 기대를 충족시키거나 초과한 정도에 따라 이루어진다. 소비자의 사전 기대는 광고와 판매원을 통한 마케팅 커뮤니케이션, 친구와 가족과 같은 비공식적인 정보원, 개인적인 사용경험 등의 정보를 통해서 형성된다. 제품에 대한 사전 기대와 실제로 제품을 구매한 후에 사용하면서 느끼는 지각된 성과 간의 차이에서 고객의 만족과 불만족이 발생한다. 또한 일반적으로 소비자는 구매 후 그들의 결정에 대해 내적 갈등으로 심리적 불편감을 가질 수 있는데 이를 인지부조화라고 한다. 그러므로 창업자는 자신의 제품 및 서비스를 구매하는 소비자들이 갖게 되는 인지부조화를 축소시키고 구매 결정에 대한 확신을 심어주는 프로그램에도 관심을 가지는 것이 필요하다.

Case Study
자전거 중고 거래 시장을 테크로 개척한 '라이트브라더스' 덕후가 시장의 불편함을 해결하다가 탄생한 스타트업

취미 기반 시장이 성장하기 위해서 필요한 조건은 무엇일까? 취미를 즐기는 덕후들의 불편이 최소화되는 '시장 환경'이 중요한 조건 중 하나일 것이다. 라이트브라더스의 출발은 자전거 덕후들의 불편함에서 비롯되었다. 취미로 자전거를 즐기던 김희수 대표는 자전거에 빠지기 시작하면서 자전거 시장에서 소비자들의 불편함을 직접 보고 듣고 느끼게 되었다. 바로 자전거 시장에는 애프터 마켓(후속시장) 서비스가 없다는 점이다. 즉, 제조사와 유통사 중심으로 형성된 시장구조 때문에 자전거 구입 이후 소비자들이 자전거를 타면서 겪는 여러 상황들과 관련한 서비스 시장이 미성숙한 상황이었다.

대표적인 예가 중고거래 시스템의 부재였다. 자전거 덕후라면 최초 자전거 구매 이후에 최소 1번 이상 자전거를 교체하게 된다. 이 과정에서 자신이 타던 자전거를 중고로 판매하는 경험을 하게 되고 또 자전거를 구입하면서 프리미엄 자전거를 중고로 구매할 수도 있다. 그런데 자전거 중고 거래와 관련한 시스템이 없었기 때문에 거래 과정에서 발생하는 문제점들을 모두 개인이 떠안게 되는 위험과 불합리한 상황들이 지속적으로 발생하고 있었던 것이다. 가령, 자전거를 판매하는 사람 입장에서 아끼고 소중히 관리했던 자전거의 상태를 객관적으로 입증하기가 어렵기 때문에 합리적인 가격에 판매하기가 쉽지 않은 어려움을 겪게 된다. 그리고 중고 자전거를 구매하는 사람 입장에서 중고 자전거의 상태가 어떤지를 객관적으로 파악할 수 없기 때문에 자전거를 구매하면서 불안함을 가지고 거래에 임할 수밖에 없다. 특히 자전거로 먼 거리까지 가는 상황이나 MTB와 같은 특수한 환경에서 자전거를 타는 경우, 중고로 구매한 자전거 내부에 금이 가 있거나 기능적으로 문제가 있다면 큰 사고가 발생할 수도 있기 때문에 중고 자전거의 상태는 안전과 직결되는 중요한 요소이다. 자전거 덕후 중 한 사람이었던 김희수 대표는 고객 입장에서 자전거 중고 시장의 여러 문제점을 자주 경험하고, 듣고, 느끼고 생각할 수 있었고 이는 라이트브라더스의 창업으로 이어졌다.

자전거 문화 확산을 고민하면서 라이트브라더스는 '중고 – 리사이클링 – 순환경제' 시스템 구축에도 관심을 가지게 된다. 이 시스템은 어른이 되면서 자전거 타기에서 멀어졌던 유저들을 다시 자전거 시장으로 유입시킬 수 있는 효과적인 수단이기도 했다. 어릴 때 자전거를 탔던 이들이 다시 자전거 유저로 돌아올 수 있는 방법은 자전거 구입을 망설이지 않게 하는 것이었다. 현재 라이트브라더스가 진행하고 있는 재생 자전거 프로젝트는 유저들이 어릴 때 자전거를 처음 탔을 때의 감정과 즐거웠던 경험을 되살리기 위한 방법을 고민하는 과정에서 생각해 내게 되었다. 새 자전거를 사는 것이 아니라 '(재생 자전거인) 새로운' 자전거와의 만남을 통해서도 충분히 자전거의 경험을 되살릴 수 있다는 점을 홍보하면 자전거에서 멀어졌던 유저들이 돌아올 수 있는 문턱을 낮출 수 있다고 본 것이다. 재생 자전거 프로젝트를 위하여 라이트브라더스는 서울시와 협업하여 버려진 자전거들을 수거하여 재정비한 후 판매하는 서비스 시스템을 제공하였다. 이미 자전거 거래 플랫폼으로 유저들 사이에서 입소문이 나고 자전거 관련 기술에서 인정을 받은 라이트브라더스가 재생 프로젝트에 개입하자

성과가 눈에 띄게 향상되었다. 2022년 1월 재생 자전거 시범판매 이후 2022년 3월 말까지 수거된 방치 자전거 4,640대 중 총 1,476대가 자전거로 재탄생하여 판매되었다. 한편 재생 자전거 프로젝트는 자전거 유저의 귀환이라는 효과 이외에도 환경 보호 측면에서도 중요한 의미를 지니고 있었다. 버려진 자전거를 폐기 처분하지 않고 재생 자전거로 재사용함으로써 자원의 낭비를 방지할 수 있고 탄소배출량을 감소시킬 수 있어(재생자전거 1대당 73.2kg의 탄소 배출이 줄어드는 효과) 환경 보호 효과를 거둘 수 있다. 현재 탄소거래배출권 기반 비즈니스가 성숙되지 않은 상황이어서 라이트 브라더스가 이 시장을 선점할 경우 ESG를 핵심으로 하는 비즈니스 모델의 선두주자로 자리 잡을 수 있다는 기회도 존재하지만 이제 막 탄소거래배출권을 기반으로 하는 시장이 성장하는 단계에서 수익을 창출하는 뚜렷한 비즈니스 모델과 핵심 프로세스를 찾는 것은 쉽지 않은 일이기도 하다.

출처: SBS 뉴스, 2023.02.21.

산업재 고객행동의 이해와 분석

기업의 구매는 일반적으로 B2B 구매자라 하며 일반 소비자와의 거래, 즉 기업과 고객의 거래는 B2C 구매자라고 한다. B2B 구매자는 B2C 구매자와 매우 다른 특징들을 갖고 있으므로 먼저 B2B 구매자의 특징들을 이해하는 것이 중요하다.

B2B 구매자와 B2C 구매자의 차이점

B2B 구매자와 B2C 구매자의 공통점보다는 차이점이 더 많다고 할 수 있다. 구체적으로 다음과 같은 차이가 있다.

고객의 수

컴퓨터의 반도체 제작회사가 소비자를 상대로 판매하는 경우, 잠재고객의 수는 컴퓨터를 가진 수백만 명에 달하지만, 이들은 몇 년에 한 번씩 최대 1~2개를 구입하는 것이 고작일 것이다. 그러나 조직 구매자를 상대로 판매하는 경우, 잠재고객의 수는 대부분의 기업, PC 제작 업체, 대형 유통업체 등을 다 합쳐도 수천개 정도일 것이다. 그러나 이들이 구매하는 컴퓨터 모니터의 개수는 천차만별이다.

구분	소비자	조직 구매자
고객의 수	다수의 고객이 수량 구매	소수이 고객이 대량 구매
고객과의 관계	그다지 긴밀하지 않고 단기적임	매우 긴밀하고 장기적임
구매결정에 참여하는 사람들의 수	한 사람 또는 소수	다수
고객의 상품 지식	비교적 낮음	비교적 높음
고객의 지역별 분포	비교적 고르게 분포	특정 지역에 집중
수요의 변동	비교적 낮음	비교적 높음

표 4.1

소비자와 조직 구매자의 차이

출처: 박정은, 김경민, 김태완(2023), 고객가치기반 마케팅, 2판, 박영사.

고객 관계

일반적으로 불특정 다수의 B2C 고객 대상으로 판매하는 경우 개별고객과 긴밀한 관계를 형성하기란 매우 어렵다. 컴퓨터 반도체 제작기업의 경우, 누가 자기 회사의 모니터를 구매했는지 파악하기 어려운데, 소비자들과 개별적인 관계를 형성한다는 것은 쉬운 일이 아니다. 그러나 B2B 구매의 경우는 구매자 수가 적을뿐 만 아니라 그중에서도 소수의 구매자들이 대부분의 매출을 발생함으로, 고객과 긴밀한 관계를 형성하기가 개별소비자와 비교할 때 훨씬 더 용이하다.

구매 결정에 참여하는 참가자 수

B2C 소비자가 제품을 구매하는 경우, 일반적으로 스스로 결정하거나, 아니면 배우자, 자녀, 지인 등 소수의 사람들과 같이 결정한다. 그러나 B2B 구매 상황에서는 구매 결정에 있어 대개 다수의 사람들이 직접 혹은 간접적으로 영향을 미친다. 이들은 사용자(Users), 영향력 행사자(Influencers), 구매자(Buyers), 결재자(Approvers), 정보 통제자(Gatekeepers)로 분류할 수 있다.

반도체 제작기업의 구매 경우를 살펴보자.

① 사용자란 완성된 반도체를 구입하는 소비자가 해당된다. 예를 들어, 일반 기업의 경우, 근로자들이 PC를 사용하기에 반도체의 직접 사용자가 된다.
② 영향력 행사자란 PC를 설계하는 엔지니어들에 해당된다. 엔지니어들은 PC의 특성에 맞는 반도체의 성능과 규격을 결정하는 역할을 한다.
③ 구매자란 구매부서에 해당된다. 이들은 소비자들의 선호와 엔지니어들이 설정한 성능규격을 기초로 어느 회사의 반도체를 구입할 것인지를 제안하고 자신의 상사에게 이에 대한 결재를 요청한다.

④ 결재자란 이렇게 구매부서에서 결정한 내용을 결재하는 사람들이다. 이들은 기업 내에서 고위 경영자(즉, 임원에서부터 최고경영자까지)에 해당된다. 이와는 달리, 고위 경영자들이 공급업체를 먼저 결정하고, 구매부서는 이를 실행하는 역할을 하기도 한다.

⑤ 정보 통제자란 PC 제조 회사의 구매부서나 고위 경영자들을 접촉하기 위하여 반도체 회사의 직원들이 전화를 걸거나 방문하였을 때, 그 길목에 있는 사람들을 가리킨다. 주로, 비서나 리셉셔니스트(Receptionist)와 같은 사람들이 해당된다. 이들은 비록 구매 결정에 직접 영향을 미치지는 못하지만, 구매 결정에 필요한 정보가 구매자나 결재자에게 얼마나 원활하게 흘러 들어가는지에 영향을 미칠 수 있다. 실제로, '판매왕'들의 성공 비결 중의 하나는 구매업체를 처음 방문할 때, 비서에게 줄 작은 선물도 가지고 간다는 것이다. 이렇게 해서 일단 호감을 갖게 되면, 다음번에 방문할 때 높은 사람들을 만나기가 훨씬 쉬워진다고 한다. 이렇게 구매 결정에 직접 또는 간접으로 영향을 미치는 사람들을 통틀어 구매센터(Buying Center)라고 부른다. 여기서, 구매센터란 회사 내에 존재하는 어떤 한 부서를 가리키는 말이 아니라, 소속 부서에 상관 없이 구매결정에 영향을 미치는 모든 사람을 추상적으로 가리키는 말임에 주의하여야 한다. 구매센터의 존재는 조직 구매자에게 소비자와는 다르게 접근해야 하는 가장 큰 이유가 된다.

B2B 구매자에게 성공적으로 마케팅하기 위해서는, 구매센터에 누가 참여하며, 각자가 어떤 결정에 어느 정도의 영향을 미치는지를 파악하여야 한다. 이를 위하여 많이 사용되는 것이 〈표 4.2〉와 같은 의사결정 매트릭스이다. 이것은 구매 의사 결정의 각 단계마다 각자가 어떤 역할을 하는지를 일목요연하게 보여준다. 이후, 의사결정에 참여하는 자가 어떠한 기준들을 중요하게 여기는지를 파악하여, 각자에게 알맞은 접근방법을 사용하여야 한다. 예를 들면, 엔지니어에게는 우리 상품의 기술적인 우위성을 강조하고, 구매부서에게는 만족스러운 품질과 낮은 가격을 강조하는 것이 바람직하다. 〈표 4.3〉에서 보여주듯이 산업재 구매 시 부서별 관심 사항이 상이하기 때문에, 효과적으로 업무를 수행하려면 한 사람이 구매센터에 속한 모든 사람들에게 접근하기보다는 여러 명의 직원으로 판매팀을 구성해서 역할을 분담하는 것이 더 효과적이다.

구분	문제 인식	상품 명세서 확정	공급업자 탐색	제안서 요청	공급업자 평가 및 선택
엔지니어	%	%	%	%	%
공장장	%	%	%	%	%
구매책임자	%	%	%	%	%
재무책임자	%	%	%	%	%
사장	%	%	%	%	%
합계	100%	100%	100%	100%	100%

표 4.2
산업재 구매자 의사결정 매트릭스

부서	관심 사항
엔지니어링	공급업체의 이름 및 명성; 설계기준을 충족시킬 수 있는 능력
생산	납기준수; 구매된 부품/원료와 기준 생산설비 간의 호환성; 구매된 장비의 설치 및 A/S
마케팅	구매된 부품/원료/설비가 완성품이 시장성에 미칠 영향
재무/경리	구매가 현금흐름, 재무상태표, 손익계산서에 미칠 영향; 추정된 원가와 실제 원가 간이 차이; 다른 대안(예 내부조달, 리스 등)과의 비교
구매	만족스러운 품질수준과 최저 가격; 공급업체와의 원만한 관계 형성
품질관리	구매된 부품/원료가 명세서의 기준, 정부규제, 소비자의 요구 등을 충족시키는지의 여부

표 4.3
산업재 구매 시 부서별 관심 사항

고객의 상품지식

B2C 구매자는 상품들을 비교 평가할 수 있는 정보나 지식이 부족하기 때문에 자신의 주관적인 사용경험, 구전, 브랜드, 가격, 광고 등에 의존하여 구매를 결정하는 경우가 많다. 이와는 반대로, B2B 구매자는 많은 경험을 갖고 있고 체계적인 교육훈련도 받기 때문에, 상품에 대하여 많은 지식을 갖추고 있다. 그러므로 창업자의 제품에 대한 기술적인 정보나 경쟁상품 대비 장점 등을 상세하게 제공할 필요가 있다.

고객의 지역별 분포

B2C 구매자는 전국적으로 분포되어 있는 경우가 대부분이지만, B2B 구매자는 몇몇 지역에 집중되어 있는 경우가 많다. 그리고 이것은 공급업체 공장의 입지 결정에 중요한 영향을 미친다.

수요의 변동

소비재, 특히 필수품에 대한 수요에 비해 산업재, 특히 생산설비에 대한 수요는 매우 큰 기복을 보이는 경향이 있다. 일반적으로 B2C 수요가 소폭 변동하면 생산자에 대한 주문량은 대폭 변동하는 경향이 있다. 이러한 문제를 파악하기 위해서는 제조업 기반의 스타트업이라면 유통업자를 설득하여 제품의 재고 데이터를 공유하여 수요를 사전에 파악하고 탄력적인 수요에 선제적으로 대응할 수 있도록 해야 한다.

B2B 구매자의 구매 의사결정과정

B2B 구매자의 구매 의사결정과정 역시, 회사, 상품, 상황에 따라서 달라진다. 예를 들면, 작은 회사는 큰 회사에 비하여 구매 의사결정과정이 단순한 경향이 있다. 같은 회사 안에서도 복사용지와 같은 상시 소비하는 단순 소모재를 구매하는 경우는 제조를 위한 원재료를 구매하는 경우에 비하여 매우 단순한 구매 의사결정과정을 거칠 것이다. 같은 회사에서 같은 상품을 구입한다고 하더라도 구매 상황에 따라 구매의사 결정과정이 달라지는 것이다. B2B 구매자의 구매상황은 크게 다음과 같이 세 가지로 나누어진다.

단순 재구매 (Straight Rebuy)

이미 선정된 공급업자로부터 구매 조건의 변경 없이 반복적으로 구매하는 구매를 말한다. 이 상황에서는 새로운 공급업자가 비집고 들어가기 어렵다. 그러므로 이러한 분야에서 창업은 성공할 가능성이 낮을 수밖에 없다.

수정 재구매 (Modified Rebuy)

조직 구매자가 기존의 공급업자를 상대로 구매 조건(예 가격, 상품규격, 배달 조건 등)을 변경하고자 하는 구매 상황을 의미한다. 구매자와 공급업자 사이의 협상이 원만하게 끝나면 기존의 공급업자는 수정된 조건하에서 계속 공급하게 되지만, 협상이 깨지면 구매자는 새로운 공급업자를 물색하게 된다. 그러므로 기존 공급업자를 제치고 공급할 수 있는 자격을 획득하고자 하는 경쟁업체는 언제 수정 재구매 상황이 발생할 것인지를 예의 주시하여야 한다. 수정 재구매 상황은 외부 요인(예 원자재 가격의 급변)뿐만이 아니라 내부 요인(예 구매자 회사의 인사 이동)에 의해서도 발생할 수 있다.

신규 구매 (New Task)

B2B 구매자가 지금까지 구매해 본 적이 없는 상품을 처음으로 구매하는 상황을 가리킨다. 새로운 공급업자가 될 수 있는 가장 좋은 기회이다. 구매하고자 하는 상품의 가격이 높거나(예 생산설비), 구매 결정이 잘못되었을 때 입게 될 위험이 클수록(예 컴퓨터 시스템), 구매 의사결정과정에 참여하는 사람들의 수가 많아지고, 결정에 이르기까지 오랜 시간이 걸리게 된다.

이와 같이, 조직 구매자의 구매 의사결정과정은 구매 상황에 따라 단순할 수도 있고 복잡할 수도 있는데, 여기서는 가장 복잡한 상황, 즉 신규 구매하에서의 구매 의사결정과정에 초점을 맞추어 설명하기로 한다. 일단 이것을 이해한 다음에는 이보다 간단한 단순 재구매나 수정 재구매 상황하에서의 구매 의사결정과정은 자연히 이해할 수 있게 될 것이다.

산업재 신규 구매 의사결정과정

신규 구매 상황하에서의 구매의사 결정과정은 〈그림 4.1〉과 같은 일곱 단계로 이루어진다.

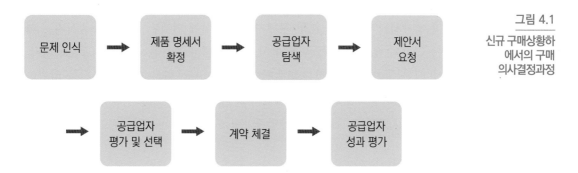

그림 4.1
신규 구매상황하에서의 구매 의사결정과정

문제 인식

소비자의 경우와 마찬가지로, 조직 구매자의 구매 결정과정도 문제를 인식함으로써 구매 의사결정이 시작된다. 문제 인식은 내적인 요인(예 기존 설비의 잦은 오작동) 또는 외적인 요인(예 전시회, 잡지광고, 영업사원)에 의해 발생하게 된다. 고객이 일단 문제를 인식하게 되면 그 문제를 해결할 수 있는 상품을 제공할 수 있는 공급업자들은 다수 존재하기 때문에 많은 경쟁자가 뛰어들어 치열한 가격 경쟁이 벌어지곤 한다. 그러므로 잠재고객이 가까운 미래에 인식하게 될 문제를 미리 예측하고 이를 해결할 수 있는 상품을 경쟁자보다 한발 앞서서 미리 제안하는 것은 산업재시장의 창업에서 성패를 가르는 중요한 요인이다. 따라서 창업자는 잠재고객의 현재 욕구뿐만 아니라 미래의 욕구에도 깊은 관심을 가지고 시장 예측력을 높여야 한다.

제품 명세서 확정

문제를 인식하게 되면, B2B 구매자는 필요한 제품이 갖추어야 할 구체적인 특성(예 내구성, 신뢰성, 브랜드, 가격 등)들을 결정하고 이를 명세서의 형태로 작성한다. 설비와 같이 복잡한 물품의 경우에는 여러 부서의 관계자들이 이에 참여하게 된다. 이 단계에서 창업자는 제품명세가 본인 회사에 유리하게 결정되도록 노력하여야 한다. 특히 창업자가 선제안을 하는 경우, 더욱 유리한 위치를 차지할 수 있다. 예를 들어, 식품회사의 특정 제품의 디자인을 변경하자고 선제안을 담당부서에서 내놓았는데, 국내에서는 우리 회사만이 식품회사의 제품 디자인 변경 능력을 갖고 있는 경우, 담당 부서를 설득하여 입찰 자격에 '식품업의 제품 디자인 변경 경험 보유 회사'로 제한하도록 만든다면 다른 회사의 참여가 제한되는 것이다.

공급업자 탐색

제품 명세서가 확정되면 B2B 구매자는 명세서에 기재된 조건을 충족시키는 제품을 공급할 수 있는 업체들을 찾기 시작한다. 대부분 관련 산업업체 주소록이나 인터넷 등을 찾아보거나, 전시회에 참가하기도 하고, 다른 회사에 추천을 의뢰하기도 한다. 소비자의 고려 상표군에 소수의 대안들만이 포함되는 것처럼, B2B 구매자의 고려 대상에도 소수의 공급업체만이 포함되는 것이 일반적이다.

제안서 요청

고려 대상 업체 리스트를 작성한 B2B 구매자는 해당 업체들에게 제안서를 제출을 요청하게 한다. 구매하고자 하는 제품이 복잡하거나 값비싼 경우에는 프리젠테이션을 요구하기도 한다. 그러므로 창업자는 우수한 제안서를 작성하고, 이를 효과적으로 프리젠테이션할 수 있는 능력을 갖추고 있어야 한다. 제안서에는 단지 창업자 제품의 기술적인 우수성만 나열하는 것은 효과적이지 않으며, 그러한 우수성이 구매자에게 어떤 편익을 줄 수 있는지를 구체적으로 보여주는 것이 보다 효과적이다. 즉, 기술 또는 가격 측면에만 머물지 말고 좀 더 넓은 관점에서 고객에게 경쟁자보다 더 큰 가치를 제공할 수 있는 방법을 제안서에 담아야 한다.

공급업자 평가 및 선택

제출된 제안서 또는 프리젠테이션 내용을 검토한 후, B2B 구매자는 공급업자를 선택한다. 즉 조직 구매자는 공급업자 선택을 체계적으로 하기 위해 중요한 선택 기준들을 규정하고, 각 기준의 중요도를 매긴 다음, 후보 업체별로 점수를 계산하여 가장 높은 점수를 얻은 업체를 선택하는 것이 일반적이다. 창업자는 조직 구매자가 갖고 있는 선택 기준과 각 기준의 중요도를 파악하고자 노력하여야 한다. 또 경쟁자 대비 강점 및 약점을 분석하여 강점은 부각하고 약점은 보완할 수 있는 방법을 찾아야 한다. 예를 들면, 자사의 높은 가격이 약점인 경우, 비록 구입가격은 비싸지만 높은 내구성 때문에 유지비가 적게 든다든지, 혹은 추가적인 부대 서비스가 있다든지 하는 점 등을 내세워서 구매자를 설득할 수 있을 것이다.

B2B 구매자는 공급업자를 한 곳만 선택할 수도 있고, 두 곳 이상을 선택할 수도 있다. 두 곳 이상의 공급업자들을 선정하게 되면, 제품을 안정적으로 공급받고, 이들 간에 경쟁을 유발하여 구입 원가를 낮출 수 있는 장점이 있다. 반면에, 하나의 공급업자를 선정하여 이 회사와 장기적으로 긴밀한 협력관계를 형성하면, 공급업자로부터 다양한 좋은 품질의 서비스를 받을 수 있는 장점이 있다. 예를 들면, B2B 구매자가 신제품을 개발하는 과정부터 공급업자가 참여하여 필요한 부품의 개발을 미리 시작하거나, 조직 구매자에게 신속히 납품할 수 있도록 공급업자가 조직 구매자의 공장 부근으로 이전하는 하는 등의 혜택은 B2B 구매자가 특정 공급업자와 장기적인 거래관계를 가지고 있을 때 기대할 수 있는 것들이다.

계약 체결

공급업자가 선정된 이후, 조직 구매자는 선정된 업자와 구체적인 구매조건(예 납기, 품질보증기간, 교환 또는 환불조건 등)에 대하여 최종 협상을 하고 원만하게 타협이 이루어지면 정식계약을 체결한다.

공급업자 성과 평가

B2B 구매자는 공급업자의 성과를 측정하여 결과에 따라 거래 관계를 지속시킬 것인지, 수정할 것인지 아니면 중단할 것인지를 결정한다. 이를 위해, 일반적으로 B2B 구매자는 어떠한 항목들에 걸쳐서 성과를 측정할 것인지를 미리 정해 놓는다. 창업자는 구매자가 갖고 있는 성과 측정 항목들이 어떠한 것이 있는지를 알아내고 창업자 스스로 자기의 성과를 먼저 예상함으로써 개선이 필요한 항목들을 신속하게 발견하고 시정조치를 취하여야 한다.

B2B 구매자의 구매 의사결정과정에 영향을 미치는 요인들

구매 상황 이외에도 B2B 구매자의 구매 의사결정에 영향을 미치는 요인들은 몇 가지가 더 있다.

조직적 요인

조직 구매자의 구매 의사결정과정에 영향을 미치는 조직적 요인에는 조직의 성향, 규모, 집중화의 정도가 있다. 창업자는 이러한 특성들을 이해하고 여기에 적합한 창업 계획을 만들어야 한다.

조직의 성향

조직의 성향이란 일반적으로 조직 내의 어느 부서가 지배적인 위치를 차지하고 있는가를 의미한다. 예를 들면, 엔지니어링 부서가 강한 조직에서는 구매를 결정할 때에도 엔지니어들의 의사가 강하게 작용하여 공급업체의 기술적인 능력을 중요한 선정 기준으로 삼게 된다.

조직의 규모

조직의 규모도 구매 의사결정과정에 영향을 미친다. 예를 들면, 매우 규모가 큰 조직에서는 단순 재구매 상황을 제외하고는 거의 모든 경우에 집단 의사결정을 이용하는 경향이 있다. 반대로 작은 조직에서는 한두 사람이 구매 의사결정을 내리곤 한다.

권한이 분권화되어 있지 않고 매우 집중화된 조직에서는 구매 의사결정이 한두 사람의 손에 의하여 내려진다. 반대로 분권화된 조직에서는 구매 의사결정이 여러 사람이 참여하는 형태로 이루어진다.

개인적 요인

B2B 구매자의 구매 의사결정과정에 영향을 미치는 개인적 요인에는 개인의 동기와 역할 및 영향력 등이 있다.

동기

B2B 구매자들은 B2C 구매자들에 비하여 전문성이 높은 편이나, 이들 역시 사람이기 때문에 여러 가지 개인적인 동기(예 학연, 지연, 기타 친분관계. 개인적 야심, 위험회피 성향 등)에 의하여 영향을 받는 것이 사실이다. 예를 들면, 조직 구매자가 위험회피 성향을 띄는 사람이라면 매우 보수적인 의사결정을 하는 경향이 크다. 이런 사람은 가격이 낮지만 지명도가 낮은 회사보다는 가격이 높지만 지명도가 높은 회사를 선호할 가능성이 높다. 지명도가 높은 업체를 선정하면 자신의 결정을 정당화하기 쉽기 때문에 나중에 구매한 물품에 문제가 발생하더라도 책임 추궁을 모면할 가능성이 높기 때문이다. 이에 창업자는 B2B 구매자 회사의 욕구뿐만 아니라 B2B 구매자 개인이 갖고 있는 개인적인 욕구를 파악하는 일도 게을리하지 말아야 한다. 그러나 이러한 개인적인 욕구 중에는 금품요구 등 법적 또는 윤리적으로 문제를 일으킬 수 있는 것들이 존재하므로 필요하다면 법적 문제도 점검해야 할 것이다.

역할 및 영향력

B2B 구매 의사결정과정에 참여하는 사람들은 자신들이 갖고 있는 영향력을 실제 수준보다 더 크다고 생각하는 경향이 있다. 그러므로 구매센터 구성원들의 역할에 대해 파악하고 특정 구성원의 영향력 파악이 필요하다. 특정 구성원의 역할과 영향력을 파악할 때 주의해야 할 점은 어느 한 사람의 말에만 의존하기보다는 여러 사람의 의견을 종합해 보는 것이 바람직하다.

⁞ 고객 선택과 창업

어떤 고객의 요구를 선택할 것인가?

창업에서는 제품·서비스를 사용하는 고객에게 지각되는 가치의 최대화와 이를 제공하기 위해 필요한 경제적 비용의 최소화가 동시에 요구된다. 고객의 관점에서는 고객의 커버율이 높으면 높을수록 고객에게 있어서의 희소가치는 저하되며 기업이 다양한 고객의 요구에 모두 대응하는 것은 소구의 영향이 애매하게 되어 고객이 지각하는 가치는 점점 저하될 수 있다. 즉, 고객 커버율이 늘어날수록 고객 소구는 저하되는 것이다.

한편 제품·서비스를 제공하는 기업 입장에서 보면 단 한 사람을 위해 제품을 주문받는다는 것은 비효율적이며 많은 비용이 요구된다. 반면, 다양한 고객의 요구를 완전하게 대응하기 위해서는 막대한 활동 비용이 요구되기 때문에 현실적으로 불가능하다. 물론, 일부 기업은 매출 규모가 증가하면서 규모의 경제가 형성되면서 최신 IT기술을 접목하여 다양한 고객의 요구에 맞춤화하여 대응할 수도 있지만, 대부분의 기업들은 현실적으로 한계가 존재한다. 따라서, 고객의 커버율과 제공하는 가치/비용의 관계 속에 반드시 최적치를 모색해야 한다. '최적 커버율'의 존재를 무시하고 고객 확대를 도모한다 해도 비용 증가, 비효율 발생으로 결과적으로 고객을 잃는 상황으로 이어질 수도 있다. 모든 고객을 만족시키는 것은 불가능해지고 계속하여 만족시키려 한다면 비용만 무한대로 늘어나게 된다. 따라서, 특정 고객의 선택하고 그 특정 고객의 요구를 선택하는 작업은 매우 중요하다.

특정 고객을 선택하고 그 특정 고객의 니즈를 파악하고 이를 공략을 목표 하였다 하더라도 실제 이를 실행하는 것은 매우 어려운 일이다. 예를 들면, 창업을 위한 상품 개발의 최초 단계에서 젊은 여성을 노린 화장품을 개발했다고 하자. 당초 예상했던 것보다 늘어난 완성품의 제품개발비로 인해, 젊은 여성이 아니라 30대, 40대 주부나 더 이상의 고령자에게도 권할 수 있는 제품이 될 수 있으면…, 아니 젊은 남자라도 피부에 신경을 쓰니까 가족이 공용을 사용하는 것으로 생각하면 어떨까 하는 생각과 함께 점점 고객층을 넓히게 되고 이는 결국 고객층이 없는 제품이 되고 마는 경험을 빈번히 하게 된다. 고객을 확대하는 것은 판매 수량도 기대할 수 있고 생산비용도 절감할 수 있기 때문에 예산보다 많아져 버린 창업 관련 비용을 빨리 회수할 수 있다는 매력적인 유혹에 빠지지 않도록 해야 한다.

시장세분화를 통한 고객층 압축

어떤 식으로 고객의 니즈를 선택할 것인가? 그것은 '대상의 선택', '경우의 선택', '편익의 선택' 등 소위 상품 콘셉트를 구축하기 위한 3단계에 의해 좁히는 것이 유용하다. 대상의 선택이란 고객은 누가(Who), 경우의 선택이란 장면은 어디서인가(When/Where), 편익의 선택이란 니즈는 무엇인가(What)를 결정하는 행위이다. 이와 같은 3단계에 의해 고객니즈를 선택하는 것은 포지셔닝맵을 작성할 때 민감도 높은 축을 찾는 어려운 작업이다. 어렵기 때문에, 무심코 기존의 방법에 의해 볼 수 있는 경쟁상품을 노리고 적당한 축을 골라 포지셔닝맵 등을 작성한 잘못된 창업계획서를 자주 볼 수 있다.

진정으로 고객의 니즈가 어디에 있는가, 고객 세그먼트의 규모는 어느 정도인가를 파악하지 않으면 경쟁 상황 파악에 실패한 것이다. 고객 이해를 위해 무조건 대규모 시장조사를 하라는 것은 아니다. 소수의 소비자(구매자)라도 세밀하게 그 소리를 듣고 파악하는 것이 필요하다. 일단 처음에는 심층 인터뷰 10명 정도에서 시작한다. 한 사람, 한 사람의 개별 심층 인터뷰나 표적집단 면접(Focus Group Interview, FGI)을 통해 고객 이해를 높여야 한다. 특히 민감도가 높은 사용자, 대량 사용자로부터 의견을 듣고 파악하는 것이 더욱 유익하다.

Case Study

적자의 늪 '새벽 배송' 시장판도 바꾼 오아시스의 성공 비결: 오프라인 매장 운영으로 재고 폐기율 0.18%로 낮춰··· 새벽 배송 1호 상장 기업 되나

신선식품 배송 업체 오아시스마켓(오아시스)이 2월 기업공개(IPO)에 도전한다. 쿠팡이 2021년 미국 뉴욕증권거래소에 입성한 이후 한국에서 사업하는 전자 상거래 업체가 상장을 추진하는 것은 2년 만이다. IPO 시장 침체로 지난달 마켓컬리가 상장을 철회했고 쓱닷컴과 11번가 등은 시기를 엿보고 있다. 오아시스가 한국의 새벽 배송 업체 중 처음으로 상장 성공 사례를 만들지 주목된다.

■ 생협 매장에서 출발해 온라인 새벽 배송 업체로

오아시스는 전날 밤 신선식품을 주문하면 다음 날 아침까지 배송하는 '새벽 배송' 업체다. 새벽 배송 서비스는 2015년 처음 도입됐지만 신선식품은 온라인 구매 시 신선도와 품질이 떨어진다는 고정관념 때문에 성장이 더뎠다. 그러다 2020년 코로나19 사태가 터지면서 급속도로 성장했다. 신선식품 새벽 배송 시장은 2019년 8,000억 원 규모에서 지난해 8조 5,000억 원 규모로 10배 가까이 성장했다. 주 1회 이상 새벽 배송을 이용하는 가구 비율은 2019년 7.4%에서 지난해 14.1%로 증가했다. 이용 가구가 늘긴 했지만 아직도 성장 잠재력이 크다는 분석이다. 올해 신선식품 새벽 배송 시장 규모는 11조 원을 넘어설 것으로 추정된다.

새벽 배송이 빠르게 정착한 이유는 편의성 때문이다. 과거에는 주말 대형마트에서 대량의 식재료를 구입했다. 하지만 교통 혼잡과 주차, 체력 소모, 보관 기간 증가로 인한 신선도 저하 등이 문제가 됐다. 맞벌이 가구가 늘면서 장 보는 시간은 퇴근 이후로 늦어졌고 신선식품 구매에 투입되는 시간도 부족해졌다. 늦은 밤 온라인으로 주문하고 다음 날 아침 배송 받는 새벽 배송은 오프라인 장보기의 단점을 해결해 주는 대안으로 떠올랐다. 교통 체증이 없는 밤 12시 이후 시간을 활용할 수 있다는 점도 공급자에게는 기회가 됐다. 특히 이른 시일 안에 배달해야 하는 신선식품은 새벽 배송 형태가 적합했다.

오아시스는 온라인과 오프라인 채널을 모두 활용하는 '옴니채널' 전략으로 신선식품 시장을 파고들었다. 우리생활협동조합 출신 경영진이 합류하면서 오아시스는 창업 초기부터 오프라인 생협 매장을 운영해 왔다. 지난해 5개 생협과 명칭 문제로 갈등이 불거지자 매장 간판에 '생협'을 떼고 서울과 수도권에 55개의 매장을 운영하고 있다. 지난해 3분기 오프라인 매장의 매출은 1,012억 원으로 나타났다. 매출 비율은 온라인과 오프라인 각각 60%, 32%다. 온라인의 비율은 2020년 51%에서 점차 높아지고 있다.

■ 온라인과 오프라인의 시너지 주목

오아시스는 자사의 경쟁력으로 수익성을 꼽는다. 새벽 배송 업체 중 유일하게 흑자를 내고 있기 때문이다. 신선식품 새벽 배송 시장의 주요 경쟁사로 꼽히는 쿠팡·컬리·SSG닷컴 가운데 유일하게 2019~2021년 3개 연도 연속 흑자를 냈다. 오아시스의 2021년 별도 기준 매출은 3,570억 원으로 전년 대비 약 50% 증가했다. 같은 기간 영업이익은 57억 원, 순이익은 44억 원이다. 지난해 1~3분기 누적 매출은 3,118억 원으로 전년 매출을 넘어설 것으로 보인다. 작년 1~3분기 영업익은 77억 원, 당기순익은 30억 원으로 나타났다.

새벽 배송은 기본적으로 이익을 내기 어려운 구조다. 배송 구조의 특성상 야간 인건비가 주간 대비 2배 정도 든다. 콜드체인을 갖춘 물류센터 건립을 포함해 초기 투자 비용도 많이 든다. 신선식품을 경쟁력 있는 가격에 안정적으로 조달할 수 있는 공급망을 확충하는 데도 오랜 시간이 걸린다. 게다가 유통 기한이 짧은 신선식품은 재고 폐기율이 높다. 식자재는 다른 제품보다 소비자가 요구하는 품질 수준이 높아 신뢰성과 브랜드 이미지가 중요하다.

오아시스가 살아남을 수 있었던 비밀은 오프라인 매장에 있다. 오아시스가 매장을 운영하는 이유는 이윤을 내기 위해서가 아니다. 매장은 온라인몰과 오프라인 간 유기적인 재고 이동과 브랜드 홍보를 위해 존재한다. 온라인 사업을 지원하기 위해 오프라인 매장을 운영하는 셈이다. 오프라인 매장은 일반적으로 당일 오후 물류센터에 입고된 물품을 보관했다가 다음 날 새벽 매장에 진열한다. 오아시스는 산지에서 물류센터에 상품을 입고할 때 새벽 배송 주문으로 내보내 재고를 우선 소진한 후 다음 날 새벽 오프라인 매장으로 보낸다. 온라인몰에서 판매하지 못해 버려지는 재고는 없다. 모든 신선식품이 물류센터에 머무르는 시간은 12시간을 넘기지 않는다. 신선도가 유지되는 비결이다. 전국 55개의 오프라인 매장은 온라인에 비해 재고 소진이 쉬운 편이다. 소비자가 직접 신선도를 확인할 수 있기 때문이다. 신선도가 떨어지거나 흠집이 생긴 식품은 현장에서 할인해 판매할 수 있다. 매장 직원이 제품의 특성에 따라 판매 기한과 가격을 조정할 수 있어 관리도 쉽다. 오프라인 매장은 재고 소진뿐만 아니라 재고가 부족할 때도 도움이 된다. 온라인 주문이 폭증해 동난 제품은 오프라인 매장에서 조달하는 것이다. 이런 시스템을 운영한 결과 오아시스의 지난해 9개월 기준 재고 자산 폐기율은 0.18%에 불과했다. 오아시스 대표는 "직영으로 운용하고

있는 오아시스의 오프라인 매장이 제2의 물류센터 역할을 한다고 볼 수 있다"며 "온라인과 오프라인 매장은 비용적 측면뿐만 아니라 재고 관리 측면에서 시너지 효과가 크다"고 설명했다.

생산자와 직접 계약하는 방식도 매입 원가를 낮추는데 기여했다. 오아시스는 소속 상품기획자(MD)와 생산자 간의 직접 계약을 기반으로 생산자 직배송 시스템을 운영한다. 중간 유통 마진을 절감해 가격 경쟁력을 확보하고 물류비도 절감할 수 있다.

오아시스는 물류센터 설계에도 강점을 갖고 있다. 오아시스의 창업자이자 최대 주주인 김영준 오아시스그룹 의장은 반도체 엔지니어 출신으로 직접 국내외 물류센터를 탐방하고 하드웨어 제어와 소프트웨어 개발을 맡았다. 김 의장은 오아시스의 모회사인 소프트웨어 개발사 지어소프트 대표를 맡고 있다. 그는 현장 인력의 불편을 최소화하기 위해 최적의 동선을 설계하고 모바일 자동화 프로그램 '오아시스루트(ROUTE)'를 개발했다. 이 소프트웨어는 상품의 발주·입고·보관부터 선별·포장·배송에 이르는 모든 과정을 모바일로 연동할 수 있다. 작업자들이 바코드 인식기 대신 스마트폰으로 상품 주문서의 QR코드를 찍으면 소비자들의 주문 내용과 상품 위치가 화면 창에 뜨고 가이드라인을 따라가면 최적 동선과 최적의 순서로 작업을 진행할 수 있다. 상품을 장바구니에 싣는 여정 전체가 스마트폰에 한눈에 들어와 바코드 일련번호만 찍을 때보다 직관적이고 실수가 적다.

발주·입고·배송·고객센터·직원 성과평가 등도 모두 모바일로 이뤄진다. 고객의 불만이 접수되면 애플리케이션에 표시되고 포장 담당자에게 전달된다. 담당자는 이상 여부를 확인한 후 다른 상품에 비슷한 문제 발생 시 관련 상품의 '출고 정지' 버튼을 누르면 문제가 담당자에게 즉시 보고된다.

■ IPO 침체 딛고 흥행 성공할까

오아시스는 코스닥시장 상장을 통해 총 523만여 주를 공모한다. 총 공모 금액은 희망 공모가 기준으로 1,597~2,068억 원, 시가 총액은 9,700억~1조 2,500억 원을 목표로 하고 있다. 오아시스는 공모가 산정을 위해 비교 회사로 쿠팡을 비롯해 남미의 핀테크 플랫폼 '메르카도 리브르', 동남아시아 최대 이커머스 기업 '씨(sea)', 쿠팡, 세계 최대 핸드메이드 전문 이커머스 플랫폼 '엣시(Etsy)' 등 4곳을 선정했다. 이들의 매출액 대비 기업 가치 거래 배수의 평균인 3.77배를 적용해 기업 가치를 1조 5,417억 원으로 평가했다. 매출액 대비 기업 가치 거래 배수는 엣시(6.69배), 메르카도 리브르(4.70배), 씨(2.34), 쿠팡(1.36배) 순이다. 오아시스는 적정 기업 가치에 22.7~40.3%를 할인해 희망 공모가를 계산했다. 공모가가 하단으로 결정되면 오아시스의 매출액 대비 기업 가치 배수는 2.37배다. 쿠팡보다 약 두 배 기업 가치가 높게 평가됐다는 뜻이다.

출처: 한경비즈니스, 2023.02.13.

경쟁자의 이해와 분석

경쟁자 분석의 이해

3C의 분석에 있어 경쟁자 분석의 핵심은 경쟁자와의 차별화이며 그 핵심은 중복의 회피이다. 창업에 있어 시장에 이미 진출한 기업 등과 차별화를 최대한 도모하는 것이 중요하다. 경쟁자 분석의 목적은 현재 경쟁사와 잠재적 경쟁자의 강점과 약점에 대한 전반적인 모습을 제시함으로써 자사의 기회와 위협을 찾아내는 것이다.

경쟁자 분석의 주요 목표는 다음과 같다.

① 경쟁자의 미래 계획과 전략을 알아낸다.
② 창업자의 경쟁력 강화 조치에 대해 경쟁자가 취할 수 있는 대응을 예측한다.
③ 경쟁자의 전략과 역량의 합치를 판단한다.
④ 경쟁자의 약점을 알아낸다.

경쟁자 분석의 논리는 간단하다. 경쟁자에 대한 보다 나은 정보는 경쟁우위의 원천이 된다는 것이다. 경쟁우위의 핵심은 창업한 시장에서 보다 나은 고객가치를 제공하는 것이다. 고객가치는 경쟁사가 제공하는 것과 대비되어 정의된다. 따라서 경쟁자에 대한 지식은 창업 전략의 근본적인 구성요소가 된다. 경쟁자 분석에 관련된 이점은 첫째, 기업이 경쟁 전략이나 광범위한 비즈니스 환경에 대해 자신감 있고 공격적이고 선제적인 입장을 취하도록 한다. 둘째, 전략 수립에 대한 효율적이고 효과적인 접근법을 창출한다. 관련성이 높고, 시의적절하고, 간결하고, 시각적 파악이 용이한 형식은 전략 전달에 있어서 훌륭한 수단이 된다.

반면, 경쟁자 분석 시 오류도 발생할 수 있는데, 첫째, 창업자가 경쟁자 분석을 경쟁 전략의 중심 기둥으로 삼고자 하는 유혹에 넘어가는 경우이다. 업계의 선도기업이 되고자 하여 바로 그 선도기업의 조건을 현재의 경쟁자에 지나치게 가깝게 정의하는 경우, 결국 추종자가 되거나 창업에 실패하게 된다. 즉, 경쟁자를 기준으로 창업전략을 비교하면 결국 외부로부터의 잠재적인 새로운 경쟁자가 혁신적인 접근법으로 보다 우수한 고객가치를 제공하는 것을 보지 못하게 된다. 따라서 경쟁자와의 비교는 언제나 고객가치 개념을 중심으로 해야 한다. 또한 관련이 없는 듯한 부문이나 산업으로부터 잠재적인 새로운 경쟁사가 나타나지 않는지 등 다각도로 경쟁자를 분석하는 것이 중요하다.

경쟁 수준 분석

경쟁 수준 분석은 경쟁자의 정의를 동일 제품군에 한정할 것인가, 아니면 소비자의 욕구 충족 관점에서 접근할 것인가의 문제로 실제 명확한 경쟁 전략을 수립하기 위해서는 해당 제품의 경쟁 수준을 분석하는 것이 중요하다. 즉, 소비자가 갈증을 느낄 때, 코카콜라의 직접 경쟁자는 펩시콜라와 같은 콜라가 되겠지만 소비자의 갈증 해소라는 욕구 충족이라는 관점에서는 스포츠 드링크, 주스, 사이다는 물론 생수까지 경쟁자로 정의할 수 있다.

〈그림 4.2〉와 〈표 4.4〉에서 제시하듯이 예산 경쟁, 본원적 경쟁, 상품유형 경쟁, 브랜드 경쟁 등 경쟁수준의 종류를 구분하여야 하며, 해당 종류별 구체적인 경쟁 내용이 무엇인지 구분하여 파악하는 것이 중요하다. 실질적인 경쟁구조를 정의하기 위해서 면밀한 시장환경 및 경쟁 분석이 수행되어야 하며, 경쟁 수준별, 세부 업종별, 그리고 고객의 니즈 측면에서 경쟁상황을 구체적으로 정의하고 변화하는 고객니즈와 산업 및 경쟁기업의 동향을 체계적으로 파악하고 대응해야 한다.

그림 4.2
경쟁 수준의 종류

표 4.4
경쟁 수준
분석의 내용

예산 경쟁	고객의 예산을 누가 흡수하느냐의 경쟁
본원적 경쟁	고객의 본원적 욕구를 충족시키는 상품 전체의 경쟁으로 파악(고객의 수요를 어떤 상품이 흡수하느냐의 경쟁: 마실 것에서의 경쟁)
상품유형 경쟁	구체화된 고객이 동일욕구를 충족시키는 상품 간의 경쟁(청량음료 간 경쟁)
브랜드 경쟁	동일 업종 내 각 브랜드 간 경쟁으로 고객니즈를 충족시켜주는 동일상품 수준의 경쟁(콜라 간 경쟁)

경쟁자 분석의 수행 방법

직관적 그룹화

그룹화란 많은 정보가 산재해 있을 때 중복과 누락이 없는 기준을 발견하고 전체 상을 파악하기 쉽도록 몇 개의 그룹으로 분류하는 것이다. 창업자가 자신의 결론을 뒷받침하는 근거가 될 만한 정보를 수집했다 하더라도 어떻게 정리하면 좋을지 고민한 적이 많이 있을 것이다. 그럴 때 그룹핑은 위력을 발휘하고 명확하고 효율적으로 창업 관련 정보를 정리할 수 있다. 그룹화는 자신의 결론을 설득하기 위해 도움이 될 만한 정보를 전부 파악한다.

수행 절차는 다음과 같다. 첫 번째, 과제의 답인 자신의 결론을 설명하는 데 필요한, 알기 쉽고 의미 있는 중복과 누락이 없는 기준을 의식하면서 정보를 기준별로 정리하여 몇 개의 그룹으로 분류한다. 둘째, 분류된 그룹별로 속하는 정보를 관찰하여 그룹을 대표할 만한 네이밍을 만들어 본다. 만일 네이밍하기가 애매모호할 경우, 종류가 다른 정보가 섞여 있을 가능성이 높다. 이 경우에는 다시 각각의 정보를 살펴보고 정리하는 것이 필요하고 경우에 따라서는 기준 자체를 바꾸어 보면 된다. 마지막으로, 각 그룹의 네이밍을 모두 모았을 때, 그것이 대답해야 할 과제의 답변을 설명하는 데 있어서 답변의 전체상을 표현하고 있는지, 큰 누락·중복·착오가 없는지를 다시 한번 확인한다.

지각도를 이용한 그룹화 분석

정량적 데이터를 이용하여 지각도를 이용하여 경쟁 위치를 분석하는 방법이다. 소비자가 어떤 제품을 선택하는 데 있어 가장 중요하게 고려하는 두 가지 평가 기준을 변수로 사용하여, 각 경쟁제품에 대해 현저성을 바탕으로 2차원의 평면상에 위치시킴으로써 한눈에 경쟁구조를 파악할 수 있게 하는 방법이다.

경쟁 포지션 분석

경쟁 포지션 분석은 경쟁자가 어떤 전략을 사용하는지를 보고 그 전략에 대응해서 자신의 비즈니스를 수립하는 데 활용하는 분석방법이다. 일반적으로 경쟁자가 하나의 경쟁 전략만 있다면 포지션을 쉽게 파악할 수 있지만 경쟁자가 복합적으로 추구하거나 과학적·합리적 판단 없이 즉흥적으로 경쟁을 벌인다면 해당 기업의 경쟁 포지션을 파악하는 작업은 매우 복잡해지게 된다.

벤치마킹 분석

벤치마킹 분석은 자신의 경쟁자 또는 성공한 기업으로 기업 전략상 시사점을 부여할 수 있는 대상을 선정해 경쟁우위의 요소와 핵심 성공요인을 파악하고, 이를 기업의 전략에 활용하기 위한 분석기법이다. 그러나 복제나 모방과는 다른 개념으로 단순히 경쟁자나 선도기업의 제품을 복제하는 수준이 아니라 장단점을 분석해 자사의 제품을 한층 더 업그레이드해 시장 경쟁력을 높이고자 하는 것이 바로 벤치마킹의 핵심이라고 할 수 있다. 일단, "최고 수준은 어떻게 이루었는가?"에 대한 정보를 파악하고, 이 최고 수준의 정보와 비교할 때 우리의 시장 내 역량 및 성취는 어느 정도인지를 분석한 다음, 우리의 목표를 재설정하고 전략을 수립해 추진하는 것이다. 즉, 최고 수준의 경쟁력을 확보하기 위해 본사의 제품, 서비스와 프로세스의 질적 수준을 경쟁업체 또는 업계를 선도하는 선진 기업의 수준과 지속적으로 비교·분석하면서 격차를 극복하기 위한 전략의 수립 및 실행하는 일련의 개선 활동이다.

벤치마킹의 제일 중요한 것은 동종업계 1위를 그대로 벤치마킹하는 것은 의미가 없으며 성공하지도 못한다. 자신이 약한 부분의 비즈니스프로세스에 강점을 갖는 기업에 대한 벤치마킹이 효과적이다. 또한 동종업계가 아닌 이종업계의 비즈니스 프로세스상의 벤치마킹도 개선할 수 있는 많은 인사이트를 제공하기 때문에 효과적이다.

마이클 포터의 5요인 모형을 통한 경쟁자 분석

창업하려는 분야의 산업 구조가 그 산업 내 참가자들의 행동을 결정하고, 이것이 다시 그 산업의 수익성을 결정한다는 구조 - 행동 - 성과(Structure - Conduct - Performance)에 따르면, 어떤 산업구조를 분석하면, 그 산업 내 참가자들의 행동과 더 나아가서는 해당 산업의 수익성을 파악할 수 있게 된다는 것이다. 산업의 구조를 분석하는 방법인 마이클 포터(Michael E. Porter)의 5요인 모형(Five Forces Model)에 따르면 산업의 구조를 평가하려면 잠재적 진입자의 위협(Threat of New Entrants), 구매자의 교섭력(Bargaining Power of Buyers), 공급자의 교섭력(Bargaining Power of Suppliers), 대체재의 위협(Threat of Substitute Products or Services), 현 시장 내의 경쟁(Rivalry among Existing Competitors)의 다섯 가지 요인들을 고려하여야 한다.

5요인 모형

그림 4.3
5요인 모형

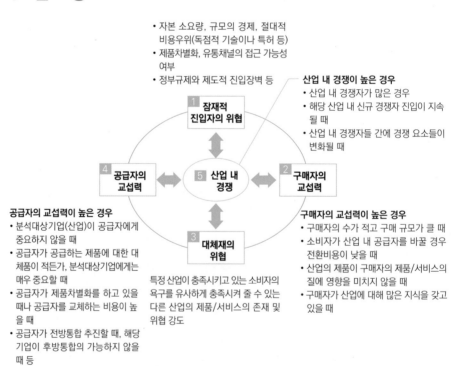

• 자본 소요량, 규모의 경제, 절대적 비용우위(독점적 기술이나 특허 등)
• 제품차별화, 유통채널의 접근 가능성 여부
• 정부규제와 제도적 진입장벽 등

산업 내 경쟁이 높은 경우
• 산업 내 경쟁자가 많은 경우
• 해당 산업 내 신규 경쟁자 진입이 지속될 때
• 산업 내 경쟁자들 간에 경쟁 요소들이 변화될 때

1 잠재적 진입자의 위협
4 공급자의 교섭력
5 산업 내 경쟁
2 구매자의 교섭력
3 대체재의 위협

공급자의 교섭력이 높은 경우
• 분석대상기업(산업)이 공급자에게 중요하지 않을 때
• 공급자가 공급하는 제품에 대한 대체품이 적든가, 분석대상기업에게는 매우 중요할 때
• 공급자가 제품차별화를 하고 있을 때나 공급자를 교체하는 비용이 높을 때
• 공급자가 전방통합 추진할 때, 해당 기업이 후방통합의 가능하지 않을 때 등

특정 산업이 충족시키고 있는 소비자의 욕구를 유사하게 충족시켜 줄 수 있는 다른 산업의 제품/서비스의 존재 및 위협 강도

구매자의 교섭력이 높은 경우
• 구매자의 수가 적고 구매 규모가 클 때
• 소비자가 산업 내 공급자를 바꿀 경우 전환비용이 낮을 때
• 산업의 제품이 구매자의 제품/서비스의 질에 영향을 미치지 않을 때
• 구매자가 산업에 대해 많은 지식을 갖고 있을 때

출처: Porter, M.(1985). Competitive Strategy: Techniques for Analyzing Industries and Competitors, New York: Free Press.

잠재적 진입자의 위협

일반적으로 창업하려는 분야(산업)의 경쟁자 수가 많아질수록 수익성은 낮아지므로, 새롭게 창업하려는 경쟁자들이 쉽게 들어올 수 있는 시장은 매력도가 낮은 시장이다. 그러므로 이미 특정 시장에 발을 들여놓은 회사들은 새로운 경쟁자들이 쉽게 들어오지 못하도록 여러 가지 장벽을 쌓게 되는데, 이를 진입장벽(Entry Barrier)이라고 부른다. 진입장벽은 다음과 같은 원천으로부터 생성된다. 이러한 진입장벽을 잘 파악하여 경쟁에서 우위를 얻을 수 있는 창업이 되어야 할 것이다.

① **정부의 진입 규제**: 특정 산업에 창업을 하기 위하여 정부 허가를 받아야 한다면, 새로운 경쟁자가 진입하기가 상대적으로 어려워지기 때문에, 이미 진입한 기업들은 정부의 보호 아래 높은 이익을 올릴 수 있다. 그러나 일반적으로 법인사업자로 창업하는 경우 대부분의 업종에 대해서 특별한 규제나 제한 없이 사업을 영위할 수 있으나 특정한 업종의 경우에는 관계 법령에 따라 사업 개시 전에 행정관청으로부터 사업에 관한 허가를 받아야 하거나 행정관청에 등록 또는 신고를 마쳐야 하는 경우가 있다. 창업하는 업종에 대한 사업 허가·등록·신고 사항의 점검은 업종 선정 과정과 함께 창업절차에 있어서 우선적으로 검토해야 할 사항이다. 왜냐하면, 인·허가 업종으로서 사업허가나 등록·신고 등을 하지 않고 사업을 하게 되면 불법이 되어 행정관청으로부터 사업장 폐쇄, 과태료, 벌금 등의 불이익 처분을 받게 될 뿐만 아니라, 세무서에 사업자등록을 신청할 때도 사업허가증이나 사업등록증 또는 신고필증을 첨부하지 않으면 사업자등록증을 받을 수 없기 때문이다. 한편 법인사업자는 법인설립신고 및 사업자등록신청 전에 이러한 사업의 인·허가를 받아야 한다.

② **높은 투자 소요액**: 새로 들어온 경쟁자가 생산설비를 짓거나, 기술개발을 하거나, 광고나 판매 촉진을 하는 데 막대한 액수의 투자를 해야 한다면, 이 산업에 들어올 수 있는 경쟁자의 수는 극히 적어질 것이다. 창업 소요자금을 분석할 때 과도한 시설자금이나 운전자금이 요구된다면 그 분야에 창업하여 비즈니스를 하는 참여자는 적을 것이다. 일반적으로 시설자금이란 사업장을 확보하는 비용과 집기 비품의 구입비, 그리고 제조업일 경우 제품생산에 필요한 생산설비의 구입비를 말한다. 또한 운전자금이란 사업을 개시한 후 물건을 팔아서 회사에 현금이 들어올 때까지 회사 운영에 필요한 재료비, 인건비, 경비 등이다.

③ **원가 차이**: 새롭게 창업한 경쟁자가 이미 이 시장에 진출해 있었던 회사들보다 더 높은 원가를 감수해야 한다면, 강력한 진입장벽이 될 수 있다. 이러한 원가에는 그동안 쌓인 생산 경험 덕분에 생기는 이익(경험 효과), 높은 임대료와 시설 장비 투자비, 유지 비용, 부가세 등 모든 분야를 꼼꼼히 분석해야 하고 이러한 원가 차이를 먼저 진입한 창업자와 비교해서 우위를 점하지 못하면 성공하기 힘들 것이다.

④ **강력한 브랜드**: 고객들에게 높은 인지도와 좋은 이미지를 갖고 있는 브랜드를 구축하는 데에는 오랜 시간과 비용이 들기 때문에, 강력한 브랜드는 강력한 진입장벽이 될 수 있다.

⑤ **중요한 투입 요소 확보의 어려움**: 공장이나 점포의 입지, 재료나 부품, 기술, 유통경로 등과 같이 사업을 시작하는 데 필수적인 요소들을 이미 진입한 경쟁자들이 확보하고 있다면, 새로운 경쟁자가 진입하기 어려워진다. 예를 들어, 지하철역 주변의 카페가 들어설 수 있는 좋은 위치들은 이미 국내 수많은 카페들이 출점하고 있어 추가적으로는 진입하기가 매우 어렵다.

⑥ **높은 전환비용**: 전환비용(Switching Cost)이란 공급선을 바꾸는 데 들어가는 비용을 가리킨다. 전환장벽(Switching Barrier)이 높을수록 전환비용도 높아진다. 전환비용이 높은 시장에서는 경쟁자의 제품을 사용하고 있는 고객들을 빼앗아 오기 어렵기 때문에 신규진입자가 진입하더라도 성공하기가 어렵다.

구매자의 교섭력

구매자란 현재 우리가 분석하고 있는 시장에서 제품을 구매하는 사람들을 의미한다. 구매자는 반드시 최종 소비자만을 의미하는 것은 아니며, 유통업자가 될 수도 있고 또 다른 제조업자가 될 수도 있다. 일반적으로, 구매자의 교섭력이 높아질수록 그 시장의 매력도는 낮아진다. 교섭력이 높은 구매자는 가격을 인하하라는 압력을 가하거나 추가적인 서비스를 요구하기 때문에, 판매자가 얻게 되는 수익성이 낮아진다. 구매자의 교섭력은 다음과 같은 경우에 높아진다.

① **구매자의 수가 작거나 구매자가 조직화된 경우**: 구매자의 수가 작아질수록 구매자는 일종의 독점적인 위치에 있게 되므로 협상에서 유리한 고지에 올라설 수 있다. 구매자의 수가 많더라도 조직화하여 공동구매를 한다면 협상에서 역시 유리한 위치를 점령할 수 있다.

② **구매자가 후방 통합할 가능성이 높을수록**: 후방 통합이란 구매자들이 자신들이 구매하던 상품들을 직접 생산하는 것을 가리킨다. 후방 통합 가능성이 높을수록 구매자는 구매 협상에서 유리한 고지를 차지할 수 있다.

③ **구매자가 가격에 민감할수록**: 구매자가 가격에 민감할 경우 구매 협상을 할 때 낮은 가격을 중요시하게 된다. 일반적으로 대형마트들은 다른 대형마트들과 치열한 경쟁을 해야 하므로 대형마트가 붙일 수 있는 판매마진은 일반적으로 매우 낮은 편이다. 그러므로 대형마트는 제조업체와 협상할 때 가격을 매우 중요시하는 경향을 보인다. 구매자의 가격 민감도가 높아지는 경우들은 다음과 같다.

- 고객 자신이 비용 부담: 구매자 자신이 가격을 부담하는 경우는 민감도가 높다. 그러나 이와는 반대로 아동이나 청소년들은 제품을 구입하더라도 비용은 자신들이 직접 부담하지 않는 경우가 많기 때문에, 가격에 비교적 민감하지 않은 특징을 갖고 있다.

- 제품의 가격이 고객 총비용 가운데 높은 비중을 차지하는 경우: 구매자가 최종 사용자가 아니라, 이를 이용하여 최종제품을 만들어 경쟁시장에 판매하는 경우는 최종제품 시장에서부터 발생하는 가격에 대한 민감도가 높다.
- 구매자가 가격에 의존하지 않고도 품질을 평가할 수 있는 경우: 구매 전에 품질을 평가하기 어려운 제품의 경우 소비자들은 가격이 품질의 지표라고 생각하므로 높은 가격을 책정할 수 있다.
- 구매자의 정보 탐색활동과 사용의 용이성: 구매자들이 쉽게 여러 제품의 가격과 성능을 비교할 수 있는 경우 인터넷이나 모바일 덕분에 구매자들은 여러 제품의 가격과 특징들을 손쉽게 파악할 수 있다. 이렇게 쉽게 파악할 수 있다면 소비자들은 가격 민감도가 높아진다. 그러나 긴급한 상황에서는 가격보다도 얼마나 빨리 배송해 줄 수 있는지가 더 중요하다. 구매자들이 공급선을 전환하는 데 들어가는 전환비용이 낮은 경우, 일반적으로 원료나 부품 같은 산업재의 경우 공급선을 바꾸었다가 품질에 이상이 생길 위험 때문에 공급선을 쉽게 바꾸지 못하는 반면, 소비재의 경우에는 전환비용이 낮다.
- 경쟁상황 측면: 차별화의 정도가 낮을수록 구매자들이 경쟁상품 간에 차이가 거의 없다고 느끼면 가격이 가장 중요한 결정 기준이 되므로, 경쟁상품 간에 자연히 가격경쟁이 심하게 벌어진다. 반대로 구매자들이 경쟁상품들이 저마다의 특징을 갖고 있다고 느끼면 가격 이외의 요인들이 상대적으로 중요해지므로, 경쟁상품 간에 가격 경쟁의 정도가 약해진다. 그러므로 구매자의 교섭력을 약화하려면 자사의 제품을 경쟁회사의 상품과 차별화하여야 한다.
- 특정 공급선과의 오랜 관계 또는 공급선의 명성이 그다지 중요하지 않고 매 거래마다 원가를 절감하는 것이 더 중요한 경우 등

공급자의 교섭력

공급자의 교섭력이 높아질수록 그 시장의 매력도는 낮아진다. 그런데 공급자의 교섭력이 높아진다면, 구매자의 교섭력은 상대적으로 낮아지고, 반대로 공급자의 교섭력이 낮아진다면, 구매자의 교섭력은 상대적으로 높아지게 된다. 예를 들어, 할리우드의 영화제작사들은 영화 제작용 카메라를 구입하거나 빌릴 때 가격에는 신경 쓰지 않고 최신의 기능을 다 갖추고 고장도 나지 않는 카메라를 선택하므로, 영화 제작용 카메라 공급업자들은 상대적으로 높은 교섭력을 가질 수 있다. 그러므로 어떤 경우에 공급자의 교섭력이 높아지는지를 알려면 앞에서 살펴본 구매자의 경우와 반대로 생각하면 된다. 공급자의 교섭력은 다음과 같은 경우에 높아진다.

- 공급자의 수가 작거나 공급자들이 조직화된 경우
- 공급자가 전방 통합할 가능성이 높을수록
- 구매자가 가격에 민감하지 않을수록

대체재의 위협

대체재의 위협은 항상 존재한다. 예를 들어, 신차 대신 중고차를 살 수도 있고, 앞머리를 컷트하려고 미장원에 가는 대신 집에서 할 수도 있으며, 학원에 가지 않고 집에서 스스로 공부할 수도 있다. 그러나 대체재는 우리 제품과 다른 산업에 속하기 때문에, 대체재가 주는 위협은 분석에서 제외되는 경우가 많다. 대체재가 다수 존재하는 시장에서는 대체재의 존재 때문에 가격을 높이기가 어려워진다. 그러므로 대체재가 많을수록 시장의 매력도는 낮아진다. 예를 들면, 치약시장 중에서 구취 예방효과를 중요시하는 세분시장에는 껌, 구강 청정제, 스프레이 등의 다양한 대체재가 존재하는 반면, 미백효과를 중요시하는 세분시장에는 저렴한 대체재가 존재하지 않는다. 그러므로 다른 조건이 동일하다면 미백효과를 중요시하는 세분시장의 수익성이 더 높을 가능성이 높다.

현재 시장 내의 경쟁

주요 경쟁자들 사이에 치열한 경쟁이 벌어지는 시장은 그렇지 않은 시장에 비하여 낮은 매력도를 갖는다. 경쟁이 치열할수록, 여러 가지 비용 지출이 많아지므로 수익성에는 나쁜 영향을 미치게 된다. 여러 가지 형태의 경쟁 중에서도 가격 경쟁은 수익성에 가장 부정적인 영향을 미친다. 가격 경쟁은 다음과 같은 경우에 치열하게 일어난다.

① 시장의 규모가 거의 성장하지 않는 경우: 시장에 참여하고 있는 회사들이 성장할 방법은 경쟁자의 점유율을 빼앗아 오는 것뿐이므로 가격전쟁이 빈번하게 일어난다.

② 원가에서 고정비가 차지하는 비중이 높고 과잉설비가 존재하는 경우: 이러한 경우 변동비라도 건질 수 있다면 설비를 더 가동하는 것이 유리하므로, 경쟁자들 간에 치열한 가격전쟁이 벌어진다. 항공 운송, 제지, 화학산업 등이 여기에 속한다.

③ 경쟁자들 간에 차별화의 정도가 낮은 경우: 앞에서 이미 설명한 것처럼, 차별화의 정도가 낮은 시장에서는 구매자가 가격을 가장 중요한 결정 기준으로 삼게 되므로 가격 경쟁이 빈번하다.

④ 경쟁자들이 그 시장에서 쉽게 철수하지 않는 경우: 가격 경쟁이 치열하게 벌어져서 모두의 수익성이 악화되더라도, 경쟁자들이 이 시장에서 속속 떠난다면 경쟁의 정도가 곧 약해질 수 있다. 그러나 경쟁자들이 손해를 무릅쓰고 오래 버티는 경우에는 사정이 달라진다.

⑤ **퇴출장벽**(Exit Barrier)**이 높은 경우**: 진입장벽이 있어서 진입이 자유롭지 않은 것처럼, 퇴출도 자유롭지 않은 경우가 있다. 이런 사업들은 향후 다른 용도로 전환하는 것이 어렵기 때문에, 매물로 내놓더라도 제값을 받고 팔기는 어렵다. 그러므로 적자가 쌓이더라도 여간해서는 포기하지 않고 자기살 깎기식의 가격 경쟁을 벌이게 된다.

⑥ **경쟁자가 이 시장에 강한 미련을 가진 경우**: 예를 들면, 그 시장에서 경쟁자가 처음 창업을 시작한 경우, 지금은 그 시장이 더 이상 주력사업이 아니더라도 강한 애착심 때문에 포기하지 못하고 끝까지 남아서 경쟁하려는 경향을 보인다.

구분	현재상황	시사점
현재 시장 내의 경쟁	• 군소 출판사의 난립으로 출판사 5만 개 시대 도래 • 광고 및 판촉 비용의 과중	경쟁 격화로 인한 수익성 저하가 예상됨
잠재적 진입자의 위협	• 등록자유화조치(1987) 이후 신규 출판사 폭증 • 출판분야 전반에 대한 시장개방 (1997)	낮아진 진입장벽으로 인한 기존 업체들의 수익성 저하는 물론 전문 인력난도 예상됨
공급자의 교섭력	신규 출판사의 폭증으로 유명 작가를 확보하기 위한 경쟁이 더욱 치열해지고 있고, 이와 함께 유명 작가들이 상품개발 과정에 더 많은 발언권을 행사하는 추세	공급자의 교섭력도 지속적으로 높아지고 있어 수익성 저하가 예상됨
구매자의 교섭력	• 반품을 허용하는 위탁판매 체제 • 서점의 협소한 진열 공간(평균 57평) • 대형 서점 및 대형 도매상의 증가 • 신유통업태의 등장으로 도서 정가제의 존속이 불투명해짐 • 도서 대여점의 증가 • 독자들의 도서 구입량 감소	• 발행 종수의 급증에도 불구하고 서점의 진열공간은 제한되어 있으므로, 서점의 교섭력이 높아지고 출판사의 수익성은 낮아질 것이 예상됨 • 도서 대여점이 증가하고 도서 정가제가 흔들림으로써 서점의 수익성이 악화되면, 장기적으로 서점 수의 감소와 대형화를 앞당길 것으로 예상됨 • 대형 서점과 대형 도매상의 증가는 출판사의 수익성에 긍정적인 측면(유통의 효율성 증대로 인한 비용절감)과 부정적인 측면(구매자의 교섭력 증대)을 모두 내포하고 있을 것으로 예상됨

표 4.5

산업구조 분석 결과: 우리나라 단행본 시장 예시

대체재의 위협	• 소득증가로 레저활동에 대한 관심 고조 • 종합유선방송 및 IPTV의 확산 • 인터넷의 급속한 확산 • 대학 신입생 선발방법의 다양화로 독서에 대한 관심 증대	• 레저활동에 대한 관심 증대와 종합유선방송 및 IPTV의 확산은 부정적 영향이 예상됨 • 인터넷 기술의 발전은 전통적인 형태의 책에 대한 수요는 감소시키지만 새로운 형태의 책(예 e-book)에 대한 수요는 증가시킬 것으로 예상되므로, 출판사의 멀티미디어 기술에 대한 투자가 필요함 • 대학 입시 제도의 변화로 순수 단행본의 수요가 증가하기보다는, 새로운 형태의 참고서(예 중고등학생들의 "밀독서"에 해설을 첨가한 책)가 인기를 끌 것으로 예상됨

그림 4.4

카카오뱅크의
5요인 모형
분석 결과

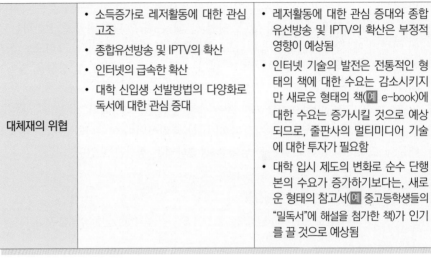
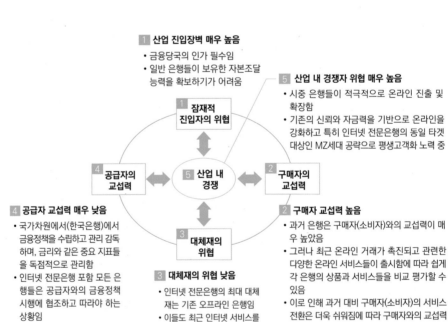

출처: Porter, M.(1985). Competitive Strategy: Techniques for Analyzing Industries and Competitors, New York: Free Press.

5요인 모형 활용 분석 시 주의점

마이클 포터가 제안한 '5요인 모형'은 산업구조 분석의 필수적인 틀이지만 이를 이용할 때 다음과 같은 점들을 주의하여야 한다.

산업 전체의 평균 수익성 vs. 각 기업의 수익성

산업구조가 열악한 산업 안에서도 높은 수익성을 올리는 회사가 있을 수 있고 산업구조가 매우 좋은 산업 안에서도 형편없는 수익성을 올리는 회사가 있을 수 있다. 산업구조 분석에서 다루는 시장 매력도는 산업 전체의 평균 수익성을 의미할 뿐이며, 각 회사의 수익성은 그 기업이 경쟁기업들에 비하여 얼마나 높은 경쟁우위를 갖고 있는지에 따라 달라진다.

경쟁자, 공급자, 구매자

마이클 포터의 5요인 모형은 누가 경쟁자이고 누가 공급자이며 누가 구매자인지가 분명히 구분된다는 것을 가정하고 있다. 그러나 급속한 기술발전과 글로벌 경쟁으로 시장 간의 경계가 흐려지고, 한 시장에서의 파트너가 다른 시장에서는 경쟁자가 되기도 하는 현재 상황하에서는 이러한 가정이 들어맞지 않는 경우가 많다.

산업구조의 변화 가능성

산업구조는 그 안에서 경쟁하는 기업들이 무조건 받아들여야 하는 운명적인 것이 아니라, 창의적인 노력을 기울이면 유리하게 바꿀 수 있는 성질의 것이다. 예를 들면, 차별화하거나 전환장벽을 구축하면 구매자의 교섭력을 줄일 수 있으며, 공급자의 교섭력을 낮추기 위하여 후방통합의 의지를 보일 수도 있다. 그러므로 산업구조 분석을 할 때에는 소극적으로 현재 구조의 좋고 나쁨을 평가하는 데에서 그치지 말고, 적극적으로 현재 구조를 유리하게 바꿀 수 있는 방법들을 모색하는 것이 바람직하다. 또한 현재의 산업구조를 평가하는 데 그치지 말고, 가까운 미래의 산업구조가 어떻게 변화할 것인지도 예측하여야 한다.

Startup Workshop

1. 다음 표에 자신의 창업 아이템을 조직구매자 – 시장에 적용해 보고 거래처(원료공급자, 완제품 구매자) 등을 고려하여 작성해 보자.

(1) 산업재 구매자 의사결정 매트릭스

구분	문제 인식	상품 명세서 확정	공급업자 탐색	제안서 요청	공급업자 평가 및 선택
엔지니어	%	%	%	%	%
공장장	%	%	%	%	%
구매책임자	%	%	%	%	%
재무책임자	%	%	%	%	%
사장	%	%	%	%	%
합계	100%	100%	100%	100%	100%

(2) 산업재 구매 시 부서별 관심 사항

부서	관심 사항
엔지니어링	
생산	
마케팅	
재무/경리	
구매	
품질관리	

2. 파악하기 힘든 소비자 대상의 창업 아이템이라고 가정하자. 소비자 구매 의사결정과정상에서 주요한 관심 사항을 1번과 같이 표로 만들어 요약해 보자.

3. 포터의 5요인 모형 프레임워크를 작성하고 결론을 도출해 보자.

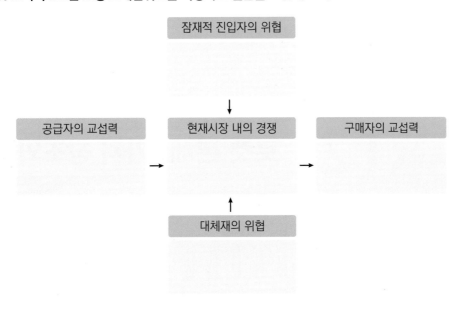

4. 특정 산업 내 경쟁사를 정하고, 다음의 경쟁사 분석 활용표를 사용하여 경쟁자 분석을 해 보자.

구분		자사	경쟁사(A)	경쟁사(B)
정량목표	매출액			
	성장률			
	이익률			
주력 상품				
주요 고객				
핵심 전략				
조직 및 인적자원				
기술수준/생산능력				
마케팅				
재무구조				
강약점				
Implication				

-
-
-

PART2

로켓 본체: 가치 창조와 전달

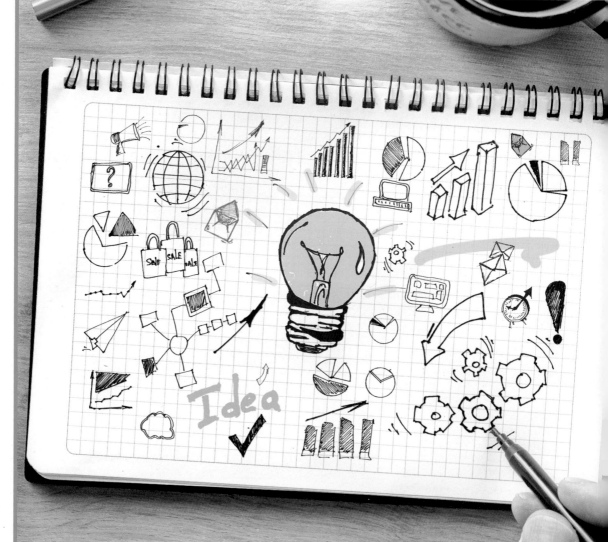

CHAPTER 05 창의적 아이디어 개발

Creative Idea
Thinking Methodology

창조적 모방에도 전략이 필요하다.

1. 해당 분야의 최고를 찾아 모방하라!

홈플러스가 1995년 할인점 사업에 뛰어들 당시 시장에는 이미 선도 업체가 11개나 있었다. 그들은 성공하기 위해 창조적 모방전략을 선택했다. 국내 시장의 최고가 아닌 글로벌시장의 베스트 플레이어들을 모방한 것이다. 당시 홈플러스 이승한 회장의 횡보는 월마트 회장 샘월튼과 유사했다. 지구를 7바퀴 반이나 돌았다고 한다. 전 세계에서 유명하다는 할인점 쇼핑몰 백화점 등을 방문하고 인터뷰했다. 미국 한 전문점에서 본 격자형 무빙워크를 개조해 국내 최초로 들여온 게 대표적인 성공 사례라고 한다. 최고의 것을 찾아서 그것을 더 좋게 만든다는 창조적 모방전략이었다.

중국의 삼성전자라 불리는 화웨이도 최고를 모방했다. 바로 안드로이드 스마트폰의 최고 강자 삼성전자를 모방한 것이다. 연구소 내 삼성전자만을 연구하는 테스크 포스팀이 있을 정도라 한다. 모방은 최고의 창조 전략이다. 그런데 이왕 남을 모방해야 한다면 최고를 찾아 모방해야 한다. 그래야 성공 확률이 높아지기 때문이다.

2. 모든 답은 주변에 있다. 관찰을 통해 Something New(새로운 것)를 찾아라!

이순신 장군의 거북선, 페르디난트 포르쉐가 만든 자동차 비틀, 일본의 고속열차 신칸센 이들의 공통점은 무엇일까? 바로 살아 있는 생명체를 모방해서 개발한 제품들이다. 거북이, 딱정벌레, 물총새를 모티브로 했다는 것이다. 자연을 모티브로 한 생체모방이 그것이다. 미국 슈퍼마켓을 모티브로 한 일본 자동차 업계의 Just in time, 패션업계의 제조 프로세스와 자동차회사의 품질관리를 모방한 니토리 가구, IBM, 맥도널드, 사우스 웨스트, 애플 등 수많은 최고의 기업들이 다양한 분야의 관찰을 통해 새로운 것을 찾고, 자신에 맞게 적용했던 것이다. 자신이 몸 담고 있는 분야 이외에도 다른 분야를 체계적으로 살펴보면 다양한 창조적 모방이 가능할 것이다.

3. 모방하고, 변형하고, 자기 아이디어와 결합하여 재창조하라!
"우리는 위대한 아이디어를 훔치는 것을 부끄러워한 적이 없습니다." 세계 최고의 창의적 인재로 꼽히는 애플의 CEO 스티브 잡스가 미국 PBS 방송의 한 다큐멘터리에서 한 말이다. 혁신을 위해 모방을 자행했다는 것이다. 하지만 그는 이어서 이렇게 말했다. "그런데 중요한 것은 최고의 것들을 당신이 지금 하고 있는 것 안으로 가져오는 것이다." 결국 최고의 것을 모방해 자기 아이디어와 결합하라는 것이다.

세계 세 번째 인터넷 기업인 텐센트의 핵심 전략은 모방, 변형, 재창조이다. 그들은 기술을 직접 개발하는 대신 업계 강자와 협력관계를 맺고, 그들의 노하우를 속속들이 파악한 뒤 약간의 변형을 가한 새로운 서비스를 출시해 성공을 거두고 있다. 수많은 모방을 통해 성공을 거둔 이들의 핵심은 고양이를 보고, 사자를 그려낼 수 있는 능력이라고 말한다. 바로 재창조이다.
남을 100% 모방해서는 성공 가능성이 높지 않다. 모방한 아이디어를 자기 아이디어와 결합할 때 더욱 성공 가능성이 높아진다.

출처: 한국강사신문, 2021.10.15.

⦂ 혁신 창출, 수용, 확산

혁신적 사고 방식

Fernando Trias De Bes와 Phlip Kotler는 저서 『Winning at Innovation』에서 '혁신의 ABCDEF 모델'을 제안했다. Activator는 아이디어를 생각해 내는 활성자, Browser는 아이디어의 혁신성과 독창성을 검토하는 탐색자, Creator는 아이디어를 실험할 수 있는 개념으로 전환하고 측정 및 입증하는 창조자, Developer는 아이디어를 시제품이나 비즈니스모델로 발전시키는 개발자, Executor는 신제품이나 신서비스를 출시 및 운영하는 집행자, 그리고 마지막으로 Financer는 이 모든 기업활동에 자금 지원 및 관리하는 재무자이다. 스타트업의 혁신적 비즈시스 모델을 런칭하고 운영하는 데 있어서 이 모든 A부터 F까지의 유형별 능력과 기술이 필요하다.

따라서 스타트업의 비즈니스모델이 실제 운영되기 위해서는 스타트업 인력 구성이 중요한데, 우선 각자의 R&R(Role & Responsibility)를 명확하게 정의해야 한다. 혁신적 아이디어를 구체화하는 과정인 비즈니스모델의 개발, 수정 보완 및 테스트 등을 각 구성원의 역할을 충실히 나누어 수행해야 한다.

스타트업 구성원의 사고방식도 중요하다. 스타트업은 당초 사고방식에 혁신의 DNA를 가진 사람들로 조직을 구성하는 것이 중요하다. 일부 학자들을 기업의 진정한 혁신을 이룩하기 위해서 사고방식에 혁신 DNA를 심을 수도 있다고 주장한다. 즉, 혁신적 마인드는 후천적으로 훈련될 수 있다는 점이다. 따라서 다양한 혁신을 창출하기 위한 지속적인 사고방식의 연습이 필요하다. 최근 주목받고 있는 방식인 수평적 사고방식과 창조적 파괴의 사고방식을 다음에 소개하였다.

수평적 사고 (Lateral Thinking)

혁신의 새로운 아이디어를 만들기 위해서는 수직적인 사고가 아닌 수평적인 사고를 해야 한다. 이를테면, 식품회사 오뚜기가 진라면이 아닌 다른 신제품 라면을 출시하려는 사고는 수직적 사고이다. 반면, 기존의 방식과 달리 라면이 할 수 있는 새로운 다른 무언가를 생각하는 것이 수평적 사고이다. 예를 들면, 라면에 만두를 넣는다면, 컵라면 형태를 바꾸어 다양한 라면 토핑과 만두를 별도의 작은 컵에 담아 컵라면 위에 새로운 용기를 추가하여 DIY 라면으로 출시하면 어떨까의 고민이다. 이러한 수평적 사고에 기반을 두어 출시한 성공한 제품의 예가 한국야쿠르트 쿠퍼스이다.

그림 5.1

한국야쿠르트(현, hy)
의 '쿠퍼스'
건강기능식품

출처: 한국야쿠르트

플라스틱 용기에 알약과 음료가 같이 들어 있는 제품으로 뚜껑을 열기 전까지는 알약과 음료가 분리된 공간에 있어 서로 섞이지 않지만, 뚜껑을 열면 알약과 음료를 한 번에 먹을 수 있는 구조로서 출원 특허가 상용화된 제품이다(중소기업 기술개발 → 상용화 납품 → 한국 야쿠르트의 3자가 기술을 독점 사용할 수 있는 전용 실시권이 계약되어 있음). 한국야쿠르트의 대표 간 건강기능식품인 쿠퍼스는 지속적인 기능성 발전과 함께 용기의 섭취 편의성은 스테디셀러 프리미엄 브랜드로 성장하게 했다.

창조적 파괴 (Creative Destruction) 사고

혁신은 근본적으로 파괴의 작업이다. 예를 들면, 전통적 필름 선두기업인 '코닥'은 디지털 카메라의 기술들을 다 보유하고 있음에도 불구하고, 디지털 카메라에 주력했을 시, 필연적 자기잠식(Inevitable Cannibalism)의 문제적 딜레마를 인식했었다. 그러나, 결과적으로 디지털 시대의 도래로 인한 아날로그 카메라 시장의 쇠퇴를 적절히 대응하지 못해 실패한 유명한 사례이다. 이 외에도 디지털 초연결 시대의 도래로 많은 산업들은 창조적 파괴의 과정을 경험했다.

① **음악:** CD 구매 → MP3 다운로드 → 음원 다운로드, P2P 거래, 스트리밍 서비스 구독 등
② **영화:** 영화관 관람, 비디오테이프, DVD 구매 → 비디오테이프, DVD 대여 → OTT 서비스 구독
③ **서점:** 책 구매, 책 대여 → eBOOK 유료 다운로드 → eBOOK 구독 서비스

출처: choicestock, 2024.02.22.

**그림 5.2
넷플릭스의
연매출과 이익 변화**

※ 넥플릭스 주요 연혁

- 1997년 Reed Hastings, Marc Randolph가 DVD 대여서비스로 창업
- 2002년 기업공개(IPO)
- 2007년 인터넷 동영상 스트리밍 서비스 사업으로 비즈니스모델 변경
- 2010년 캐나다를 시작으로 콘텐츠 제공 글로벌 확대 시작
- 2011년 콘텐츠 자체 제작 착수
- 2013년 최초의 오리지널 드라마 House of Cards 공개
- 2016년 130여 개국 콘텐츠 동시 서비스 론칭
- 2019년 가입자 수 1억 6,700만 명 돌파
- 2022년 가입자 수 2억 2천만 명 돌파

Market Report
넷플릭스 독주 속 토종 OTT '각축'

국내 OTT 사용자 수는 최근 3년간 23% 늘었다. 공중파나 케이블TV, IPTV 등 한정된 플랫폼을 넘어 동영상 스트리밍이 가능한 모든 기기에서 즐기는 OTT가 콘텐츠 시장의 최상위 플랫폼으로 떠올랐다. 글로벌 1위인 넷플릭스가 시장을 주도하는 가운데, 2위 자리를 차지하기 위한 국내 토종 OTT 업체들의 각축도 뜨겁다.

ICT 기술의 폭발적인 성장과 발전은 거의 모든 산업 영역에 이전과 다른 패러다임을 제공한다. 제조와 서비스, 유통, 미디어, 심지어 1차 산업으로 불리는 농수산업에 이르기까지 기술의 진보가 영향을 미친다. 특히 트렌드에 민감한 미디어업계의 변화 속도는 따라가기 벅찰 정도다. 과거 주류였던 방송과 신문이 올드·레거시 미디어로 분류된 지는 이미 오래다. 최근에는 인터넷망을 이용해 콘텐츠 송출 플랫폼의 한계를 뛰어넘은 OTT(Over The Top) 시장이 미디어업계가 사활을 건 전장으로 떠올랐다.

OTT에서 Top은 셋톱박스로, '셋톱박스를 넘는다'라는 뜻이다. 기존 콘텐츠 시장이 TV라는 단일 플랫폼 중심이었던 데 비해 OTT 서비스는 스마트폰, PC, 태블릿PC, 콘솔게임기 등 동영상 스트리밍이 가능한 플랫폼이라면 언제 어디서나 콘텐츠를 즐길 수 있다.

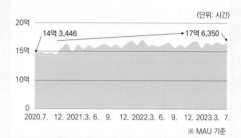

최근 3년간 국내 OTT 사용자 시간 추이

포브스코리아와 아이지에이웍스가 국내 OTT 시장 현황을 분석한 자료에 따르면, 최근 3년간 국내 OTT 시장의 사용자 수는 큰 변화 없이 정체기에 들어선 것으로 보인다. 다만 사용시간은 2020년 7월 기준 14억 3,446시간에서 올해 7월 현재 17억 6,350시간으로, 3년 사이 약 23%나 증가했다. 국내 OTT 시장은 사용자 수 기준으로 포화상태에 접어든 것으로 판단된다. 2020년 7월 4,501만 명이었던 월간활성사용자 수(MAU)는 올 7월 현재 4,287만 명으로 오히려 소폭 감소했다. 전반적인 OTT 사용자 수가 포화 상태임에도, 공중파나 IPTV 등 기존 플랫폼 대비 OTT 서비스를 이용하는 비중은 더 커지고 있음을 뜻한다.

10~20대는 티빙, 30~50대는 쿠팡플레이

연령대별 인기 OTT 앱

순위	10대 이하	20대	30대	40대	50대	60대 이상
1	Netflix	Netflix	Netflix	Netflix	Netflix	Netflix
2	TVING	TVING	쿠팡 플레이	쿠팡 플레이	쿠팡 플레이	Wavve

3	쿠팡 플레이	쿠팡 플레이	TVING	TVING	Wavve	쿠팡 플레이
4	Wavve	Wavve	Wavve	Wavve	TVING	TVING
5	Disney+	Disney+	Disney+	Disney+	U+모바일tv	U+모바일tv
6	왓챠	왓챠	U+모바일tv	U+모바일tv	Disney+	Disney+
7	SPOTV NOW	U+모바일tv	모바일 B tv	모바일 B tv	NAVER NOW	모바일 B tv
8	U+모바일tv	네이버 시리즈온	왓챠	SBS – 온에어, VOD, 방청	모바일 B tv	NAVER NOW
9	네이버 시리즈온	NAVER NOW	NAVER NOW	NAVER NOW	지니 TV 모바일 (시즌)	KBS my K
10	NAVER NOW	SPOTV NOW	네이버 시리즈온	왓챠	KBS my K	지니 TV 모바일 (시즌)

현재 글로벌 OTT 시장은 미국의 넷플릭스(Netflix)가 장악하고 있다. 국내 시장도 넷플릭스의 독주 체제가 굳어진 가운데 토종 OTT들이 엎치락뒤치락하며 그 뒤를 쫓는 모양새다. 2020년 7월 기준 720만 명 수준이었던 넷플릭스의 국내 MAU는 올해 7월 현재 1,174만 명으로, 3년 사이 약 63%나 폭증했다. 넷플릭스는 올 7월 현재 2·3위 사업자인 티빙(522만 명)과 쿠팡플레이(519만 명)를 합친 것보다 많은 사용자 수를 확보하고 있다. 반면 미국 OTT인 디즈니플러스는 7월 현재 국내 MAU가 192만 명에 그쳐 넷플릭스는 물론 토종 OTT 업체들에도 뒤진 것으로 나타났다.

넷플릭스는 올 2분기 매출이 시장 예상치를 소폭 밑돌면서 실적 발표 당일 주가가 8.4%나 폭락하기도 했다. 하지만 계정 공유 금지 조치(Paid Sharing)와 지난해 11월부터 도입한 광고형 요금제가 자리 잡으면서 가입자수와 유저당 평균 매출이 꾸준히 늘고 있다. 실제로 지난 5월부터 공유 계정 단속이 벌어진 미국에선, 이후 넷플릭스 일평균 가입 건수가 7만 3,000건으로 급증했다. 계정 공유를 통한 실질적인 사용자 수 증가, 다양한 가격정책, 오리지널 콘텐츠에 대한 투자 등을 통한 넷플릭스의 압도적인 독주가 당분간 이어질 거란 전망이다.

OTT 사용자를 연령별로 분석해도 10대부터 60대 이상 모든 연령대에서 넷플릭스의 MAU(2023년 7월 기준)가 가장 많은 것으로 나타났다. 2위 사업자부터는 연령대별로 다른 결과가 나왔다. 10대 이하 ~ 20대는 넷플릭스 다음으로 티빙 사용자 수가 많았고 그 뒤를 쿠팡플레이가 이었다. 반면 30~50대에선 쿠팡플레이가 2위로 올라서고, 티빙이 3위로 밀렸다.

반면 60대 이상에선 선호하는 OTT 서비스가 다른 양상으로 나타났다. 넷플릭스가 역시 1위를 차지한 가운데 웨이브가 2위에 올랐다. 그 뒤를 쿠팡플레이와 티빙이 쫓고 있다. 웨이브는 10~40대에서 모두 4위에 그쳤지만, 50대에선 3위, 60대에선 2위에 올라 연령대가 높을수록 사용자 수가 많은 것으로 조사됐다. OTT 서비스 이용자의 성별 구성(2023년 7월 MAU 기준)은 남성 47.6%, 여성 52.4%로, 유의미한 차이를 드러내진 않았다. 같은 기간 연령대별 OTT 이용 비중을 살펴보면 20대 24.8%, 30대 21.3%, 40대가 25.9%를 차지했다. 20~40대가 OTT 서비스의 주이용 연령대라는 분석이다. 이에 비해 10대 이하는 5.4%, 60대 이상은 5.5%에 그쳤다.

출처: Forbes Korea, 2023.08.23.

수많은 신제품 출시는 지금도 이루어지고 있으나, 일반적으로 대부분 시장의 반응은 미비하다. 그러나 파괴자(Disrupter)가 창조적 파괴를 통한 신제품이 출시하고 상당의 고객을 모아서 이윤을 창출하기 시작하면 상황은 완전히 반전된다. 스타트업의 창조적 파괴의 새로운 콘셉트에 대한 시장 반응이 이윤 창출로도 이어진다는 것이 확인만 되면, 스타트업에 다양한 벤처 투자 시리즈가 이어진다(성과가 즉각적으로 나올 수 있도록 벤처투자자들이 연합하여 투자금을 한데 모아서 큰 규모로 지원하는 것이 최근 경향임). 창조적 파괴자가 기존 기업들과 달리, 막강한 투자금을 기반으로 공격적으로 가격을 낮추고 공격적인 마케팅을 전개함으로써, 짧은 시간 내 고객수를 증대하여 쉽게 규모의 경제를 달성하게 되는 것이다. 이를 통해 기존의 전통산업은 파괴되고 새로운 산업의 창조가 이루어지는 것이다.

디지털 초연결 시대에서의 창조적 파괴자들은 대부분이 플랫폼 비즈니스모델을 기반을 두는 경우가 많아서 더욱 네트워크 외부성 효과가 극대화된다. 네트워크 외부성(Network Externality)이란 특정 상품이나 서비스의 사용자가 많아질수록 해당 상품의 가치가 더욱 높아지는 현상으로 생산 규모가 커질수록 생산비용이 줄어들어서 궁극적으로 이익이 증대되는 규모의 경제(Scale of Economy)와도 밀접하게 관련된 개념이다.

정리해 보면, 파괴적 혁신의 비즈니스는 네트워크 외부성 효과가 커짐에 따라 규모의 경제 효과를 경험하고 이러한 생산 효율성, 시장 장악력, 이익의 증대는 해당 기업의 경쟁력을 증대하고 지속가능성을 만들어 준다. 이러한 순환주기는 결과적으로 승자독식(A Winner Takes All) 현상을 더욱 가속화하게 하여 파괴적 혁신의 기업만 남고 다른 기업들은 도태되는 매우 극단적인 쏠림현상이 이루어질 수도 있다.

창조적 아이디어의 발상을 위한 습관

예비창업자는 지속적이 새로운 아이디어 발상하기 위해 다음의 습관적 노력이 필요하다.

① 지속적인 새로운 아이디어와 개발 방향 제시

② 제품의 개선, 보완, 추가를 위한 형태의 구조 분석

③ 특정 제품의 발상 전환의 포인트, 개선 방향, 행태 변화 등의 특정 제품의 모든 변화에 대한 시장 반응 및 결과의 지속적인 트래킹

④ 자유로운 발상을 위한 타인의 의견을 존중하고 유연한 사고와 의견 교류가 이루어지도록 분위기와 대화 조성

진통제(Pain Killer)와 비타민(Vitamin) 모델의 이해

매력적인 창업 아이디어를 발상하는 방법들은 다음과 같다.

① 시장에 있는 공백 찾기

② 경쟁이 서투른 것을 찾기

③ 고객의 문제를 해결하기

④ 아이디어끼리 새로운 방법을 결합하기

고객의 문제를 해결하는 데 있어서 목표가 상이한 진통제 모델과 비타민 모델을 구분해야 한다. 말 그대로 진통제는 고객이 경험하는 지금의 문제로 진통제 없이는 해결이 안 되는 필수 상황임에 따라 매우 구체적이고 절박하게 해결하고자 하는 강한 시장수요가 있는 경우이다. 이와 반대로, 비타민 모델은 고객의 문제 해결 요구가 구체적으로 있으나 해당 비타민으로 해결하지 않는다 해도 크게 문제는 없어서 절박하게 해결하고자 하는 강한 시장수요가 존재하지 않고 선택적인 상황을 말한다.

본질적으로 진통제 모델은 시장수요가 강력하기 때문에 스타트업은 끊임없이 진통제 모델을 찾는 노력을 해야 한다. 스타트업의 다양한 창업 아이디어들을 스크린하여 줄여나갈 때 해당 아이디어가 진통제 모델인지 비타민 모델인지 반드시 확인해야 한다. 현실적으로 모든 창업 아이디어가 진통제 모델이기 어려우나 가능한 진통제 모델이 되도록 보완하는 것이 바람직하다.

미래 소비 트렌드 예측

창의적인 아이디어를 창출하는 것은 혁신을 만들기 위한 작업이다. 혁신이 시장에 소개된 이후에 그 지속시간 또한 매우 중요하다. 혁신 제품이나 서비스가 시장에 소개되면 시간에 따라 시장 반응과 확산의 정도가 다른데, 보통 '유행이다'라는 일상적인 개념은 실제 세분화된 개념으로 일반적으로 일시적 유행, 패션, 트렌드, 클래식으로 구분할 수 있다.

그림 5.3

Fad, Fashion, Trend, Classic의 순환 주기

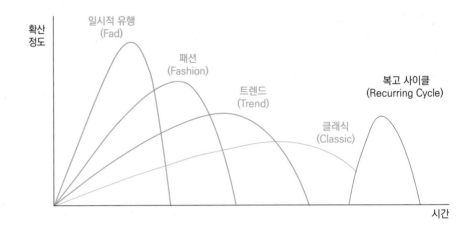

〈그림 5.3〉은 시간을 x축으로, 확산 정도를 y축으로 하여 일시적 유행(Fad), 패션(Fashion), 트렌드(Trend), 클래식(Classic)를 설명하고 있다. 일시적 유행인 'Fad' 현상은 일시적 기간 동안 강력하고 폭발적으로 확산하여 큰 인기를 얻었다가 바로 그 인기가 식는 경우이다. '패션'의 경우도 'Fad'와 같이 일시적 열풍을 의미하지만, 다른 점은 주기적 반복성을 가지고 있으면서 일정 기간 유지된다는 점이다. '트렌드'는 중장기적으로 유지되고 어느 정도 예측도 가능하다. 마지막으로 '클래식'은 '트렌드'가 장기화되면서 지속성을 가지는 경우 하나의 장르가 형성되어 전통으로 자리매김하는 경우이다.

여기서 주목할 점은 행동의 모방이 유행 현상을 만든다는 점이다. 패드나 패션이 사라졌다가 다시 시장에 나타나는 복고 사이클(Recurring Cycle) 등장이 자주 목격된다. 복고(Retro)와 새로움(New)이 합성된 '뉴트로(Newtro) 현상'이 음악, 드라마, 패션 등 다양한 산업에서 많이 나타나고 있는 것이다. 과거 고객이었던 시니어 그룹에게는 노스텔지어의 감성으로, 잠재·미래 고객인 영 고객에게는 새로운 감성으로 소비되기 때문이다. 기업관점에서도 이러한 뉴트로 시도를 자주 모색하는

이유는 안정적으로 서로 다른 고객층에게 동시에 타겟할 수 있어서 상대적으로 잠재된 위험이 적다는 점이다.

스타트업은 유행을 선도하기 혁신적 제품과 서비스를 시장에 제공해야 한다. 기민하게 움직이고 시장 선도자(Fast Mover & Market Leader) 역할을 해야 한다. 스타트업은 혁신 제품과 서비스를 시장에 제공함으로 초기 시장 반응이 폭발적일 때, 해당 기업의 단기적 목표는 이러한 'Fad' 현상이 사그라지지 않고 패션으로, 더 장기적으로 이어져서 '트렌드' 단계로 넘어갈 수 있는 마케팅이 필요하다.

이러한 과정에서 해당 스타트업은 '카테고리 멤버십(Category Membership)'을 획득할 수 있다. '카테고리 멤버십'이란 시장 내에 유사 제품이나 서비스의 범주와 같은 소비자 인식을 획득한 시장 지위를 말한다. 혁신 제품이나 서비스가 혁신성이 강하고 최초로 시장에 제안한 경우, 시장 내 새로운 카테고리를 형성하여 그 범주 내 대표성을 가진 '카테고리의 전형성(Category Prototypicality)'을 획득하여 시장 선도가 용이하다. 〈Market Report〉에서 보듯이, 영화, 드라마 등의 동영상 스트리밍 서비스를 전 세계에서 가장 빨리 혁신적으로 선보인 넷플릭스는 수많은 경쟁자의 추격에도 불구하고 해당 산업의 카테고리 멤버십을 확보하고, 고객의 취향 분석을 통한 개인 맞춤화, 채널의 오리지널 콘텐츠를 통한 Lock-In 전략 등 해당 카테고리의 전형성을 확보했다고 할 수 있다.

창업과 타이밍

창업의 성공요인, 타이밍

아이디어랩에서 200개 이상의 창업기업 대상으로 조사한 결과, 창업기업의 성공 요인은 타이밍, 아이디어, 비즈니스모델, 펀딩 등 다섯 가지 요소가 〈그림 5.4〉와 같이 도출되었다. 흥미롭게도 이 중 가장 중요한 요소가 '타이밍(Timing)'이었다.

그림 5.4
창업기업의
성공과 실패

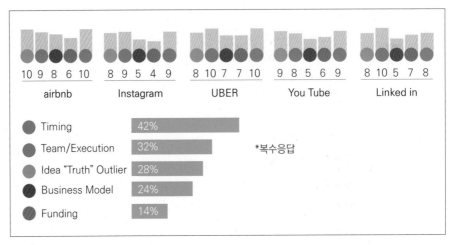

	airbnb	Instagram	UBER	You Tube	Linked in
	10 9 8 6 10	8 9 5 4 9	8 10 7 7 10	9 8 5 6 9	8 10 5 7 8

Timing — 42%
Team/Execution — 32%   *복수응답
Idea "Truth" Outlier — 28%
Business Model — 24%
Funding — 14%

출처: http://youtu.be/bNpx7gpSqbY

여기서 타이밍이란 단순히 남들보다 먼저 시작해야 성공한다는 의미는 아니다. 선발주자(First Mover)와 시장 선점(Market Dominance)은 항상 같이 가지 않기 때문이다. 과거에는 일반적으로 선발주자가 후발주자(Follower)보다 이점들이 많아서 '시장 선도 = 시장 선점'이라는 공식이 많이 목격되었다. 그러나 최근 기술과 시장이 급변화하면서 이러한 공식은 깨진 지 오래이다. 선발주자는 새로운 비즈니스를 시장에서 설명하고 새로운 기술 도입 혹은 개발을 위해 초기 막대한 투자가 필요하고 또한 수많은 예상한 혹은 예상치 못한 문제들을 해결해야 하므로 성공 가능성이 오히려 낮다. 이와 반대로 후발주자는 선두 주자의 실패를 벤치마킹하여 더욱 적은 비용으로 효율적인 시장 공략이 가능하게 되고, 소비자 입장에서 앞서 선두 주자의 시장 설명과 설득을 통해 관련한 인지가 형성되면서 이전보다 더 쉽게 해당 후발주자의 상품 수용하게 된다. 결국, 후발주자는 선발주자보다 불확실성을 보다 낮출 가능성이 큰 것이다.

신기술에 맞는 타이밍

신기술에 맞는 타이밍을 포착은 성공의 중요한 요소이다. 예를 들면, 부닷컴(boo.com)은 1998년에 런칭한 E-Commerce로서 설립 이전부터 베네통에 1억 불 이상의 투자를 받고 400여 명의 직원과 18개국 런칭 운영하였다. 3D 지원 기술, 화려한 IT 기술을 표방한 쇼핑몰을 구축하여 한때 기업가치가 3억 5천만 불에 이르기도 했다. 신기술을 화려하게 접목했으나 실질적인 트렌드와 연결하지 못하고 2년 만에 몰락했다.

반면, 10년이 지나, 의식주 중 '주' 분야를 선도하는 '직방'은 2012년에 런칭하였는데, 골드만삭스로부터 380억 원의 투자를 받고 그 외에도 여러 곳에서 펀딩에 성공한다. 인터넷포털 네이버가 인터넷의 골목상권 침해에 대한 논란이 커지면서 2013년에 네이버를 부동산 중개 온라인 사업을 철수라는 외부 환경의 변화와 타이밍이 절묘하게 맞아떨어지면서 빠르게 시장을 점유하여 시장선도의 부동산 온라인 중개 플랫폼으로 자리 잡았다.

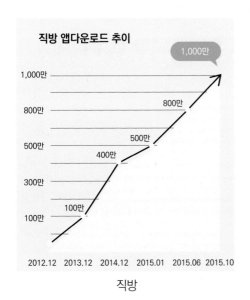

직방

부닷컴

그림 5.5
직방과 부닷컴

⋮ 창의적 사고 기법들

혁신적인 가치제안을 수립하기 위해서 창의적 아이디어를 끌어내는 훈련이 필요하다. 창의력을 발현하는 창의적 사고법 훈련이 중요하다. 중요한 창의적 사고법을 소개하자면 다음과 같다.

PMI 기법

수평적 사고(Lateral Thinking)의 개념으로 가장 간단한 창의적 사고기법이다. 'P'는 Plus(강점), 'M'은 Minus(단점), 'I'는 Interesting(흥미로운 점) 관점에서 편견과 사고의 편향성 문제를 해결하고 새로운 생각을 자극하여 가능한 한 많은 생각을 떠올릴 수 있도록 돕는 기법이다. PMI 적용을 다방면에 적용하는 연습이 중요하다.

예를 들어, "경영 전공수업의 메타버스 활용"에 대해 새로운 생각들을 도출하기 위해 PMI 기법을 활용하기로 하자. 가능한 다양한 많은 생각을 뽑아내기 위해서는 관련한 지식과 상황 이해가 필요하다. 따라서, 창의적 사고를 돕기 위한 도구를 사용하기 위해서는 〈표 5.1〉과 같은 관련한 정보들은 사전에 다양하게 제시하고 학습한 후에 PMI 기법을 사용하는 것이 바람직하다.

표 5.1
메타버스의 교육적 활용 가능성과 사례

구분	활용 사례	기술적 특징	교육적 활용 가능성
증강현실 (Augmented Reality)	(출처: Magic Leap)	• 현실세계에 가상의 물체를 덧씌워 대상을 입체적이고 실재감 있게 함 • 현실에 판타지를 더함 • 정보를 효과적으로 강조하여 제시하며 편의성을 도모함	• 가상의 정보로 실제 보이지 않는 부분을 시각적, 입체적(3차원적 다감각 정보)으로 학습하게 할 수 있음 • 직접 관찰이 어렵거나 설명하기 어려운 내용을 심층적으로 이해하는 데 도움을 줄 수 있음 • 학습자 스스로 체험을 통해 지식을 구성해 나갈 수 있음 • 학습 맥락에 몰입된 상태에서 읽고, 쓰고, 말하는 등의 상호작용을 경험할 수 있음
라이프 로깅 (Life Logging)	(출처: 나이키 고스트페이서)	• 소셜 미디어와 SNS를 통해 일상과 생각을 생산적으로 콘텐츠화하고 공유함 • 온라인상에서 관계를 형성하고, 상호작용하며 기록됨 • 각종 센서들을 통해 개인 활동 정보가 누적되고 분석되며 이에 따른 부가가치가 발생함	• 자신의 일상을 성찰하며, 적절한 방향으로 정보를 표상하고 구현하는 능력을 향상할 수 있음 • 타인의 피드백이 강화와 보상으로 연결될 수 있음 • 온라인에서 생성된 정보를 탐색하고 집단 지성을 통해 정보를 재구성할 수 있음 • 학습로그 데이터를 활용하여 맞춤형 학습 지원이 가능함

거울세계 (Mirror Worlds)	 (출처: Google Earth Voyager)	• 기술로 현실세계를 확장시킴 • 특정 목적을 위해 현실세계의 모습을 거울에 비춘 듯 가상 세계에 구현함 • 구현 시 현실세계의 효율성, 재미와 놀이, 관리와 운영 등이 고려됨	• 교수학습의 공간적·물리적 한계성을 극복하고 거울세계에서의 학습이 가능해짐 • 기술로 확장된 현실세계의 공간에서 학습자 스스로 "만들면서 학습하기(Learning by making)"를 실현할 수 있음
가상세계 (Virtual Worlds)	 (출처: ivaschool.online)	• 3D 기술로 구현된 가상세계에서 다양한 게임을 즐김 • 현실과 다른 공간과 인물로 활동하는 멀티 페르소나를 가짐 • 가상세계에서의 상호작용을 통해 타인과의 소통과 협력이 가능함	• 고비용, 고위험의 문제로 연출하기 어려운 환경에서의 가상 시뮬레이션을 할 수 있음 • 시공간을 초월한 다양한 콘텐츠에 대한 몰입을 체험할 수 있음 • 가상세계 기반의 게임을 통해 전략적·종합적 사고력, 문제 해결력을 향상할 수 있음 • 목적에 따라 현실세계에 필요한 능력을 습득할 수 있음

출처: 계보경(2022), 메타버스의 교육적 활용 방안 – 확장된 학습 공단으로서의 가능성과 한계, 정책연구, 2022 여름호.

표 5.2 "경영전공 수업의 메타버스 활용"에 관한 PMI 기법을 적용한 토론 결과 예시	P (Plus, 장점)	• 기존 경영수업의 온라인 플랫폼의 업그레이딩한 다양한 기능을 추가할 수 있음 (증강현실, 소셜 미디어를 통한 새로이 생산된 콘텐츠의 공유가 용이함) • 교수학습의 공간적, 물리적 한계성을 극복하고 산업체 생산시스템과 공정 등을 시각적, 입체적으로 학습할 수 있음 • 타깃 소비자들의 가상세계에서 상호작용하며 기록화가 가능함에 따라 새로운 형태의 소비자 조사가 가능함 • 가상경제를 접목할 수 있기 때문에 경제나 재무 관련 수업에 가상경제를 접목한 모의 투자 실습을 할 수 있음 • 수업 팀 프로젝트의 팀원들과 실재적인 디지털 커뮤니케이션이 가능함
	M (Minus, 단점)	• 고비용의 문제점과 함께 연출하기 어려운 가상세계 연출로 인해 실재감이 매우 떨어짐 • 기존의 물리적 교실에서의 교육이나 온라인 교육에 익숙한 교수와 학생의 메타버스 적응이 필요함 • 타겟 소비자들의 가상세계에서의 행동관찰이 실제 세계에서의 행동과의 상관관계성 파악이 어려움. 이에 따라, 가상공간에서의 소비자 조사 내용이 활용 가능한 조사 결과인가에 대해 회의적 비판이 존재할 수 있음 • 개인정보 유출, 프라이버시 문제, 메타버스 내 윤리, 에티켓 등의 문제가 있을 듯
	I (Interesting, 흥미로운 점)	• 매 학기마다 있는 산업시찰이나 현장실습도 메타버스를 접목하면 다양하고 많은 양의 경험학습이 가능할 듯함 • 이론수업 중심에서 실습수업 중심으로 전환이 용이할 듯함 • 시공간을 초월한 콘텐츠를 설계하고 실제 만들어보는 수업(Learning by making)을 참여하면 실제 콘텐츠 창작자로서의 작업도 가능할 듯함 • 수업 팀 프로젝트의 성과물을 증강현실에 접목해서 보고서 내용을 보다 효과적으로 강조하여 제시할 수 있으므로 임팩트를 증대할 수 있을 듯함

마인드맵 (Mind Map)

잠재의식이나 직관을 이용하여 비언어적, 비직선적인 사고로 바꾸기 위해 아이디어를 지도 형태로 종이 위에 표현하는 창의적 사고기법이다. 언어와 이미지를 결합시켜 사용하기 때문에 인간 두뇌의 논리적인 부분과 창의적인 부분을 함께 활동하게 하는 도구라고 평가받고 있다. 마인드맵은 종이, 펜, 포스트잇 등 다양한 도구들을 사용하여 머릿속에 있는 아이디어를 최대한 끄집어내어 표현한다. 이후 떠 올려낸 아이디어 간의 연관성, 연계성 등을 찾아 선으로 연결하여 창의적 사고를 자극하는 효과가 있다.

본 마인드 맵핑(Mapping)은 다음의 순서로 진행한다.

① 준비된 종이에 손으로 그린다.

② 종이 한가운데에 중심 생각(핵심어, 주제어)을 적거나 이미지로 표현한다.

③ 중심 생각에서 파생되는 생각들을 중심 이미지 옆에 적고 선(가지)으로 연결한다.

④ 가지마다 하나의 키워드만 사용한다.

⑤ 하나의 키워드에서 파생되는 키워드들을 선(가지)으로 연결하면서 적어 간다.

⑥ 한 가지에서 더 이상 키워드가 생각나지 않으면 다른 여러 가지로 아이디어를 최대한 확장한다.

⑦ 어느 정도 아이디어들의 표현이 정리되었으면, 각 키워드 간의 연관성을 다른 색의 선(가지)으로 다른 연결 관계를 이어본다. 연결하는 도중, 새로운 아이디어가 떠오르면 표시하면서 완성해 본다.

그림 5.6

**마인드맵 예시:
여행 계획을 세우기
위한 마인드맵**

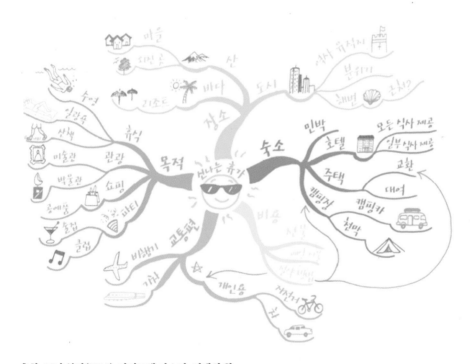

출처: 토니 부잔(2019), 마인드맵 마스터, 미래의 창.

디자인 씽킹 (Design Thinking)

인간 중심의 창의적이고 분석적인 생각으로 문제에 접근하여 혁신적 해결 방안을 찾는 것으로 인간 중심의 접근 방식이다. 겉으로 나타난 니즈뿐만 아니라 숨겨진 니즈까지 충족시키기 위한 기회를 찾아내기 위해 공감적 태도를 활용하는 복잡한 문제 해결을 위한 논리 추론적 접근법이다. 디자인 씽킹은 프로세스에 대한 깊은 고찰을 통해 명확하게 정리되지 않은 사용자의 질문에 근원적 답을 찾아가는 것이다.

혁신적 아이디어 창출을 위해 조직 구성원 내부에서 디자인 씽킹 접근이 체화되면 제품이나 서비스의 혁신을 이룰 뿐 아니라 인간 중심적 사고방식에 의해 공감 능력이 향상된다. 또한, 이렇게 체화된 디자인 씽킹 접근의 행동은 뇌의 부담을 덜 하게 하고 실제 덜 사용하기 때문에 더 빠른 사고의 성장이 가능하게 한다. 디자인 씽킹적 사고는 근본적으로 사람들을 만족하게 하기 위함이다. 사용상의 불편함을 줄이기, 아름다움을 전해주기 등 다양한 형태로 표현할 수 있으며, 궁극적으로 사람들의 관심을 끌어 실제 시장을 형성할 수 있어야 한다. 따라서 일상생활에서도 새로운 니즈를 탐색하고 이를 충족시키기 위한 사업 아이디어를 발견할 수 있는 연습이 필요하다. 예를 들어 보면 다음과 같다.

① 깜짝 이벤트로 여자친구를 기쁘게 해주고 싶음 → 기쁨 → 고객 맞춤형 이벤트 대행 서비스
② 사회문제를 낱낱이 밝히고 알리고 고발하고 싶음 → 노여움 → 사회문제 폭로 1인 미디어
③ 청소는 귀찮고 막상 하면 너무 힘듦 → 귀찮음, 어려움 → 앱으로 청소 제어하는 로봇청소기
④ 매번 구매하면 버리는 것이 더 많은 신선한 무공해 채소를 직접 키워서 바로 따 먹고 싶음 → 친환경 소구, 즉석 해결 → 스마트 팜 가전제품

디자인 씽킹의 프로세스는 〈그림 5.7〉과 같이 니즈를 이해하고 발견한 문제를 해결하기 위한 확산과 수렴의 사고를 반복하면 총 5단계의 프로세스로 진행된다.

① **공감(Empathize) 단계**: 디자인 씽킹 단계 중 가장 중요한 단계로서 인터뷰, 관찰(섀도우잉), 판단하지 않고 이해하기 등을 진행한다. 기록, 분석하는 문화기술적 분석(Ethnographic Analysis), 사용자 중심 연구 기법 등을 활용하여 사용자를 아는 것부터 시작하는 단계로 사용자 그룹의 삶에 들어가 동일시를 통한 공감이 중요하다. 사용자 여정(User Journey), 불편한 점(Pain Point), 충족되지는 않은 욕구(Un-Met Needs) 등을 이해하고 다음 단계를 위한 통찰을 얻는다.

② **문제 정의하기**(Define) 단계: 1단계인 공감 단계에서 획득한 이해를 기반으로 문제가 무엇인지 정의하는 단계이다.

③ **아이디어 도출**(Ideate) 단계: 앞 단계에서 정의된 문제를 해결하기 위한 다양한 아이디어를 만든다. 상위 수준의 아이디어를 도출하기 위해 스케칭(Sketching), 브레인스토밍(Brainstorming), 마인드매핑(Mind Mapping) 등이 사용된다. 아이디어 구상 시 항상 yes의 자세로 모든 아이디어는 가치가 있고, 다양과 융합(Diverse & Converge)의 방식으로 정답이 있는 생각을 해내는 것이 아니라 가능성의 범주를 넓힐 수 있도록 생각을 열어가는 것이 중요하다.

④ **프로토타입**(Prototype) 단계: 선정된 아이디어의 타당성을 검증하기 위해 구체적으로 프로토타입, 즉 기본 디자인의 시제품을 만드는 것이다.

⑤ **테스트**(Test) 단계: 완성된 프로토타입이 실제 동작하는지, 아이디어의 구현이 실제 가능한지를 점검하는 단계로서 시제품에 가까운 목업(Mockups)을 제작한 후 사용성 평가(Usability Test)를 진행한다.

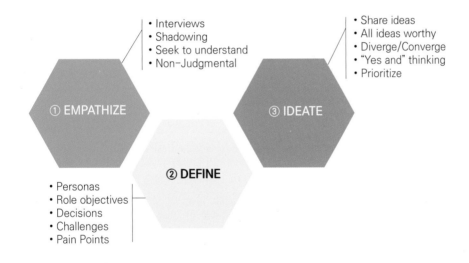

그림 5.7
**디자인 씽킹
프로세스**

• Interviews
• Shadowing
• Seek to understand
• Non-Judgmental

• Share ideas
• All ideas worthy
• Diverge/Converge
• "Yes and" thinking
• Prioritize

① EMPATHIZE

③ IDEATE

② DEFINE

• Personas
• Role objectives
• Decisions
• Challenges
• Pain Points

트리즈 (TRIZ) 기법

어떤 문제의 모순과 시공간 분리 원리 등을 통해 문제를 창의적으로 해결해 주는 기법이다. 트리즈는 러시아 발명가 Genrich Altshuller가 개발한 발명 기법이다. 많은 문제는 이미 고민되었던 문제가 해결되었으며 창의와 혁신엔 방법론이 존재하고 그걸 익히면 누구든 응용할 수 있다는 생각에 기반을 둔다.

트리즈는 분할, 추출, 부분품질, 비대칭, 합치기, 다용도, 겹치기, 미리 반대 조치, 거꾸로, 동질성, 속성 바꾸기, 비활성화, 복합재료 등의 40가지의 발명 원리를 제시했다. 〈표 5.3〉은 트리즈 분리 원리의 예를 제시하였다.

표 5.3
트리즈(TRIZ)의
분리 원리 예시

구분	기술 분야	비즈니스 분야
1. 시간에 의한 분리	교차로의 충돌 문제	매일 붙어사는 부부(흑)와 떨어져 사는 기러기(백)의 문제
	신호등	주말부부(주중에는 떨어져 있고 주말에 만남)
2. 공간에 의한 분리	교차로의 충돌 문제	'짜장면 시킬까, 짬뽕 시킬까?'의 고민
	지하터널, 고가 차로	짬짜면(공간적 분리로 두 가지 맛을 다 즐김)
3. 조건에 의한 분리	창문을 열면 모기가 들어오고 닫으면 통풍이 안 되는 문제	정치인 A의 출마할지, 불출마할지의 갈등
	방충망	정치인 A는 B가 출마하면 출마하지 않고, B가 출마하지 않으면 출마한다고 조건을 걸어서 상반된 거취를 얘기
4. 전체와 부분에 의한 분리	자전거 페달의 회전을 뒷바퀴에 큰 힘을 유연하게 전달하는 기구가 필요한 문제	매출이 감소하고 있는 장수 상품회사가 다른 신제품 출시에 홍보비용이 많이 드는 문제
	자전거 체인(움직임은 유연하나 체인 하나하나는 단단함)	상품의 브랜드(전체)는 그대로 두고 기능이나 디자인(부분)을 바꾸는 것

스캠퍼 (SCAMPER)

스캠퍼(SCAMPER) 기법은 창의적 사고를 촉진하고 아이디어를 확장하는 데 도움이 되는 도구 중 하나이다. 이 기법은 제품 디자인, 마케팅 전략, 그리고 창의적인 프로젝트를 수행하는 과정에서 유용하게 활용된다. 스캠퍼(SCAMPER)는 다음과 같은 단계로 구성되어 있다.

S	대체(Substitue)	무엇을 대신 사용할 수 있을까?
C	조합, 결합(Combine)	무엇을 결합시킬 수 있을까?
A	적용(Adopt)	조건이나 목적에 맞게 조절할 수 있을까?
M	수정(Modify), 확대(Magnify)	색, 모양, 행태 등을 바꿀 수 있을까?
P	다른 용도로(Put to other uses)	다른 용도로 사용할 수 있을까?
E	제거 혹은 축소(Eliminate or minify)	어떤 것을 삭제, 제거할 수 있을까?
R	뒤집기(Reverse, Rearrange)	순서를 바꿀 수 없을까?

표 5.4
스캠퍼
(SCAMPER)

① S(대체): 기존 요소를 다른 것으로 대체해 보는 단계이다. 예 은행 창구를 무인 자동화 창구로 대체하여 경비 절감

② C(결합): 비슷한 기능이든 다른 기능이든 두 가지 이상의 기능을 혼합하여 새로운 것을 만들어 내는 단계이다. 예 휴대폰과 카메라가 결합한 스마트폰

③ A(적용): 다른 곳에서 아이디어를 빌려오거나 과거의 유사한 것에서 아이디어를 구하여 새로운 것에 아이디어를 덧붙이는 단계이다. 예 가습효과가 있는 벽난로 형태의 조명기

④ M(변형·확대·축소): 모양, 색깔, 크기 등을 변형하여 새로운 것을 찾아보는 단계이다. 예 스마트 글래스에서 스마트 반지로 변형된 신제품

⑤ P(다른 용도): 제품을 다른 용도로 사용할 수 있는 아이디어를 찾는 단계이다. 예 음악감상 목적의 미디어 플레어로 개발된 아이팟은 언어학습을 위한 오디오북, 녹음기, 휴대용 하드 드라이브로도 사용됨

⑥ E(제거): 필요 없는 기능이나 요소를 제거하여 단순화하는 단계이다. 예 스마트폰에 기본 기능만 탑재하여 경제성을 강화한 알뜰폰

⑦ R(역발상): 기존 방식과는 반대로 생각하여 새로운 아이디어를 찾는 단계이다. 예 선풍기 날개가 없는 무풍 선풍기

⋮ 브레인라이팅 (Brain Writing)과 브레인스토밍 (Brain Storming)

브레인스토밍과 브레인라이팅은 창의적인 아이디어를 발상하고 문제 해결에 활용하는 기법 중에 하나이다. 두 개의 방식의 장단점이 서로 호환되기도 하기 때문에 일반적으로 브레인라이팅을 먼저 수행한 후 브레인스토밍을 진행하는 것이 더욱 효과적이다.

브레인라이팅은 브레인스토밍의 단점을 보완하기 위해 개발된 기법으로 글로 아이디어를 작성하여 제시하는 방법이다. 참가자들이 자신의 아이디어를 적어서 공유하며 집단 지성을 활용한다. 브레인스토밍은 일부 말하기가 능숙한 참가들에게 편중될 수도 있는 단점이 발생할 수 있는 데 반해, 브레인라이팅은 참가자들이 평등하게 참여할 수 있고 정확한 기록이 가능한 장점이 있다. 또한 개인이 혼자서도 활용할 수 있는 장점이 있다.

브레인스토밍은 집단적 창의적 발상 기법으로, 회의나 그룹 활동에서 사용된다. 집단으로 모인 참가자들이 자유롭게 아이디어를 제시하고, 다양한 관점에서 문제를 접근한다. 최대한 아이디어의 양을 늘리는 것이 목표이기 때문에 자유로운 분위기에서 참가자들이 아이디어를 제시할 수 있는 분위기를 조성하는 것이 중요하다. 문제 해결, 제품 개발, 마케팅 전략 등 다양한 분야에서 활발히 활용된다.

Startup Workshop

1. 최근 등장한 순환 주기 패션의 사례를 찾아 그 원인을 상세히 분석하여 제시해 보자. 이러한 순환 주기를 고려할 때 가까운 미래에 나타날 것으로 예상되는 새로운 복고 패션이 무엇일지 예측하여 구체적으로 제시해 보자.

2. 관심 있는 특정 시장을 정하고(예: 무선 헤드폰), 팀원들과 신제품을 위한 다양한 창의적 아이디어를 도출해 보자.

2-1. 마인드 맵핑을 작성해 보자.

〈마인드 맵핑〉

2-2. 디자인 씽킹 프로세스를 진행해 보자. 고객의 니즈를 이해하고 발견한 문제를 해결하기 위한 확산과 수렴의 사고를 반복하며 총 5단계의 프로세스 중 1단계 공감, 2단계 문제 도출하기, 3단계 아이디어 도출하기를 진행하여 무선 헤드폰의 신상품 아이디어를 도출해 보자.

〈디자인 씽킹을 활용한 무선 헤드폰의 신상품 아이디어 도출 연습〉

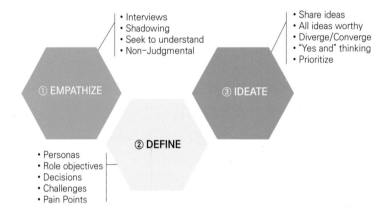

2-3. 다음 트리즈(TRIZ)의 분리 원리표를 활용하여 무선 헤드폰의 신상품 아이디어를 도출해 보자.

〈트리즈 분리 원리표를 활용한 무선 헤드폰의 신상품 아이디어 도출 연습〉

구분	기술 분야	비즈니스 분야
1. 시간에 의한 분리		
2. 공간에 의한 분리		
3. 조건에 의한 분리		
4. 전체와 부분에 의한 분리		

2-4. 다음 SCAMPER 표를 활용하여 무선 헤드폰의 신상품 아이디어를 도출해 보자.

〈SCAMPER를 활용한 무선 헤드폰의 신상품 아이디어 도출 연습〉

S	대체(Substitue)	
C	조합, 결합(Combine)	
A	적용(Adopt)	
M	수정(Modify), 확대(Magnify)	
P	다른 용도로(Put to other uses)	
E	제거 혹은 축소(Eliminate or minify)	
R	뒤집기(Reverse, Rearrange)	

2-5. 다음 브레인라이팅 & 브레인스토밍 표를 활용하여 무선 헤드폰의 신상품 아이디어를 개인 단위로 브레인라이팅을 먼저 수행한 후, 팀 단위로 브레인스토밍을 진행하고 작성해 보자.

〈브레인라이팅 & 브레인스토밍을 활용한 무선 헤드폰의 신상품 아이디어 도출 연습〉

순서	브레인라이팅(Brain Writing)	브레인스토밍(Brain Storming)
아이디어 1		
아이디어 2		
아이디어 3		
아이디어 4		
아이디어 5		

PART2

로켓 본체: 가치 창조와 전달

six

CHAPTER 06 비즈니스모델 개발

Business Model
Development

위기의 기업인에게 필요한 비즈니스모델 혁신 전략

기회를 만드는 기업가가 되려면

신종 코로나바이러스 감염증(코로나19)이 다시 한번 뉴노멀(New Normal)이라는 단어를 불러내면서, 점점 변동성이 심화되고, 불확실해지며, 복잡해지고, 원인과 결과가 모호해지는 시대로 흘러가고 있음을 확인해 주었다. 그렇지 않아도 디지털 변혁으로 대변되는 4차 산업혁명이 세상의 모든 산업 간의 경계를 없애고 새로운 산업이나 비즈니스 모델들을 만들어내면서 변화를 가속화하고 있는 시점이다. 모두가 인지하다시피 디지털 변혁은 시간과 공간을 넘어 모든 사물을 연결하고 융합해 이전에는 생각도 못 한 다양한 제품과 서비스를 새롭게 제공하고 있다.

이러한 변화를 기업 측면에서 보면, 공급자 중심으로 자신들이 원하는 제품이나 서비스를 제공하는 기업보다는 고객이나 사용자가 원하는 제품과 서비스를 제공할 수 있는 역량을 갖춘 기업이 더 큰 경쟁력을 가지고 지속적인 성장을 할 수 있다는 것을 의미한다. 따라서 비즈니스 모델 또한 이러한 시대적 변화에 걸맞도록 변화해야 한다. 그렇지 않으면 노키아나 코닥의 예가 잘 보여주듯이 아무리 혁신적이고 거대한 기업도 순식간에 역사의 뒤안길로 사라지게 된다.

특히 기술적 변화에 취약한 소상공인이나 중소기업의 경우에는 디지털 기술을 잘 활용하는 소비자들에 의해 배제될 가능성이 높아 이러한 변화를 적극적으로 수용할 필요가 있다. 현재 전 세계 기업 시가 총액 순위 1위부터 5위까지가 전부 디지털 서비스 기업(애플, 구글, 마이크로소프트, 페이스

북, 아마존)인 데서 알 수 있듯이 디지털 변혁은 기업의 생존과 경쟁력을 결정한다. 고객 측면에서 보면, 인터넷과 모바일, 디지털 기술에 익숙한 고객들은 디지털 친화적인 새로운 방식을 더 잘 수용하고 오프라인과 같은 정도의 고객 경험을 요구한다. 고객들은 더 이상 기업이 제공하는 가치를 수동적으로 받아들이는 소비자가 아니라 보다 적극적으로 자신에게 필요한 것을 찾고 요구하고 선택하는 공동가치 창출자로 변신하고 있다. 이처럼 경영환경, 기술, 시장이 급격하게 변화할 때 기업의 생존과 성장을 위해서는 기업가의 역할이 매우 중요하다. 기업가는 경영환경이 변화하고 기술이 급격하게 발전할 때 새로운 기회를 포착하고 이에 선제적으로 대응할 수 있는 역량을 갖추며, 그야말로 무에서 유를 창조한다.

비즈니스 모델 변화가 필요한 전략 환경 다섯 가지
하버드대학교의 크리스텐센 교수와 존슨 교수는 기업가들이 비즈니스 모델에 변화를 줘야 하는 전략 환경을 다음과 같이 다섯 가지로 정리하고 있다.

첫 번째는 이미 시장에 나와 있는 상품이나 서비스가 지나치게 비싸거나 복잡하다는 이유로 고객들이 대량으로 이탈하고, 이들 잠재 고객들이 요구하는 것을 파괴적 혁신을 통해 충족시킬 수 있다고 판단할 때다. 두 번째는 애플의 아이팟(iPod)이나 아이폰(iPhone) 혹은 MP3 플레이어 사례처럼 혁신적인 기술이 세상에 나왔을 때, 이를 바탕으로 새로운 비즈니스모델을 개발할 기회가 있거나 이미 효능이 검증된 기술을 새로운 시장에 선보일 기회가 있을 때다. 세 번째는 기업이 자신들이 제공하는 제품이나 현재의 고객에 집중해 기존 제품을 꾸준히 개선하지만 시간이 지날수록 범용 상품화(Commoditization)돼 고객의 욕구가 더 이상 충족되지 않는 상황이 발생할 때다. 네 번째는 소규모 제철소가 낮은 비용으로 철강을 생산하면서 종합 제철소를 위협하는 것과 같은 상황, 즉 저가 시장을 공략하는 파괴자들이 많이 생겨나면서 이에 대항해 경쟁력을 회복해야 할 때다. 마지막은 시장에서 수용되고 있는 솔루션이라도 시간이 흐르고 환경이 변화하면서 내용을 바꿔야 경쟁이 가능한 것처럼 기업이 경쟁 환경의 변화에 대응해야 할 필요가 있을 때다.

기업가에게 찾아오는 절호의 기회

앞서 언급한 대로 아무리 혁신적이고 규모가 큰 기업이라도 비즈니스모델의 혁신이 필요한 시점에 변화하지 않으면 경쟁력을 상실하고 쇠락의 길을 걷게 된다. 우리는 역사에서 수도 없이 많은 사례를 봐왔다. 하지만 기업가들에게는 이것이야말로 절호의 기회가 된다. 성공적인 비즈니스모델의 구축을 위해서는 고객이 필요로 하는 가치를 제안할 수 있어야 하고, 효과적인 수익 메커니즘을 갖춰야 하며, 경쟁사들과는 차별화된 고유하고 모방이 불가능한 자원과 역량을 보유해야 한다.

비즈니스모델을 잘 만들기 위해서는 고객 가치 제안(Customer Value Proposition, CVP), 이익 공식(Profit Formula), 핵심 자원(Key Resources), 그리고 핵심 프로세스(Key Processes)를 명확하게 정의하고 실현해야 한다.

고객 가치 제안은 표적 고객, 고객의 문제, 솔루션으로 구성되며, 일반적으로 고객에게 중요한 것일수록, 그리고 현재의 대안에 대한 만족도가 낮을수록, 또 가격이 낮을수록 고객 가치 제안은 강해진다. 이익 공식은 수익 모델, 비용 구조, 마진 모델, 자원 활용 속도 등으로 구성된다. 핵심자원은 고객 가치제안을 실현하기 위해 필요한 자원으로, 사람, 기술·제품, 설비, 정보, 유통 채널, 파트너십 및 협력관계, 브랜드 등이 이에 속한다. 핵심 프로세스는 수익성을 확보할 수 있는 솔루션 제공을 반복, 확장 가능하게 만드는 규칙, 측정 기준 및 규범을 의미한다.

디지털 변혁은 디지털 기술을 통해 가치와 원가의 딜레마를 해결함으로써 기업들이 비즈니스모델을 온디맨드 서비스(고객이 원하는 시점에, 원하는 장소에서, 원하는 형태로 고객이 가진 문제를 해결하는 것)를 중심으로 바꾸도록 강요하고 있다. 이러한 상황에서 기업의 생존과 장기적 성장을 위해 기업가들에게 가장 중요한 것은 첫째, 고객의 문제를 정확하게 이해하고 솔루션을 만들어 온디맨드 형태로 제공하는 것, 둘째, 조직 구성원이 가진 지식과 경험을 극대화해 이들이 고객의 문제 해결에 창의적으로 나서게 하는 것, 셋째, 온디맨드 서비스를 가장 효율적으로 함께 제공할 수 있는 파트너를 찾고 이들의 역량을 잘 활용하는 것이다.

이 세 가지 문제를 관통하는 핵심 단어는 '사람'이다. 고객의 문제를 이해하고 솔루션을 만들어 내는 것, 직원의 역량을 개발하고 이들에게 동기 부여해 고객 문제를 해결하는 데 집중하도록 하는 것, 그리고 좋은 파트너를 발굴하고 이들과 적극적으로 협력해 고객에게 가장 적합한 솔루션을 제공할 수 있도록 하는 것 등 이 모든 과제를 해결하기 위해서는 사람을 이해하고, 사람의 역량을 극대화하고, 서로 신뢰를 쌓아야 한다. 물론 보다 효율적으로 사람들의 문제를 해결하기 위해 디지털 기술을 이해하고 활용하는 것은 매우 중요하다.

위기는 위협과 기회를 동시에 포함한다. 디지털 변혁이 몰고 왔고, 코로나19 사태가 촉진하고 있는 변화의 시대에 기회를 만들고 더 큰 사업으로 실현하는 것은 오롯이 기업가의 몫으로 남아 있다.

출처: Startup Today, 2020.08.12.

⋮ 비즈니스의 정의

3차원 비즈니스 정의 프레임워크

'3차원 비즈니스 정의 프레임워크(3 Dimensional Business Definition Freamework)'는 Abell이 제안한 개념으로 ① 목표 시장(who), ② 제품/서비스 가치(why), ③ 제품/서비스 공급형태(How or What)의 세 가지의 구성요소를 3차원적으로 제시한 것이다.

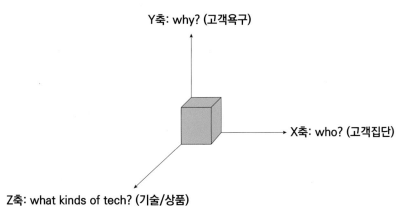

그림 6.1

Abell의 '3차원 비즈니스 정의 프레임워크'의 개념도

① **목표 시장(Who)**: '고객집단'의 정의(우리 회사가 누구를 대상으로 사업을 하려는지), 현재 사용/구매 집단이나 미래 잠재 집단을 나열
② **제품/서비스 가치(Why)**: '고객욕구'의 정의, 그 고객집단이 왜 우리의 제품/서비스를 사용/구매하는지에 대한 욕구를 나열
③ **제품/서비스 공급형태(How or What)**: '채택기술'의 정의, 그 고객집단의 욕구를 충족시키기 위해 우리 회사가 제공하는 기술이나 콘텐츠의 나열

창업자는 이 도구를 활용해 실제 진입하려는 시장에서 ① 우리 기업이 우리 고객 집단인 목표시장에 적합도가 높은지, ② 고객 욕구를 잘 만족시키고 있는지, ③ 우리 상품/서비스의 내용이 만족시키는지를 분석해야 한다. 이러한 3차원의 입체 프레임워크 관점에서 가능한 경쟁자들과 겹치지 않은 영역에서 사업을 영위하는 것이 좋다. 즉 경쟁자가 없고 우리 고객이 존재하고 경쟁력이 확보된 가장 바람직한 니치 마켓이기 때문이다.

레드오션과 블루오션

레드오션(Red Ocean)은 많은 기업이 한정된 파이를 높고 치열한 경쟁을 벌이고 있는 제로섬 게임(Zero-Sum Game)에 놓여 있는 상황을 말한다. 레드오션은 어느 한 기업이라도 경쟁력 있는 제품/서비스 런칭하면 바로 모방한 제품/서비스를 출시함에 따라 상대적 경쟁력(Relative Competitiveness)을 확보하기 어려운 시장이다. 이에 따라 기업마다 제시하는 가치들은 상대적 경쟁력이 없고 소비자 관점에서는 차별성을 느끼지 못하여 조금이라도 싼 제품/서비스를 선택하게 된다. 이러한 가격경쟁은 날로 치열해질 수밖에 없게 되고 경쟁은 더욱 심해지는 치킨게임(Chicken Game) 양상이 벌어진다.

이러한 레드오션 시장에서 기업이 취할 전략은 두 가지이다. 첫 번째는 끝까지 치킨게임으로 벌어지는 가격인하 전쟁에서 승리하도록 지속적인 가격인하 정책을 쓰는 것이다. 최대한 비용을 절감요소를 발견하고 최대한 가격경쟁력을 확보하는 것이 중요하다. 두 번째는 레드오션 시장을 벗어나는 것이다. 즉, 블루오션으로 이동하는 것이다.

블루오션(Blue Ocean)은 현재 존재하지 않거나 알려져 있지 않아서 아직 경쟁자가 존재하지 않는 유망한 시장을 말한다. 현재 존재하지 않는 독점적 지위를 확보할 수 있는 미지의 시장을 창출하는 전략이 블루오션전략인 것이다. 블루오션은 시장수요 경쟁이 아니라 시장 창조 전략이기 때문에 높은 수익률과 성장률을 확보하게 해 준다. 아직 존재하지 않는 시장이기 때문에 시장 선도자로서 시장의 새로운 규칙을 정하는 이점이 있다. 일반적으로 마케팅 전략 수립 시, 마켓 세그멘테이션을 중요시하는 데 반해, 블루오션 전략은 탈 마켓 세그멘테이션을 지향한다. 기존의 시장을 세분화하여 선택과 집중의 타깃화가 아닌 자신만의 독특한 시장을 새로이 만드는 발상의 전환에 초점을 둔다.

블루오션 전략의 대표적인 사례로는 미국의 포드자동차이다. 1900년 초반, 미국 자동차 제조산업은 500여 개의 기업이 부유층을 대상으로 치열한 경쟁을 하고 있던 상황이었다. 포드는 철저하게 표준화 생산을 통한 효율화 정책 아래 저가의 T형 포드를 대량 생산하여 미국 자동차 제조시장의 블루오션을 창출하여 시장점유율 50% 이상을 확보하는 쾌거를 보였다. 이후 1920~1950년대에 General Motors가 구매자의 계층에 따라 다양한 맞춤화된 자동차들을 선보이면서 시장점유율을 20%에서 50%로 올랐고, 포드자동차는 역으로 50%에서 20%로 추락했다. 이는 블루오션이 영원히 지속되지 않는다는 교훈을 제공하는 사례로 기업은 끊임없이 지속적인 혁신과 새로운 가치 창출이 필요하다.

블루오션 전략의 비즈니스 모델을 수립 시 〈그림 6.2〉가 제시한 블루오션 전략을 위한 가치 창조의 4개의 액션 프레임워크를 활용하여 비용 차원(① 제거, ② 감소)과 가치 차원(③ 충전, ④ 창조)으로 나누어 고려해야 한다.

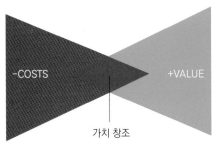

ELIMINATE [제거]
업계에서 오랫동안 경쟁해 온 요인 중에 어떤 것을 제거할 수 있는가?

RAISE [충전]
어떤 요인을 업계의 표준 이상으로 올려놓을 수 있는가?

REDUCE [감소]
어떤 요인을 업계 표준 이하로 줄여야 하는가?

CREATE [창조]
업계가 아직 한 번도 제공 못한 것 중 창조해야 할 요소는?

그림 6.2
블루오션 전략을 위한 가치 창조의 4개의 액션 프레임워크

출처: Osterwalder, Alexander and Pigneur, Yves(2010), "Business Model Generation: A Handbook for Visionaries, Game Changers, and Challengers.

3차원 비즈니스 정의 프레임워크의 활용

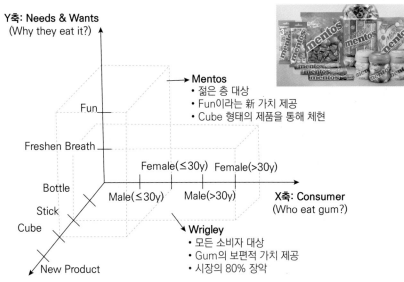

그림 6.3
Abell의 '비즈니스 정의' 프레임워크 적용 분석: Mentos 브랜드 사례

출처: 남윤정(2016), 창업아이템 개발, 마인드탭.

〈그림 6.3〉은 중국시장에 진출한 Wringley 기업의 Mentos 브랜드를 Abell의 비즈니스 정의 프레임워크를 적용하여 분석한 사례이다. 본 프레임워크를 활용 분석하여 왜 고객이 Mentos 브랜드를 구매하는지 알 수 있다. Wringley 기업은 넓은 연령층이 목표시장으로 입안의 상쾌함을 제공하는 제품인 데 반해, Mentos 브랜드는 Cube 형태의 제품으로 젊은층을 타깃으로 Fun을 제공하고 있음을 알 수 있다.

본 3차원 비즈니스 정의 프레임워크와 블루오션과의 관계를 정리해 보면, 본 3차원 비즈니스 정의 프레임워크를 통해 경쟁이 없는 곳을 만들기 위한 자기 혁신과 경쟁우위점을 개발하면 본 기업만의 고객을 만족하게 하는 지점, 그 지점이 블루오션인 것이다.

⫶ 가치 변화 및 경쟁자 파악

가치 변화의 파악

창업 아이템을 탐색할 때 역사적 가치 변화 파악을 통해 아이디어를 도출할 수 있는 데 이를 유사 비즈니스 모델 사례의 벤치마킹(Benchmarking)이라 한다. 〈그림 6.4〉는 한국에서 출시된 모든 껌 제품을 형태 – 색상 – 콘텐츠로 구분하여 분류하고 목표시장의 변화들을 정리했다. 이를 통해 특정 제품의 목표시장 및 제품 특성의 변화를 한눈에 파악하여 인사이트를 확보할 수 있다.

〈그림 6.5〉에서 보듯이, 한국의 껌 역사는 해태제과가 기존의 미군 껌과 경쟁하기 위해 재미 추구 방향의 츄잉껌에서 시작하여 해로운 것을 제거하는 방향, 그다음은 기능성 중심 방향으로 가치가 변화하고 진화한 것을 알 수 있다. 이처럼 시간의 흐름에 따라 가치가 변화하고 새로운 시장수요를 창출하기 위한 새로운 가치를 지속해서 창조할 수 있어야 한다.

① 인지심리학분석들

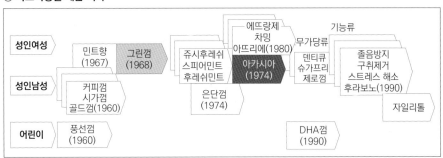

그림 6.4

제품의 형태 – 색상 –
콘텐츠로 분류:
한국의 껌 사례

② 목표시장별 제품 역사

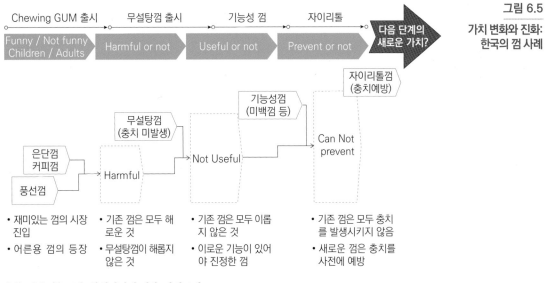

출처: 남윤정(2016), 창업아이템 개발, 마인드탭.

그림 6.5

가치 변화와 진화:
한국의 껌 사례

출처: 남윤정(2016), 창업아이템 개발, 마인드탭.

경쟁자 파악

경쟁자 파악 및 경쟁구조를 확인하기 위해서는 직접적, 간접적 경쟁자 파악부터 시작한다.

① **경쟁자 식별**: 업계 내에서 경쟁자를 식별한다. 직접적인 경쟁자와 간접적인 경쟁자를 모두 고려해야 한다. 직접적인 경쟁자는 유사한 제품이나 서비스를 제공하는 기업이며, 간접적인 경쟁자는 다른 산업군에 속하지만 같은 타깃고객을 대상으로 한 제품이나 서비스를 제공하는 기업이다.

② **경쟁자 제품 및 서비스 분석**: 경쟁자가 제공하는 제품과 서비스 분석도 진행해야 하는데, 가격, 품질, 특징, 고객 서비스 등을 비교해 보는 작업을 진행해야 한다. 이를 통해 본사의 제품과 비교하여 다른 경쟁자 제품의 차별된 요소를 찾을 수 있다.

〈그림 6.6〉의 경쟁자 다이어그램에서 보듯이, 다이어트 콜라인 코카콜라라이트와 펩시콜라라이트의 제품 종류의 핵심 경쟁과 함께 제품 범주의 경쟁(청량음료), 본원적 경쟁(음료), 예산 경쟁(기타 음료, 아이스크림, 패스트푸드, 비디오테이프 대여 등)의 역학관계를 파악할 수 있다.

본 경쟁자 다이어그램을 활용하여 경쟁 관계를 파악하는 연습이 필요하다. 〈그림 6.7〉의 Work Sheet 작성 시 우선 네모 칸 안에 분류 기준(제품 형태, 제품 범주, 대체 제품, 브랜드 연상, 경영전략 등)을 직접적인 것부터 간접적인 것 순서로 작성한다. 이후 관련된 제품군이나 경쟁기업명을 동그라미 안에 작성하도록 한다.

그림 6.6

경쟁자 다이어그램 예시: 코카콜라라이트 & 펩시 콜라라이트

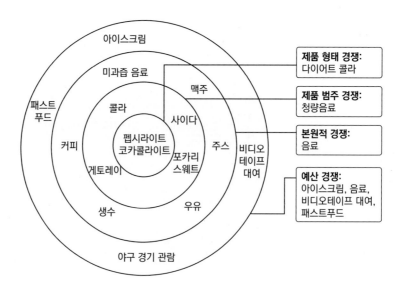

출처: Korler & Armstrong(2010), Principles of Marketing, 10th edition, Pearson Education.

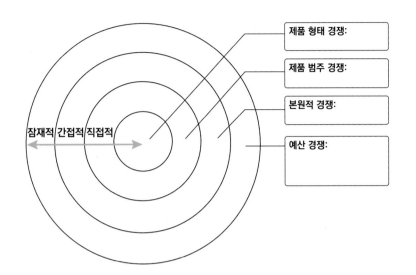

그림 6.7
경쟁자 다이어그램
Work Sheet

제품 형태 경쟁:

제품 범주 경쟁:

본원적 경쟁:

예산 경쟁:

잠재적 간접적 직접적

⋮ 마켓 세분화를 통한 창업 아이템 탐색

마켓 세분화

고객별 맞춤 및 차별화 전략을 구현하기 위해서 마켓 세분화는 중요한 전략이다.
마켓 세분화를 하기 위해서는 지리적 변수, 인구통계적 변수, 심리묘사적 변수,
행동적 변수 등 세분화의 다양한 기준들이 〈표 6.1〉과 같이 활용된다.

표 6.1
마켓 세그멘테이션을
위한 주요
세분화 변수

세분화 변수	변수 예시
지리적 변수	
지역별	북미, 중남미, 동북아, 동남아, 서남아, 유럽, 중동, 환태평양 등
국가별	미국, 중국, 일본, 인도 등
국가 내 지역별 (예 한국)	수도권, 충청권, 경남권, 전남권, 제주권, 도, 시, 군 등의 행정구역
지역 크기 (거주인 수)	5,000명 미만, 5,000~20,000명 미만, 20,000~50,000명 미만, 50,000~100,000명 미만, 100,000~250,000명 미만, 250,00~500,000명 미만, 500,000~1,000,000명 미만, 1,000,000~4,000,000명, 4,000,000명 이상
인구밀도	도시, 교외, 시골
기후	북반구, 남반구, 아열대, 지중해성, 온대 등
통신망 보급 수준	인터넷망 보급률, 모바일 보급률, 3G, 4G, 5G 보급률 등

인구통계적 변수	
나이	미취학 아동, 초등학생, 중학생, 고등학생, 대학생, 20대, 30대, 40대, 50대, 60대 이상
성별	남, 여
가족 구성원	1인 가구, 2인, 3~4인, 5인 이상
가족 생애주기	미혼/기혼, 청년, 기혼(자녀 없음), 기혼(자녀 있음), 편부모, 장년 기혼, 18세 이하 자녀 없음, 장년 독신, 독거노인 등
소득	개인소득/가족 총소득, 월 100만 원 미만, 월 100~200만 원 미만, 월 200~300만 원 미만, 월 300~500만 원 미만, 월 500~1,000만 원 미만, 1,000만 원 이상
직업	사무직, 영업직, 기능직, 공무원, 자영업, 전문직, 농림/수산업, 대학(원)생, 중고등학생, 주부, 무직 등
교육	중졸 이하, 고졸 미만, 고졸, 대학중퇴, 대졸, 대학원 졸 이상
종교	가톨릭, 개신교, 불교, 이슬람교, 힌두교, 유대교 등
인종	아시안, 백인, 흑인, 히스패닉 등
세대	베이비붐 세대, X세대, Y세대, 밀레니엄 세대 등
국적	국가별 국적
심리묘사적 변수	
사회계층	최상위층(Upper Class), 하위층(Lower Class), 중상층(Upper Middle Class), 중하층(Middle Lower Class) 등
개성	이성적, 사교적, 충동적, 권위적 등
MBTI	ESTJ, ISTJ, INFP 등
행동적 변수	
사용 상황	일반적 사용 상황/특별한 사용 상황(생일선물, 기념일 등)
소비자 추구 혜택	품질, 서비스 질, 경제성, 편리성, 신속성, 트렌디성, 디자인 중심 등
사용 및 구매 경험	주사용자(Main User), 다빈사용자(Heavy User), 첫 시도 소비자(Trial Consumer), 잠재적 소비자(Potential Consumer), 과거 소비자(Past Consumer), 비사용자(Non-User)
충성도 수준	없음, 조금, 중간, 강함, 절대적인
(특성 브랜드 혹은 상품에 대한) 구매 반응 단계	인지하지 못함, 인지함, 관심 있음, 원함, 구매의사 있음, 주변 추천의도 있음
제품에 대한 태도	긍정적, 부정적, 무관심한, 열정적 등

출처: 최은정(2024), 마케팅관리: AI · 디지털시대의 마케팅, 3판, 정독.

B2C고객 vs. B2B고객 분류를 통한 마켓 세분화

실질적으로 창업 준비 시, 대상이 B2C이냐 B2B이냐에 따라 매우 다른 접근이 필요하다. 마켓 세분화할 때, 〈그림 6.8〉처럼 제품 카테고리별 B2C고객과 B2B고객을 타깃으로 한 창업 아이템은 매우 상이하다.

구체적으로 창업을 준비할 때, 타깃이 B2C고객인지 B2B고객인지를 구분한 이후에는 〈그림 6.9〉처럼 목표시장이 진입할 수 있는 규모인지, 우리 기업이 접근 가능한지, 목표시장이 우리 기업의 제품/서비스를 구매할 수 있는 구매력이 있는지, 구매 의도가 있는지 등을 점검해야 한다.

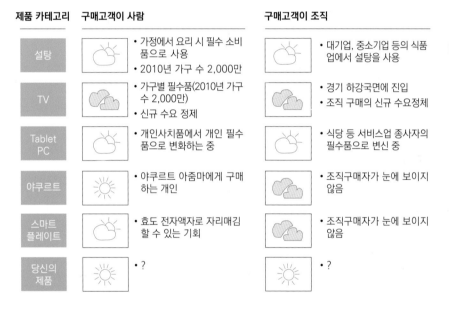

그림 6.8
제품 카테고리별
B2C고객 vs. B2B고객
분류

출처: 남윤정(2016), 창업아이템 개발, 마인드탭.

그림 6.9

목표시장의 크기,
접근가능성,
구매가능성 점검

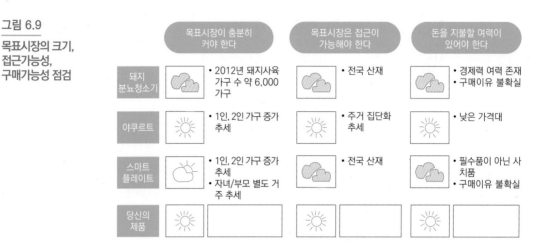

출처: 남윤정(2016), 창업아이템 개발, 마인드탭.

시간 세분화를 통한 창업 아이템 탐색

목표시장을 정의할 때, 해당 타깃이 언제 우리 상품을 소비하고 구매할지를 고려해야 한다. 해당 제품/서비스가 판매되는 시간대뿐만 아니라 타깃의 소비 및 구매 상태를 세분화하고 정의하는 것이 중요하다.

〈그림 6.10〉에서 아이스크림의 사례와 같이 아이스크림의 판매 시간대에 의한 세분화를 통해 고객의 상태를 세분화되고 구체적으로 파악해야 한다. 시간 분할의 기준 파악을 통해 미래 분할 대상들을 정의하고 이에 맞춘 다이나믹한 가격체계를 수립한다.

그림 6.10

판매 시간대에
의한 세분화 및
가격체계 수립:
아이스크림 사례

출처: 남윤정(2016), 창업아이템 개발, 마인드탭.

⁝ 비즈니스모델의 이해

비즈니스 핵심 유형과 비즈니스모델 개발의 구성요소

비즈니스 핵심 유형은 크게 제품 혁신, 고객 관계 관리, 인프라 관리의 세 가지로 나누어지며 이는 경제적 필요, 문화적 필요, 경쟁적 필요 차원에서 매우 상이하다. 스타트업의 비즈니스모델을 설계할 때 스타트업의 본질적 비즈니스 핵심 유형이 어디에 해당하는지 정해야 한다.

구분	제품 혁신	고객관계 관리	인프라 관리
경제적 필요	초기 시장 진입자가 가격 프리미엄과 시장점유율상의 우위를 차지한다: 속도가 관건	신규고객 확보 비용이 높아지므로 객당 수익을 높이는 게 효과적이다: '범위의 경제'가 관건	높은 고정비로 제품당 비용을 낮추는 대량생산이 필수적이다: '규모의 경제'가 관건
문화적 필요	인재 전쟁: 진입장벽이 낮아지고 다수의 소규모 업체들이 경쟁한다.	범위 경제 확장 경쟁: 신속한 통합 – 소수의 대형 업체들이 지배한다.	규모 확장 경쟁: 신속한 통합 – 소수의 대형 업체들이 지배한다.
경쟁적 필요	직원 중심: 창의적 인재가 필수적이다.	극도의 서비스 지향적: 고객을 최우선으로 한다.	비용에 초점: 표준화, 예측 능력, 효율성을 강조한다.

표 6.2
비즈니스 핵심
유형

출처: Hagel, John and Marc Singer(1999), Unbundling the Corporation, Harvard Business Review, March 1.

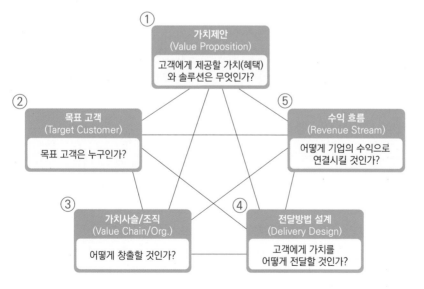

그림 6.11
비즈니스모델의
구성요소

출처: 김한수(2011), 성공적인 비즈니스모델의 조건, SERI 경영노트 108호.

〈그림 6.11〉과 같이 비즈니스모델의 구성요소는 일반적으로 다섯 개의 중요 요소인 가치제안, 목표고객, 가치사슬/조직, 전달방법 설계, 수익흐름이 있다.

① **가치 제안**(Customer Value Proposition): 고객의 문제를 해결하기 위한 작업내용, 니즈 충족 및 고객 만족을 위해 무엇을 제공할지, 고객에게 제공할 구체적인 가치와 혜택은 무엇이고 이를 위한 해결책이 무엇인지 정의해야 한다.

② **목표 고객**(Target Customer): 구체적으로 목표 고객을 정의하고 목표 고객의 세부적 특성들을 이해하며 이에 대한 공략을 계획해야 한다.

③ **가치사슬/조직**(Value Chain/Organization): 가치가 어디에서 생성되는지, 가치를 어떻게 구현할지에 대한 정의와 기업의 기능별 조직 간의 가치 생성 및 확장 등 가치사슬 구조에 대해 명확히 정의한다.

④ **전달방법 설계**(Delivery Design): 고객에게 본 기업의 가치를 어떻게 효율적으로 전달할 것인지에 대한 정의로, 물리적 전달(물류 흐름) 및 메시지 전달(커뮤니케이션 전략) 등에 관한 효과적인 방법을 정의한다.

⑤ **수익공식**(Profit Formula): 앞서 구성요소들이 어떻게 기업의 수익으로 연결되는가에 대한 정의로, 수익공식(Profit Formula)을 구성하는 수입, 지출, 자원관리 등을 정의하고 목표 수익 흐름을 설계해야 한다. 또한 수익모델(Revenue Model), 비용구조(Cost Structure), 이익모델(Margin Model) 및 목표 규모를 달성하기 위해 자원이 얼마나 빨리 필요한지, 재고회전 등 자원속도(Resource Velocity) 등을 정의한다.

수익모델의 개발

수익원(Revenue Stream)은 기업의 수익이 발생하는 원천을 의미하는 것으로 스타트업 비즈니스모델의 가장 필수적인 핵심 구성요소이다. 일반적으로 스타트업의 중요 목표 중의 하나가 가능한 다양한 수익원을 확보하는 수익흐름을 창출하는 것이다. 일반적으로 〈표 6.3〉과 같이 스타트업은 제품판매, 광고, 구독, 라이선스, 커미션 등의 요소들을 통해 수익모델을 구현한다.

일반적으로 스타트업이 처음부터 유료 제품/서비스를 출시하면 수익이 바로 발생하게 하는 것이 어렵기 때문에 초기에 무료를 통해 가능한 많은 사람에게 노출 및 경험을 제공함으로써 시장 반응 형성에 초점을 두는 경우가 많다. 이러한 경우에 광고 수익을 우선하는 경우가 많은데, 어느 적정 수준의 시장 침투가 일어났을 때 유료화를 도모하는 경우가 빈번하다.

이런 무료 출시 이후에 유효화 시도에 있어서 시장에서 많은 비판적 시각을 가지고 있기 때문에 유료화 이후에도 이탈하지 않도록 하는 Lock-In 전략이 매우 중요하다. Lock-In 전략은 기업이 전환비용을 높이거나 고객 충성도를 높여서 고객의 이탈을 막는 전략으로써 고객이 경쟁자 상품이나 서비스로 바꿀 때 추가로 지불해야 하는 비용 또는 포기해야 하는 전환비용(Switching Cost)을 높인다.

제품/서비스 판매 수익	제품, 디지털제품, 서비스, 소프트웨어 등의 단독 및 조합 판매
광고 수익	본인 채널에 광고를 표시하던가 운영 채널에 광고공간을 운영하여 광고 매체 수익
구독 수익	고객의 구독을 통해 정기적인 지불이 필요한 제품이나 서비스를 제공하여 자주 혹은 반복적으로 발생하는 수익
라이선스 수익	보유 기술, 소프트웨어 또는 기타 지적 재산을 다른 기업에 라이선스를 제공함에 따라 발생하는 라이선스 수익
커미션 수익	판매 대행, 판매 촉진 중계 등을 통한 커미션 수수료에 의한 수익
프리-미엄 (Free-Mium)	기본 기능은 무료로 이용할 수 있지만 고급 기능들은 사용료를 지불해야 하는 방식

표 6.3
스타트업의 중요 수익모델

이들 수익모델 중에 프리-미엄 전략은 무료(Free)와 프리미엄(Premium)을 결합한 프리-미엄(Free-Mium)은 많은 신생 스타트업들의 지배적인 사업모델로 자리매김했다. 기본 기능은 무료로 이용할 수 있지만 고급 기능들은 사용료를 지불해야 하는 방식으로 링크드인(Linked-In), 드롭박스(Dropbox), 줌(ZOOM) 등이 그 사례이다. 30일 한정 무료 체험처럼 시간 제한을 두는 서비스보다는 성공적인데, 이는 서비스 해지 절차를 꺼리는 고객들에게는 무기한 제공되는 무료 기본 서비스가 더 매력적으로 여겨지기 때문이다.

프리-미엄 전략을 채택하려는 스타트업은 유료 업그레이드 주기를 이해해야 한다. 프리-미엄 기업의 유료 사용자 비중은 대게 초기에 초기 수용자(Early Adopter)들에 의해 높아지다가 감소세로 돌아서고 그 뒤에 다시 늘어나는 모멘텀을 경험하게 되는데 이러한 모멘텀에서는 매력적인 신규 기능을 개발하여 후기 수용자(Late Adopter)에게 제공함으로써 유료 고객으로의 전환을 유도해야 한다.

그림 6.12
유료 업그레이드
주기

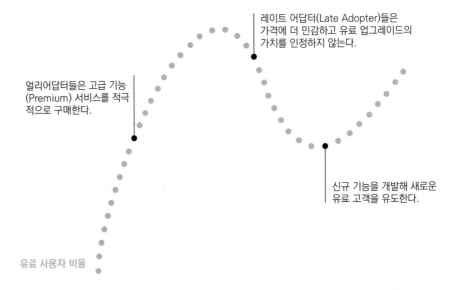

레이트 어답터(Late Adopter)들은 가격에 더 민감하고 유료 업그레이드의 가치를 인정하지 않는다.

얼리어답터들은 고급 기능 (Premium) 서비스를 적극적으로 구매한다.

신규 기능을 개발해 새로운 유료 고객을 유도한다.

유료 사용자 비율

출처: Vineet Jumar(2014), 프리-미엄 전략, 어떻게 성공할 수 있을까?, 하버그비즈니스리뷰, May.

스타트업 창업은 사업 아이디어를 사업화하기 전에 사업에 대한 창업자의 역량, 사업 아이디어의 시장성, 기술성 및 수익성 분석을 통해 실질적으로 실현 가능한가를 검토하는 실현가능성(Feasibility) 분석은 매우 중요하다. 〈그림 6.13〉에서 제시한 바와 같이, 각 네 개 분야의 면밀한 사업성 검토는 반드시 필요한 과정이며, 이러한 분석 과정을 통해 보다 구체적인 비즈니스모델을 개발한다.

그림 6.13
비즈니스모델의
실현가능성 분석

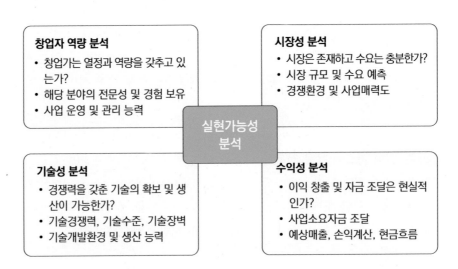

창업자 역량 분석
• 창업가는 열정과 역량을 갖추고 있는가?
• 해당 분야의 전문성 및 경험 보유
• 사업 운영 및 관리 능력

시장성 분석
• 시장은 존재하고 수요는 충분한가?
• 시장 규모 및 수요 예측
• 경쟁환경 및 사업매력도

실현가능성 분석

기술성 분석
• 경쟁력을 갖춘 기술의 확보 및 생산이 가능한가?
• 기술경쟁력, 기술수준, 기술장벽
• 기술개발환경 및 생산 능력

수익성 분석
• 이익 창출 및 자금 조달은 현실적인가?
• 사업소요자금 조달
• 예상매출, 손익계산, 현금흐름

출처: Karl H. Vesper(1996), New Venture Experience, Revised Edition, Vector Books.

⋮ 9 캔버스 모델을 통한 비즈니스모델 개발

9 캔버스 모델 (9 Canvas Model)

비즈니스모델을 개발하고 분석하는 데 있어서 9 캔버스 모델이 최근 보편적으로 널리 사용되고 있는 방법론이다. 9 캔버스 모델(9 Canvas Model)은 Osterwalder와 Pigneur의 『Business Model Generation』에서 소개되었다. 하나의 조직이 가치를 포착, 창조하고 전파하는 방법을 실용적 관점에서 설명하였다.

비즈니스모델 캔버스의 9가지 요소는 고객, 가치제안, 채널, 고객 관계, 수익원, 핵심자원, 핵심 활동, 핵심 파트너, 비용이다. 이는 비즈니스의 4대 핵심 영역인 고객, 주문, 인프라, 사업타당성 분석을 포괄하는 것으로 9가지 항목들은 순차적으로 연결된다. 각 9가지 빌딩 블록의 정의와 중요 고려사항들을 명확히 이해하는 것이 중요하다. 9개 항목 각각에 대한 상황을 제시함으로써 새로운 비즈니스의 핵심이 무엇인지 눈으로 쉽게 파악할 수 있다. 9 캔버스의 왼쪽 부분은 기업의 효율성에 초점을 둔 것이고 오른쪽은 가치에 초점을 둔 개념이다.

그림 6.14
9 캔버스 모델의 개념

출처: Osterwalder, Alexander and Pigneur, Yves(2010), "Business Model Generation: A Handbook for Visionaries, Game Changers, and Challengers," WILY.

표 6.4

**캔버스의 9가지
블록의 정의**

구분	블록 명칭	정의
①	핵심 파트너 (Key Partners)	비즈니스 모델을 원활히 작동시켜줄 수 있는 공급자 – 파트너 간의 네트워크
②	핵심 활동 (Key Activities)	기업이 비즈니스를 제대로 영위해 나가기 위해서 꼭 해야 하는 중요한 활동들
③	핵심 지원 (Key Resources)	비즈니스를 원활히 진행하는 데 가장 필요한 기업이 보유한 중요 자산들
④	가치 제안 (Value Propositions)	특정한 고객 세그먼트가 필요로 하는 가치를 창조하기 위한 고유한 상품과 서비스의 조합
⑤	고객 관계 (Customer Relationships)	특정 고객 세그먼트와 어떤 형태의 관계를 맺을 것인가에 대한 정의
⑥	채널 (Channels)	기업이 고객 세그먼트에게 가치를 제안하기 위해 커뮤니케이션을 하고 상품이나 서비스를 전달하는 방법(마케팅 커뮤니케이션 채널과 유통채널을 구분하여 정의해야 함)
⑦	고객 세그먼트 (Customer Segments)	기업이 제각기 얼마나 상이한 유형이 고객 세그먼트를 타깃하는지를 규정
⑧	비용 구조 (Cost Structure)	비즈니스 모델을 운영할 때 발생하는 비용들과 비용 발생의 구조
⑨	수익원 (Revenue Streams)	기업이 각 고객 세그먼트로부터 창출되는 수익 구조(수입 – 비용 = 수익)

출처: Osterwalder, Alexander and Pigneur, Yves(2010), "Business Model Generation: A Handbook for Visionaries, Game Changers, and Challengers," WILY.

9 캔버스의 분석 도구로 활용

9 캔버스는 중요 트렌드 분석, 산업요인 분석, 거시경제요인 분석, 시장요인 분석 시 활용될 수 있다.

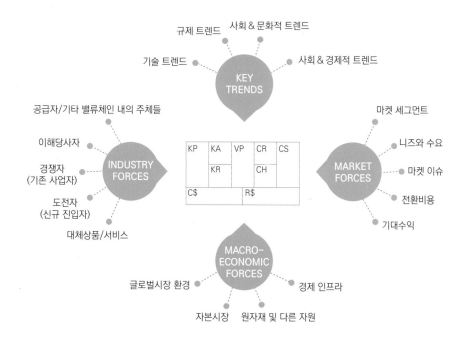

그림 6.15

9 캔버스 모델의 중요 4개 요인 기반 분석 체계

출처: Osterwalder, Alexander and Pigneur, Yves(2010), "Business Model Generation: A Handbook for Visionaries, Game Changers, and Challengers," WILY.

9 캔버스 모델의 장점

9 캔버스 모델의 장점은 첫째, 비즈니스모델 캔버스에 영감을 받아 복잡한 사업 모델이나 개념 등을 한 장의 캔버스로 정리할 수 있다는 점에서 구체적인 인사이트를 제공한다. 한 장의 캔버스 안에 있는 9가지 빈칸을 채움으로써 단순한 아이디어로만 머물러 있는 사업 아이템을 비즈니스모델로 구체적으로 표현할 수 있는 것이다. 이를 통해 새롭고 혁신적인 비즈니스모델 개발에 도움을 준다. 둘째, 비즈니스모델을 진단하는 분석 도구로 활용할 수 있다. 기업의 비즈니스 수익성과 경쟁력이 어디서 발생하고 가치가 확산되는지를 분석 파악할 수 있다. 셋째, 비즈니스모델을 도식화할 수 있는 실천적 도구로서 이해, 토론, 창의력 등을 개발하는 데 도움을 준다.

9 캔버스의 프레임워크를 활용하는 방법은 혁신적인 비즈니스모델을 디자인할

때 기술과 도구로 활용되는데, 고객 통찰, 아이디어 창출, 비주얼 씽킹, 프로토타이핑, 스토리텔링, 시나리오 개발 시 활용할 수 있다. 캔버스 내 9가지 요소에 대해서 비즈니스모델 내용을 정리하면서 작성해 나간다. 각 블록의 중요 질문에 대한 답을 캔버스에 맵핑(Mapping)하여 완성하는 과정으로 수행한다.

9 캔버스의 디자인 단계에서 비즈니스모델 혁신의 구심점을 정해야 한다. 〈그림 6.16〉에서 보듯이 일반적으로 비즈니스모델 혁신은 자원주도, 주문주도, 고객주도로 이루어진다.

① **자원주도**: 기존의 인프라와 파트너십을 통해 비즈니스모델을 확장함
② **주문주도**: 새로운 가치 제안을 창출함
③ **고객주도**: 고객 요구에 더 충실하고 고객을 위한 접근성 및 편의성 등의 증대에 초점

그림 6.16
9 캔버스의
디자인 단계

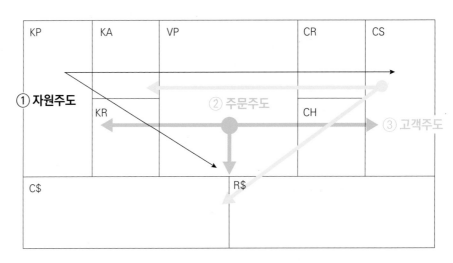

출처: Osterwalder, Alexander and Pigneur, Yves(2010), "Business Model Generation: A Handbook for Visionaries, Game Changers, and Challengers," WILY.

9 캔버스의 다양한 비즈니스모델 패턴

'비즈니스모델 패턴'은 9 캔버스의 각 비즈니스모델 빌딩 블록의 배열이나 행동 양식상의 유사점을 말한다. 이러한 비즈니스모델 패턴을 다양하게 학습하면 새로운 비즈니스모델을 수립할 때나 기존 비즈니스모델을 수정할 때 인사이트를 제공하는 이점이 있다. 주요 비즈니스모델 패턴은 언번들링(Unbundling), 롱테일(the Long Tail), 멀티사이드 플랫폼(Multi-Sided Platform), 오픈소스 활용(Open Source Utilization) 등이 있다.

언번들링 비즈니스모델 패턴: 통신사 Mobile Telco 사례

언번들링(Unbundling)은 산업구조 차원에서 특정 산업 내 '분해'와 '세분화'를 통해 일부 기능을 별개의 사업으로 분리하는 전략을 말한다. 이렇게 분리된 특정 산업 내 사업은 전문성을 강화하게 되고 전문성이 부족한 분야들은 과감하게 타 기업들과 협업함으로써 새로운 가능성과 기회를 창출하여 궁극적으로 새로운 경쟁구도를 만든다. 〈그림 6.17〉에서 보듯이, 이동통신 회사의 다양한 기능과 가치가 결합된 세 개의 비즈니스모델로 언번들링할 수 있다.

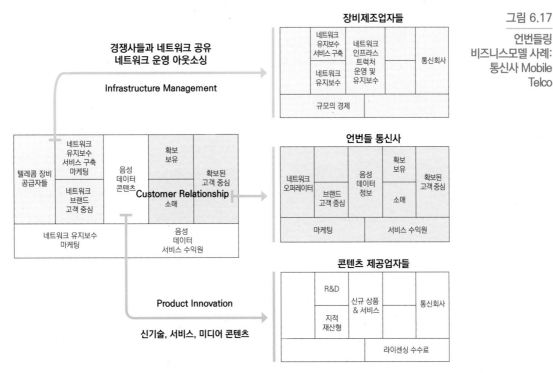

그림 6.17

언번들링 비즈니스모델 사례: 통신사 Mobile Telco

통신사의 가치를 네트워크 품질 → 기업의 브랜드와 고객관계로 집중

출처: Osterwalder, Alexander and Pigneur, Yves(2010), "Business Model Generation: A Handbook for Visionaries, Game Changers, and Challengers," WILY.

언번들링은 최근 다양한 산업에서 혁신을 위한 방안으로 완성하게 이루어지고 있다. 예를 들어, 〈표 6.5〉에서 보듯이 완성차산업에서 무인자동차 시장을 선도하기 위해 혁신기술을 보유한 스타트업의 공격적인 인수합병이나 제휴를 진행하고 있다. 미래자동차를 위한 레이더, 컴퓨터 비전 센싱, 고화질 맵 등 특정 기술의 언번들링을 통해 새로운 가치를 창출하기 위함이다. 이외에도 언번들링은 다양한 분야에서 행해지고 있다. 게임방송에 특화된 '트위치', 짧은 모바일 영상을 공유하는 '틱톡', 중고나라 '당근', 숙박 공유 서비스 '에어비앤비' 등이 이에 해당된다.

표 6.5
주요 완성차기업의
스타트업에 대한
투자와 인수 현황

완성차 업체	시기	형태	대상	사업내용
BMW	2016년 10월	출자	미국 나우토(Nauto)	운전자 행동 분석
	2016년 05월	출자	미국 스쿱(Scoop Technologies)	합승 서비스
	2016년 04월	출자	미국 라이드셀(RideCell)	교통 관리 소프트웨어
	2015년 01월	출자	이스라엘 무빗(Moovit)	환승 소프트웨어
	2014년 11월	출자	미국 젠드라이브(Zendrive)	드라이버 행동 분석
다임러	2016년 07월	출자	영국 헤일(Hal)	배차 서비스
	2016년 07월	인수	미국 플라이트카(FightCar)	렌터카 서비스
	2014년 09월	인수	독일 인텔리전트 앱스 (Intelligent Apps)	배차 서비스
	2014년 09월	인수	미국 라이드스카우트 (RdeScout)	배차 서비스
	2013년 12월	출자	독일 블랙레인(Backlane)	전세 예약 서비스
포드	2016년 09월	인수	미국 채리엇(Chariot)	온디맨드 버스 서비스
	2016년 08월	인수	이스라엘 세이프스(SAIPS)	이미지 인식 기술
	2016년 07월	출자	미국 벨로다인(Velodyne)	LIDAR
	2016년 07월	출자	미국 시빌 맵스(Civll Maps)	지도 정보
GM	2016년 05월	인수	미국 크루즈 오토메이션 (Cruise Automation)	자율운전 기술
	2016년 01월	출자	미국 미국 리프트(Lyft)	배차 서비스
	2016년 01월	인수	미국 사이드카(SideCar Technologies)	배차 서비스
도요타	2016년 10월	출자	미국 나우토(NAUTO)	드라이버 행동 분석
	2016년 05월	출자	미국 우버(Uber Technologies)	배차 서비스
	2015년 12월	출자	일본 프리퍼드 네트웍스 (Preferred Networks)	딥 러닝
폭스바겐	2016년 05월	출자	미국 게트(Gett)	배차 서비스
아우디	2016년 01월	출자	미국 실버카(Silvercar)	렌터카 서비스

출처: IT Pro(2016.10).

롱테일 비즈니스모델 패턴: 출판사 루루닷컴(Lulu.com) 사례

롱테일(Log Tail)이란 상위 20%가 전체 매출의 80%에 기여하고 하위 80%가 전체 매출의 20%밖에 기여하지 않음을 설명한 파레토법칙의 반대 개념으로 역파레토법칙에 근거한다. 〈그림 6.18〉의 그래프에서 보듯이, 꼬리처럼 길게 형성되는 80%에 해당되는 발생 확률과 발생량이 상대적으로 적어서 무시되는 시장이 롱테일이다.

인터넷과 물류기술의 발달로 인해 기존에 무시되었던 롱테일인 작은 틈새시장이 매출과 이윤이 증대되면서 그 경제적 가치가 재인식되었다. 이 틈새시장인 롱테일시장이 중요한 전략의 대상이 되어 새로운 비즈니스 모델을 창출하는 것을 '롱테일현상'이라고 한다. 팔레토법칙에서 소외당하던 80%의 고객에게도 존재하는 시장기회에 집중한 비즈니스모델이다.

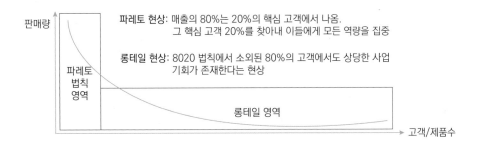

그림 6.18
롱테일 현상

그림 6.19
롱테일 비즈니스모델
예시: 출판사 루루닷컴
(Lulu.com)

출처: Osterwalder, Alexander and Pigneur, Yves(2010), "Business Model Generation: A Handbook for Visionaries, Game Changers, and Challengers," WILY.

루루닷컴은 전통적인 베스트셀러 중심의 출판 방식과 달리 자신의 책을 출판하고 싶어 하는 개인에 집중한 온라인출판 플랫폼이다. 사용자가 만들어 내는 롱테일

출판시장의 틈새시장을 집중했다. 작가에게 셀프서비스 툴을 제공하고, 작가가 스스로 사용자이기 때문에 새로운 사용자 모집이 자연스럽게 이루어지는 등 작가와 독자 연결 서비스 제공하는 온라인 출판서비스 플랫폼을 통해 성공적으로 도서출판산업의 전환을 도모하는 새로운 비즈니스모델을 보여줬다.

멀티사이드 플랫폼 비즈니스모델 패턴: 구글 사례

멀티사이드 플랫폼(Multi-Sided Platform)은 네트워크 효과(Network Effect)를 최대한 증대하기 위한 것으로 별개이지만 상호 의존성이 있는 두 개 이상의 타깃집단들을 결합하여 상호작용을 활발하게 하여 새로운 가치를 창출하게 한다. 숙박 중개 플랫폼인 에어비앤비(AirBnB), 차량 중개 플랫폼인 우버(Uber), 구글, 네이버와 같은 검색엔진의 검색어 관련 광고, 스폰서 링크 등이 해당된다.

그림 6.20
멀티사이드
플랫폼 비즈니스
모델 예시: 구글

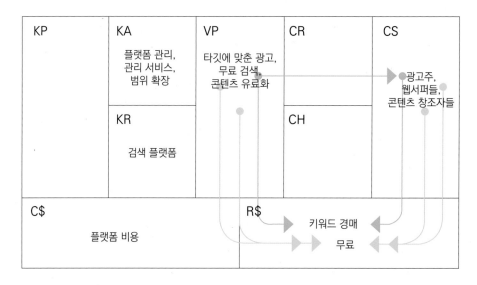

출처: Osterwalder, Alexander and Pigneur, Yves(2010), "Business Model Generation: A Handbook for Visionaries, Game Changers, and Challengers," WILY.

〈그림 6.20〉은 구글의 멀티사이드 플랫폼 비즈니스 모델을 설명해 주고 있는데, 상호 의존성이 있는 세 개의 타깃집단인 광고주, 웹서퍼, 콘텐츠창조자를 위한 타깃 맞춤 광고, 무료 검색, 콘텐츠 유료화의 각 타깃 맞춤형 가치를 제안하고 있다. 이에 따라, 구글의 세 가지 핵심 활동은 플랫폼 관리, 각 타깃을 위한 관리 서비스, 새로운 타깃으로 확대하기 위한 플랫폼 홍보라 할 수 있다.

오픈소스 활용 비즈니스모델 패턴: OpenAI사 'ChatGPT' 사례

오픈소스 활용(Open Source Utilization)의 대표적인 최근 비즈니스모델은 'ChatGPT'이다. ChatGPT는 OpenAI사가 개발한 대화형 AI 챗봇으로 기존의 챗봇 기능이 혁신적으로 개선된 GPT4를 기반으로 지도학습과 강화학습이 되어 다양한 지식 분야의 상세하고 정교한 응답을 제공하고 있다. 다른 챗봇과의 차이점은 주고받는 대화 속의 맥락을 이해하고 이전 대화를 기억하여 인간과 같이 상세한 논리 글을 생성한다는 점이다.

이전까지의 인공지능(Artificial Intelligence)의 과정은 대규모 데이터수집 → 데이터 전처리(Data Pre-Processing) → 딥러닝(Deep Learning)을 통한 모델 학습 → 테스트 데이터를 넣어 모델 평가 → 학습시킨 모델을 배포(Deploy)하고 모니터링 등의 일련의 과정을 겪는다. 머신러닝의 Ops 개념인 MLOps를 최근 많이 활용되고 있는데 일반적으로 AI를 도입하려는 회사들은 AWS, GCP, Azure에서 제공하는 GPU Instance를 사용하게 되는데 GPU 구매에 큰 비용을 투자해야 하는 부담의 문제를 해결한 것이 오픈소스 비즈니스모델인 OpenAI사의 ChatGPT API이다.

'ChatGPT'의 구글과 같은 검색엔진이 제공했던 '무료 검색'의 고객가치를 더욱 심화하여 심화된 정보 제공할 뿐 아니라 프롬프트(Prompt)에 사용자가 요구한 대로 자료가 아닌 가공된 결과물을 제공한다. 프롬프트 공학(Prompt Engineering)이란 텍스트 생성모델에서 프롬프트의 설계와 개발과정으로서 AI 모델의 성능을 보여주는 텍스트의 질에 크게 영향을 준다. 이에 따라, 프롬프트 엔지니어링이 중요성이 더욱 주목받고 있다.

프롬프트 엔지니어링 모델은 궁극적으로 AI와 사용자와 실무자 간의 상호작용을 촉진하는 새로운 패러다임을 제안하고 있다. 다양한 분야에 'ChatGPT'가 접목이 시도되고 있는데 법률서비스, 교육서비스, 기사 작성, 광고 카피 작성 등 각 전문 분야의 정보들을 취합하여 목적성에 부합한 논리와 맥락에 부합하고 정보를 제공할 수 있다.

Market Report
'스며들다' 일상 속 AI 서비스 12가지

AI는 이미 존재한다. 챗GPT, 빙, 또는 곧 출시될 구글 바드(Bard) 같은 서비스뿐만이 아니다. 사람이 매일 사용하는 제품에 이미 AI가 적용되어 있고, 이런 AI의 역할은 앞으로 더 커질 것이다.

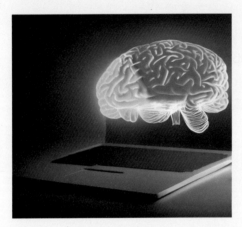

© IDG via Artbot/Stable Horde

무섭게 느껴질 수 있다. AI는 '멍청한' 기기를 더 똑똑하게 만들어주지만, 그 대가로 기기는 사용자의 일상생활에 대해 더 많은 것을 알게 된다. AI도 완벽하지 않으며, AI가 저지르는 실수에 대한 인간의 관용은 기술과 마찬가지로 진화하고 있다. 하지만 대부분 제조업체는 제품을 개선하기 위해 AI를 계속 사용할 것이다. AI가 이미 인간의 일상과 연결된 AI 기반 서비스 12가지를 살펴보자.

스마트폰 카메라의 인물 모드

이미 알고 있는 것부터 시작하자. 기존 SLR 카메라는 특정 조건에서 배경이 흐려지는 보케(Bokeh)라고 불리는 사진 효과를 만들 수 있다. 사진의 피사체를 강조하고 중요하지 않은 배경과 구별하는 역할을 한다. 아이폰과 안드로이드 스마트폰에 이르기까지 오늘날 스마트폰은 거의 모두 AI를 사용해 보케 효과를 재현한다. 인물 모드는 카메라가 담고 있는 장면에서 피사체라고 생각하는 것을 판단한 다음 지능적으로 배경을 흐릿하게 만든다. 좋은 스마트 보케와 나쁜 보케의 차이점은 전경과 배경 사이의 구분선을 얼마나 지능적으로 판단하느냐다.

엔비디아 DLSS

엔비디아의 DLSS(Deep Learning Super Sampling)는 이해하기 어려운 것처럼 들리지만, 사실 매우 간단한 기술이다. DLSS는 사용자가 화면의 어느 부분을 보고 있는지 파악해 GPU의 렌더링 성능을 그곳으로 집중시킨다. 즉, 사용자가 보고 있는 것에 GPU 성능을 집중한다는 의미다. 이를 통해 게임의 초당 프레임률을 높여 보다 우수하고 매끄러운 화면에서 게임을 할 수 있다.

DLSS는 출시된 지 몇 년 된 기술이다. 엔비디아는 2020년 DLSS 2.0을 선보였는데, 시간이 지나면서 더욱 발전했을 것으로 기대된다. 그러나 GPU의 가격이 전혀 떨어지지 않았기 때문에 DLSS는 적어도 GPU의 수명을 연장하고 수년간 견고한 게임 플레이를 가능하게 하는 기술로 자리 잡고 있다. 이 모든 것은 AI를 전제로 하고, 또한 사용자의 GPU가 인간이 게임을 하고 있다는 것을 안다는 것을 전제로 한다.

챗GPT

이제 미래의 AI로 넘어가도록 하자. 챗GPT는 검색, 대화, 코딩에 사용할 수 있는 대화형 챗봇이다. 잠재적인 응용 분야가 많고 다양하다. (월 20달러의 유료 버전도 있지만) 무료이며, 이미 알고 있는 주제뿐 아니라 모르는 주제로도 사용해 볼 것을 권한다. 기대에 미치지 못하는 답변을 내놓거나 때로는 잘못된 데이터를 착각하지만, 사용자의 생각을 자극할 수 있다는 것을 알게 될 것이다. 또한 다양한 주제에 접근하는 방식이 다소 느슨하기 때문에 응답을 자유롭게 사용자화할 수 있다.

빙 챗봇

빙의 AI 챗봇(이하 빙)은 현재 시험 중이다. 챗GPT보다 더 딱딱하면서도 확실히 더 친근하며, 간혹 응답 마지막 부분에 이모티콘이 들어가기도 한다. (마이크로소프트가 콘텐츠 가드레일을 마련하는 데 6년을 소비한 이후에도) 빙이 필자의 아들에게 혐오 표현을 노출했다는 점에 충격을 받기는 했지만, 마이크로소프트는 재빨리 이를 바로잡기 위해 움직였다.

현재 빙은 더 긴 응답을 제공하며, 사용자가 직접 확인하거나 추가 콘텐츠를 확인할 수 있도록 답변에 각주를 포함한다. 더 나은 방향인지는 단정하기 어렵다. 또한 현재까지는 완전히 무료이지만 마이크로소프트 구독이 필요하다. 구글 바드도 빙이나 ChatGPT와 같은 기본 기능을 약속하지만, 등장하기 전까지는 대체로 양강구도일 것이다.

사진의 얼굴 및 장면 인식

항상 카메라를 들고 다니면 예전에 찍은 수많은 사진을 중에서 특정한 사진을 찾기 어려워진다. 구글 포토를 포함한 스마트 앨범을 사용하면 사진을 장면과 주제별로 쉽게 정리할 수 있다. 지메일 검색만큼 쉽게 사진을 검색할 수 있어 편리한 기능이다. 장면이나 위치를 찾거나 단순히 자녀, 할머니, 친한 친구의 얼굴을 클릭하면 해당 주제의 사진을 볼 수 있다. 구형 윈도우 포토 앱과 같은 사진 앱은 사진에 첨부된 메타데이터를 검색하여 위치를 확인할 수 있지만, '산'이나 '스키여행'을 검색할 때는 큰 도움이 되지 않는다. 즉, AI는 사진을 스캔해 무엇이 있는지 확인하는 작업을 거친다.

윈도우 헬로

시각적인 식별 기술은 마이크로소프트 키넥트(Kinect)로 거슬러 올라간다. 엑스박스용 키넥트 기술이 어떻게 사용자를 자동으로 인식했는지 기억하는가? 시대를 훨씬 앞섰던 기술에 대해 이야기해 보자. 이제 윈도우 헬로에서는 노트북의 뎁스 카메라를 사용하여 같은 작업을 수행한다. 이 기술이 기본적으로 저장된 기록과 실제 이미지를 일치시키기 때문에 진정한 AI가 아니라고 주장할 수 있다. 그러나 마이크로소프트는 새로운 안경, 주름 또는 수염이 문제를 복잡하게 만드는 얼굴의 변화를 수용하기 위해 AI를 사용할 수 있는 방법을 모색하고 있다.

화상회의 영상 자동 보정

마이크로소프트 팀즈, 줌과 같은 화상회의 서비스는 사용자 뒤로 보이는 배경을 흐리게 하거나 재미있는 사진으로 바꿔준다. 마이크로소프트 윈도우 스튜디오 이펙트는 마이크로소프트 서피스 프로 9(5G)의 AI를 사용해 배경 잡음 제거, 아이 컨택트, 자동 구도 조절 등의 기능을 제공한다. 삼성의 새로운 갤럭시 북3 노트북은 심지어 눈 밑의 주름과 다크서클을 매끄럽게 하려고 노력한다. 이런 기능을 한 번 경험한 사용자라면 포기하고 싶지 않을 것이다.

AI 아트

우선 저작권이 있는 이미지에 대한 생성형 AI 아트 훈련, 소규모 예술가와 그들의 작업료에 대한 잠재적 위협에 대한 우려는 고려하지 말자. AI 아트는 개학식, 교회 조식 같은 작은 행사용 이미지를 맞춤형으로 만들 수 있는 유용한 기능이다. 이제 막 등장하고 있는 AI 아트 서비스가 많다. 마이크로소프트 디자이너도 꽤 유용할 것으로 보이며, 미드저니(Midjourney)로 만든 AI 아트는 숨이 막힐 정도였다. 스테이블 디퓨전(Stable Diffusion)은 사용자의 PC에서 바로 작동한다.

인간이 만든 디지털 아트는 사라지지 않는다. 하지만 여행사의 장점을 생각하지 않을 수 없다. 여행사는 훌륭한 맞춤 여행 패키지를 제공한다. 물론 구글 플라이트, 트립어드바이저 같은 서비스를 통해 직접 여행을 계획해 수수료를 아낄 수도 있다. 자신에게 적합한 것을 고르면 된다.

음성 인식

아마존의 알렉사와 구글 홈 기기를 AI와 연관지어 생각하는 경우는 드물다. 하지만 이런 스피커는 사용자의 말을 분석할 분 아니라(배경의 소음과도 구별한다) 사람의 말을 이해하고 반응한다. 심지어 스마트 어시스턴트에게 사용자의 목소리를 인식시켜 놓으면 다른 가족 구성원이 아닌 자신에게 알림 또는 일정을 알려주도록 맞춤화할 수 있다. 자연어 처리는 AI가 사용자의 단어와 구절에서 의미를 직감하는 방법 중 하나이다.

문자 자동 수정 및 자동 제안

스마트폰 키보드, 지메일 또는 마이크로소프트 에디터에서 제공하는 자동 수정 및 자동 제안 기능은 사용자가 현재 작성 중인 내용에 대해 수정, 다음 단어 또는 전체 구문을 제안한다. 시간과 노력을 절약할 수 있지만, 종종 우스운 실수가 생기기도 한다. 하지만 스마트폰으로 긴 이메일을 작성할 때는 확실히 시간을 절약할 수 있다. 이런 기술은 구글 워크스페이스나 마이크로소프트 에디터와 같은 앱을 통해 PC로 옮겨가고 있다. 마이크로소프트 에디터와 워드는 포용성과 어조를 개선해 나가고 있으며, 마이크로소프트가 자사 제품 전반에 AI 통합을 추진함에 따라 보다 강력한 콘텐츠 제작 툴 역할을 할 것으로 전망된다.

추천 알고리즘

불행하게도 구글, 넷플릭스, 광고 서버가 제공하는 추천을 모두가 좋아하는 것은 아니다. 알고리즘에 더 많은 데이터를 주면 추천이 개선될 것이라는 이론적 상충성이 있다. 입증되지는 않았지만 어느 정도 사실이다. 서비스가 사용자가 좋아할 것이라고 생각하는 콘텐츠와 추천하기 위해 구매한 콘텐츠 사이의 균형을 유지하지 못하면 시스템은 실패하지만, 많은 사람이 그 차이를 구별하지 못한다. 가령 넷플릭스와 스포티파이가 사용자의 선호도에 맞춰서 콘텐츠를 제안하는 알고리즘이 상당히 뛰어나다고 생각하는 사용자가 여전히 많다.

그 외

자동 사기 탐지, 아웃룩에서의 약속 예약, 심지어 PC 보안 등 여기서 나열하지 않은 것들도 훨씬 많다. PC 영역을 넘어서면 AI 응용 사례는 훨씬 폭 넓어진다. AI가 할 수 있는 일이 인간을 약간 긴장시킬 수도 있지만, AI는 일상생활의 개선이라는 말과 이미 동의어가 됐다.

출처: CIO, 2023.02.24.

Startup Workshop

1. Abell의 '3차원의 비즈니스 정의' 프레임워크를 활용하여 특정 시장을 정하고 차별적 비즈니스 정의를 개발해 보자.

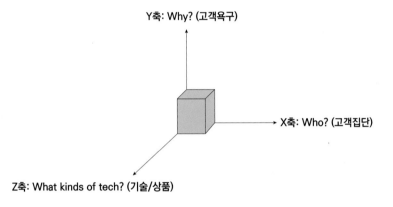

2-1. 위 그림과 같이 창업 아이템으로 고려하고 있는 특정 제품의 형태 – 컬러 – 콘텐츠별 변화 내용을 정리하여 제시해 보자.

2-2. 다음 그림의 가치 변화 프레임워크를 활용하여 자신이 관심 있는 창업 아이템 카테고리의 가치 변화를 조사하여 정리해 보자. 각 단계의 가치 변화 배경 및 이유도 함께 정리해 본다. 그리고 가장 마지막 단계에서 자신이 어떤 미래가치를 제공해야 하는지, 왜 이 미래가치가 의미 있는지 타당한 가치 변화 배경 및 이유를 제시해 보자.

3. 경쟁자 다이어그램 Work Sheet를 활용하여 고려하고 있는 스타트업 창업 아이템이 속해 있는 업계의 경쟁 현황을 분석해 보자.

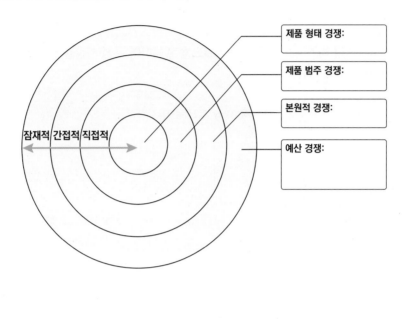

PART2

로켓 본체: 가치 창조와 전달

CHAPTER 07 Internal 4P Mix

Internal 4P Mix

사내벤처 '티모넷'은 어떻게 핀테크 업계 핵심기업이 됐나

신종 코로나바이러스 감염증(코로나19) 사태로 비대면 산업이 성장하면서 모바일뱅킹, 앱카드 등으로 대표되는 핀테크 산업도 꽃을 피우고 있다. 글로벌 시장조사업체인 CB인사이트에 따르면, 글로벌 유니콘기업 610개 중 94개가 핀테크 기업이며, 이들 기업의 총 가치는 425조 원에 달한다. 향후 전 세계 산업을 이끌어갈 유니콘 산업분야 '톱 5' 1위에 핀테크가 당당히 자리하고 있는 만큼 핀테크 산업은 성장 가능성이 가장 높은 산업 분야 중 하나로 꼽히고 있다.

국내에서도 많은 핀테크 기업이 약진하고 있는 가운데, 업력 15년의 티모넷이 핀테크 업계 핵심기업으로 도약하고 있다. 2007년 10월 설립된 티모넷은 응용 소프트웨어 개발 및 공급, 모바일 결제 솔루션을 제공하고 있다. 최근에는 몰입형 미디어아트 사업으로 새로운 영역을 개척해 나가고 있으며, 금융보안 사업으로 업계의 주목을 받고 있다.

한국스마트카드 사내벤처로 출발

티모넷은 정산·카드·솔루션 사업을 운영하고 있는 한국스마트카드의 사내벤처 1호로 출범했다. 출범 후, 모바일티머니 서비스를 개시했으며, 2008년 이동통신 3사와 충전·결제 인프라 구축 계약을 체결했다. 사업 초창기인 2009년에는 G마켓, 11번가 등의 이커머스 업체에 온라인 결제 서비스를 오픈했으며, 모바일 티머니 가입자가 100만 명을 돌파하는 쾌거를 이루는 등 성장 기반을 쌓아 나갔다. 2010년에는 안드로이드 기반 스마트폰 티머니서비스를 오픈했으며, 스마트컨버전스 연구소를 설립하며 정보통신(ICT)기술과 비즈니스 융합에 나섰다. 사업이 자리를 잡은 2011년에는 이동통신 3사에 근거리무선통신(NFC)폰 티머니서비스를 오픈했으며, 뉴질랜드와 모바일 교통카드시스템 구축 계약을 체결하며 해외로도 사업을 확장해 나갔다. 이듬해에는 모바일월드콩그레스(MWC) 전시회에 참가하며 전 세계 시장을 상대로 사업 알리기에 나섰다. 같은 해 모바일 앱 결제를 위한 인-앱 모듈을 개발했으며, 모바일 티머니스 서비스 앱 2.0 버전을 선보였다. 2014년에는 법인교통카드 서비스와 모바일티머니 앱 3.0을 새롭게 선보였으며, 월 충전금액은 200억 원을 돌파하며 성장 가도를 달렸다.

도약기인 2015년에 이르러서는 NHN엔터테인먼트로부터 투자를 유치하는 등 성장 가능성을 인정받았다. 이와 함께 중소기업기술혁신대전 대통령 표창을 수상하는 등 도약을 위한 기반을 마련해 나가는 동시에 페이코 및 삼성페이 티머니 서비스를 오픈하며 핀테크 업계의 주목을 받았다. 티모넷은 성과를 토대로 2018년에는 새로운 사업 분야에 도전장을 내밀었다. 몰입형 미디어아트 전시사업 시설공사에 착수하며 미디어아트 분야로의 사업 확장에 본격 돌입했다. 제주도에 개관한 '빛의 벙커' 전시는 관람객들의 호응을 얻으며 2020년 100만 관람객을 돌파했다.

모바일 교통카드 업계 왕좌

이 같은 티모넷의 사업은 크게 **모바일 교통카드 사업, 금융보안토큰, 몰입형 미디어아트**의 세 가지로 나눠 살펴볼 수 있다.

티모넷의 모바일 교통카드 사업인 모바일 티머니는 스마트폰 등 휴대전화기에 장착되는 유심칩에 설치되며, 스마트폰에 티머니를 충전해 온·오프라인 가맹점에서 사용할 수 있는 서비스다. 티모넷과 KSCC에서 모바일 티머니를 발급하고 있으며, 회원 모집 및 관리, 오프라인 사용처 구축 및 관리, 모바일 충전·결제 인프라 확산에 나서고 있다. 지하철역사, 가두판매점, 편의점 등에서 오프라인으로 모바일 티머니를 충전할 수 있으며, 휴대폰, 신용카드, 계좌이체를 통해 온라인으로도 충전 가능하다. 모바일 티머니는 편의점, 영화관, 주차장, 공공기관 등에서 오프라인 결제가 가능하며, 게임, 영화, 포털 등에서 온라인 결제도 가능하다.

모바일 교통카드 충전 서비스는 티머니 애플릿 기본 탑재 및 앱 임베딩을 토대로 2013년부터 전개해오고 있으며, 삼성페이, 페이코와 같은 간편결제사업자의 등장으로 거래규모의 지속적인 증가가 예상되고 있다. 모바일 교통카드는 모바일 충전 수수료, 서비스 운영비, 온라인 결제 시 가맹점 수수료 등에서 수익을 창출하고 있다. 모바일 교통카드 결제 서비스의 지난해 온라인 결제 금액은 630억 원으로 전년 대비 10% 성장했으며, 지난해 매출은 23억 원이다. 모바일 결제 시장이 성장하면서 티모넷의 모바일 교통카드 결제 서비스 역시 성장 가능성이 높게 점쳐지고 있다. 티모넷의 모바일 교통카드 사업 중 하나인 교통카드 충전결제 앱 '댐댐'은 휴대폰을 교통단말기로 활용해 교통카드를 충전·결제하는 기능을 제공한다. 충전된 교통카드는 교통, 유통, 온라인 가맹점에서 결제 시 사용할 수 있다. 댐댐 앱을 통해 제휴 포인트 또는 간편결제 머니를 교통카드 통합 포인트인 '교통페이 포인트'로 전환해 교통카드에 충전하거나 온라인으로 결제 가능하다. 티모넷 측은 "모바일 교통카드를 신용이나 나이와 관계없이 누구나 사용할 수 있고, 푸쉬 혹은 카드태킹 방식으로 인증절차 없이 사용할 수 있으며, 조세특례법에 따른 소득공제 혜택이 있어 많은 소비자들이 사용하고 있다"고 설명했다.

출처: 스타트업투데이, 2021.10.13.

창업할 때 제품 및 서비스는 매우 중요한 역할을 한다. 제품은 창업의 핵심이다. 만약 제품이 성공적이지 않다면 창업은 결국 실패가 될 것이다. 그러므로 제품 개발에 많은 시간과 노력을 투자해야 한다. 이러한 제품개발에는 고객들의 니즈를 고려하여 제품 콘셉트를 잡고 디자인해야 하며 이러한 제품이 배타적으로 시장에서 독점적 우위를 얻을 수 있도록 해야 할 것이다. 이번 장에서는 창업시에 고객들에게 가치를 전달하는 데 핵심인 제품과 가격에 대해 살펴보고자 한다. 먼저 제품에 대해 살펴보고 이후 가격에 대해 살펴보자.

⦙ 제품 (Product)

제품의 개념

제품이란 이전 단계인 고객가치 정립 단계와 고객가치 창출 단계에서 도출하고 분석한 고객의 잠재적 또는 미충족 가치를 실질적으로 구체화시킨 결과물이다. 제품 및 서비스는 크게 3단계의 수준으로 구분되는데, 각 수준은 부가적인 고객 가치를 창출한다. 제품의 가장 기본적인 수준은 핵심 편익(Core Benefit)인데, 이는 고객이 제품을 소비함으로써 얻고자 하는 기본적인 필요나 욕구를 의미한다. 기업은 제품을 개발할 때 무엇보다 고객이 근본적으로 추구하는 핵심편익을 명확히 정의해야 한다. 예를 들면, 애플의 아이폰은 단순한 통신기기가 아니라 고객이 진정으로 원하는 가치들, 즉 융합적 커뮤니케이션 수단(무선휴대폰, 인터넷, TV 통합)과 감각적 디자인을 파악함으로써 애플의 신화가 시작되었다. 둘째 단계에서는 핵심 편익을 실제 제품(Actual Product)으로 전환시키기 위하여, 제품 특징, 디자인, 패키징, 품질 수준, 브랜드명 개발이 필요하다. 예를 들면, 애플의 아이폰은 실제 제품인데, 브랜드, 스타일링, 패키징, 기타 속성을 일관성 있게 결합시킴으로써 혁신적인 융합기기라는 핵심편익을 실제로 전달한 것이다. 마지막 단계에서는 제품의 확장된 개념으로 핵심편익과 실제 제품을 지원하기 위해 추가적 속성 및 서비스와 편익을 제공한다. 예를 들면, 애플의 아이폰은 고객들에게 기기 사용법, 부품 보장, 신속한 수선 서비스 등을 제공함으로써 고객을 유지 및 형성한다. 따라서 기업은 제품을 개발할 때 먼저 제품에 의해 충족시켜야 할 고객의 핵심욕구 파악을 통해 실제 제품을 설계하고, 이를 확장시킬 방법을 강구해야 한다.

브랜딩과 브랜드 관리

스타트업은 신규 사업 런칭과 함께 시장에서 배타적으로 본인들의 브랜드를 보호 받기 위한 브랜딩 작업과 브랜드 관리가 필요하다. 브랜드 관리를 위해서는 자사의 제품 인지도와 이미지화가 중요할 뿐 아니라 현실적으로 상표와 상호의 등록과 관리 그리고 디자인의 결정이 매우 중요하게 된다.

네이밍 작업

브랜딩 작업의 가장 먼저 진행해야 하는 작업은 네이밍이다. 창업을 결심하는 순간부터 창업자가 고민에 빠지는 것은 네이밍이기도 하다. 이미 시장에 진출한 브랜드보다 더 성공가능성이 높은 네임을 찾아야 한다는 강박감은 순식간에 창업자를 네이밍 스페셜리스트로 만들어 버린다. 어떤 네임이 성공 열쇠인가를 따지기 전에 어떤 역할의 네임이 필요한가를 먼저 생각해 보아야 하지 않을까? 이는 법인창업자나 개인으로 창업하는 분이나 마찬가지이다. 창업자가 만들어야 하는 네임이 회사 이름인가? 제품 이름인가? 아니면 둘 다인가?

그림 7.1
네이밍 개발 절차

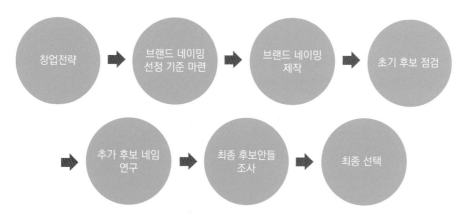

출처: 김경민, 박정은, 김태완(2019), 고객가치기반 신제품 마케팅전략, 박영사.

네이밍 절차는 상위의 브랜드전략에 기반하여 선정기준 마련 → 제작 → 초기 후보 점검 → 추가 후보네임 연구 → 최종 후보안들 조사 → 최종 선택 순으로 진행된다. 일반적으로 브랜드명의 선정 기준은 다음과 같다.

브랜드명은 제품과 잘 어울려야 한다. 즉. 브랜드명은 시각적 및 언어적(Verbally)으로 잘 어울리고 매력적이어야 한다. 예를 들어 청정원이라는 브랜드명은 생산되는 제품이 청정한 원료를 사용하는 자연친화적인 제품이라는 사실을 암시하며 경쟁업체들에 비해 쉽게 이해할 수 있어 차별화가 쉽다는 이점이 있다.

브랜드명은 제품의 기능이나 편익을 잘 전달할 수 있어야 한다. 애경 2080 치약의 경우는 20개의 치아를 80세까지 건강하게 지켜준다는 뜻으로 제작되었다.

브랜드명은 기억하기 쉽고 발음하기 쉬워야 한다. 일반적으로 관심을 끌만한 특이한 네이밍이거나 시각적 이미지는 연상하는 단어(애플, 폴로), 감정을 유발하거나(샤넬 넘버5), 짧고 단순한 단어(Coke)로 이루어져야 한다.

브랜드명은 부정적인 연상을 유발하지 않아야 한다. 브랜드명이 주는 부정적 이미지는 특히 기업이 글로벌시장을 대상으로 사업을 할 때 문제가 된다. 즉, 브랜드 네임이 자국 내에서는 좋은 의미이지만 다른 나라에서는 부정적인 이미지를 연상시킬 수 있다. 그러므로 글로벌기업을 지양한다면 각 나라의 언어 및 문화적 요소 등을 고려하여 브랜드명을 선정해야 한다.

법적으로 등록받을 수 있어야 한다. 아무리 차별화되고 제품과의 연상작용이 잘 되는 브랜드명이라도 법적으로 보호받지 못하는 명이라면 그 브랜드 네임에 대한 가치는 반감된다. 상표등록에 의해 제공되는 모든 이점은 브랜드 네임을 법적으로 안전하게 해주고 경쟁사의 모방을 막는 데 큰 역할을 한다. 자사 브랜드명에 대해 법적 등록을 받지 않아 많은 경쟁사들이 똑같거나 유사한 명을 사용한다면 자사의 신용에 부정적인 영향을 미칠 수 있으며 자사 브랜드 이미지에도 악영향을 미칠 수 있다. 그러므로 반드시 법적 등록이 가능한 네임이어야 한다. 즉, 브랜드명이 중요한 이유 중의 하나가 법적 등록을 통한 배타적인 사용권, 즉 지적재산권 역할을 한다는 것이다. 예상되는 브랜드명은 동일검색 및 유사검색을 해야 하며 최근에는 도메인 검색까지 일반적으로 한다.

브랜드 네이밍 개발

실제로 브랜드 네이밍 대안들을 고안해 내는 것이다. 브랜드 대안들을 제작해 내는 방법들 중 가장 흔히 사용되는 것이 '브레인스토밍(Brain Storming) 기법'이다. 이는 많은 사람들로부터 가능한 많은 브랜드명을 고안해 낼 수 기법으로 브레인스토밍에 참여하는 사람들은 하나의 키워드와 관련하여 연상되는 단어들을 돌아가면서 자유롭게 아이디어를 낸다. 상호 간에 있어서 타인이 제시한 의견이나 제안을 평가하면 안 된다.

또 다른 방법 중에 하나는 '단어 연상 방법'으로 기업들이 소비자들에게 제품을 보여주고 적절한 브랜드명을 만들어 보도록 요구하거나 단어 연상을 하도록 하는 방법이다. 단어 연상 방법은 소비자들에게 이미 확보된 브랜드명 대안이나 이러한 관련된 단어를 제시하고 그 단어를 보거나 들었을 때 가장 먼저 떠오르는 단어를 적도록 하게 한다.

후보 점검 및 내부적 후보안들 조사

마케터는 기업 혹은 제품 이미지와 맞지 않는 브랜드명 대안들을 제거하고 제품에서 기대되는 이미지와 부합될 수 있는 대안들만을 선별한다.

소비자 의견조사

이 단계에서는 표적시장의 소비자들을 대상으로 다음의 여러 소비자의 의견, 이해도, 지각, 선호도 등을 조사하게 된다.

조사 내용	조사 진행
단어 연상	브랜드 네이밍의 여러 안 중에서 바람직하지 않은 연상을 불러일으키는 것이 어떠한 것이 있는지 체크함
기억력 측정	일정 수의 브랜드 네이밍의 대안을 제시하고 일정한 시간이 경과한 후 그들이 기억하고 있는 브랜드 네이밍을 적어냄
브랜드 속성 평가	각 브랜드 네이밍 대안이 중요한 속성평가에 미치는 영향을 알아봄
브랜드 선호도	각 브랜드 네이밍 대안에 대한 선호도를 조사함

표 7.1

브랜드명 개발 시 소비자 의견 조사

등록여부 조사 및 선택

소비자 선호도 조사 단계를 통과하였다면, 법적 등록 가능성을 검토한다. 이 내용은 후반부에 지적재산권 부분에 비교적 상세히 따로 설명하였다. 법적으로 중요한 이유는 자사가 독점적으로 사용할 수 있어야 하기 때문이다. 이후 마케터는 브랜드 네임에서 얻고자 하는 여러 목표들을 고려하여 가장 적합한 브랜드명을 사용하게 된다. 구체적으로는 KIPRIS를 통해 상호 및 상표 등의 등록이 가능한지, 즉 법적으로 등록받을 수 있는지 확인해야 한다.

그림 7.2
특허정보검색
서비스(KIPRIS)

출처: www.kipris.or.kr

상호 결정 및 신청

상호와 브랜드의 분리 여부

왜 창업 초기부터 상호와 브랜드의 분리 여부를 신중하게 검토해야 하는가? 그것은 상호의 역할과 브랜드의 역할이 각기 다르기 때문이다. 상호는 어떤 역할을 하는가? 상호는 회사가 가진 모든 유무형의 자산을 대표하는 '깃발(Flag)'의 역할을 담당하고 있다. 호랑이는 죽어서 가죽을 남기고 사람은 죽어서 이름을 남긴다고 하지 않는가? 임직원, 관계자, 고객, 일반인 모두에게 회사를 가장 요약적이고 핵심적으로 나타내 주는 것이 상호이다.

이러한 상호의 역할에 대한 정의를 '상법'에서 '제4조(상인) 자기명의로 상행위를 하는 자를 상인이라 한다'라고 정의했고, 제18조(상호선정의 자유) '상인은 그 성명 기타의 명칭으로 상호를 정할 수 있다'라고 정의하였다. 즉 상호란 '상인이 사용하는 명칭'으로 볼 수 있는데 상행위를 하는 사람이 자기를 증명하기 위하여 사용하는 것이 상호이다. 상호의 역할은 판매하려고 하는 제품이나 서비스를 누가 제공하는지 '출처'를 알려주는 것이다. 이를 다른 말로 표현하면 '신뢰'를 주는 기능이라 할 수 있다. 이에 비해 브랜드는 제품, 서비스 그 자체를 의미할 수도 있고 상징적으로 나타낼 수도 있는 것이다. 상호가 '행위의 주체'를 가리킨다면 브랜드는 그 결과로서의 '판매 대상'이라 할 수 있다.

상호, 상표의 동시 사용 장단점 및 등록 방법

상호와 상표의 차이는 무엇일까? 일반적으로 상호란 기업 또는 개인 식별 기능을 하는 것으로 문자로 이루어져 있다. 반면 상표란 상품 및 서비스를 타인의 것과 구분하기 위한 표장, 문자, 도형, 색채, 입체적 형상 등을 의미한다. 일반적으로 창업을 할 때 상호 하나만 할 것인가? 상호와 상표를 다르게 할 것인가에 대한 결정이 요구된다. 장단점은 아래의 〈표 7.2〉와 같다.

장점	단점
• 다양한 사업영역으로의 진출에 따른 이미지 협소화를 제거할 수 있음 • 상호를 대표브랜드로 전개할 수 있기에 전체적 관점에서 규모성 부각이 용이함	• 한정된 경영자원으로 상호와 상표를 동시에 커뮤니케이션함으로 비용이 발생함 • 사업영역이 단일하고 전문성이 강할수록 상호의 역할이 축소되기도 함

표 7.2
상호, 상표
분리의 장단점

상호등록은 상법에 의해 보호받으며, 동일 지역 및 동일 업종에 대해 법적 효력을 가진다. 상표등록은 상표법에 따라 보호받을 수 있고, 특정 지역에 국한되는 것이 아니라 전국적으로 효력이 발생한다. 상호는 권리기간 제약이 없지만, 상표는 10년의 권리기간을 가지며 갱신으로 반영구적으로 유지할 수 있다. 상호의 등록방법은 등기소/지방법원에 상호등기서를 제출하면 되며 상표등록방법은 상표출원, 심사, 등록료를 특허청에 납부하면 된다.

디자인 및 포장

디자인은 인간의 생활과 밀접한 관련이 있고 생활문화 전반에 걸쳐 디자인이 접목된 결과를 찾는 것은 어렵지 않다. 특히 기업의 제품·서비스뿐 아니라 다양한 활동에서도 디자인은 가장 기본이 되는 것 중에 하나이다. 일반적으로 창업자의 초기 사업 준비 시, 디자인의 영역은 무궁무진하다. 시각디자인, 제품디자인 등 매우 많은 영역이 포함된다.

디자인과 색채

색채는 인간의 정신과 마음에 영향을 미쳐 무한한 감정과 미적 체험을 축적하게 하고 심리적·생리적으로 영향력을 발휘한다. 신제품 개발에 있어 색채 디자인이 중요한 이유는 색의 효과를 적절하게 사용함으로써 사물의 분류를 가능하게 하고 그 차이를 명확하게 한다. 색채 디자인의 역할은 제품의 개성과 이미지를 표현한다. 색의 차이에 따라 사용자의 감성적 요구가 반영되어 구매량에 직접적인 영향을 미치기도 한다. 디자인의 부가가치를 높이고 경쟁력을 향상하게 한다. 기존의 제품 형태나 소재를 변경시키지 않고 비용을 최소화하여 신제품 개발의 효과를 야기하기도 하는 등 전략적으로 활용할 수 있다. 이러한 색채를 이용하면 제품에 질서를 부여하고 통합하기 용이하다. 〈표 7.3〉에서 설명하듯이, 색채계획 프로세스는 문제의 조사 및 분석에서 시작하여 해결 방법을 찾고 이후 실행을 하는 순으로 이루어진다.

표 7.3
색채계획
프로세스

① 색채문제의 조사 및 분석을 통한 기획 단계	• 색채 정보 조사 분석에는 마케팅 조사에서 시행하였던 다양한 자료를 활용할 수 있음 • 시장정보, 소비자정보, 유행정보, 경쟁자의 컬러포지셔닝 분석 등이 필요함
② 디자인 단계	• 전 단계의 색채 문제의 조사 및 분석에 따라 제품의 콘셉트를 고려하여 색채의 콘셉트 및 색채계획서를 작성함 • 이어서 이미지 맵에 의거해서 색채 중 주조색, 보조색, 강조색을 결정함 • 아울러 배색 디자인을 하여 제품별 색채를 적용함
③ 실행단계	• 디자인이 결정된 것을 실제로 적용하는 단계임 • 소재를 결정하고 시제품을 작성하고 본격적으로 적용하는 단계임

이미지 스케일 (Image Scale)

특정한 색을 보고 많은 사람이 보편적으로 느끼는 감정을 일정한 기준으로 만든 공간좌표 안에 위치시키는 것을 말한다. 이것은 색채에서 느끼는 심리를 바탕으로 감성을 구분하는 기준을 만든 것으로 디자인 전반에 걸쳐 이미지와 의미를 부여할 수 있는 시스템이다. 자세히 살펴보면 상반된 의미의 형용사 의미를 척도로 나누어 강도에 따라 분석하고 개념의 의미를 분석함으로써 이미지의 질적 내용을 수치화하여 정량적으로 표현한 것이다. 이것을 이용하여 마케팅에 활용하면 소비자에게 더욱 바람직한 반응을 얻을 수 있을 것이다. 이미지 스케일의 형식은 색의 온도감을 가로축, 색의 경연감을 세로축으로 해서 대척적인 개념들의 위치, 즉 좌표에 따라 어떠한 색깔이 적절한가를 나타낸 표이다. 마케터들은 아래의 개념적인 축을 이용하여 자사의 제품(혹은 브랜드 이미지)에 적절한 색을 활용할 수 있을 것이다.

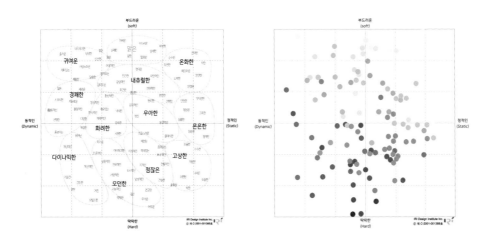

그림 7.3
이미지 스케일

출처: I.R.I Design Institute Inc.

CI & BI 개발

일반적으로 브랜드 네임이 결정되면 네임을 기초로 디자인이 개발된다. 디자인 개발 시, 기존의 브랜드 체계라 할 수 있는 기업브랜드 아이덴티티(Coporate Identity, CI) 규정, 브랜드 아이덴티티(Brand Identity, BI) 규정한다. 이를 기반하여 CI와 BI의 디자인 콘셉트를 설정하게 된다. 물론 네이밍과의 적합성 또한 중요한 부분이다. 이러한 디자인 콘셉트 설정 단계에서는 기능, 이미지 그리고 개발 방법도 중요한 고려 요소가 된다. 이후 본격적인 디자인 개발이 이루어지게 된다. 디자인은 기본시스템(Basic System)이 개발된 후 확정이 되면, 브랜드를 적용하는 방법에 관한 내용인 응용시스템(Application System)이 개발되고, 최종적으로 디자인 규정(Design Manuel)이 완성된다.

그림 7.4

CI & BI의
Basic System
개발 프로세스

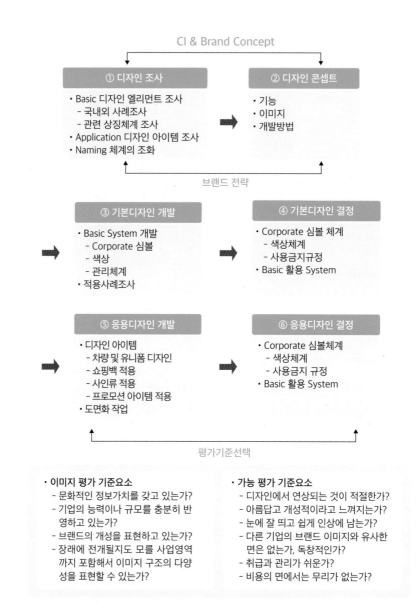

출처: 김경민, 최은정, 곽준식, 박정은(2023), 고객가치기반 브랜드원론, 박영사.

패키지 디자인

패키징(Packaging)은 제품에 대한 용기와 그래픽 디자인의 개발을 포함한다. 패키지는 소비자의 인식이 점차 높아지면서 제품의 홍보와 판매 촉진을 위한 미적 기능이 더욱 확대되고 있다. 패키지는 소비자의 지각된 가치를 높여줄 뿐 아니라 구매를 자극하기 때문에 포장은 매우 중요하다. 패키지는 제품의 중요한 일부가 될 수도 있고 제품을 더 다양하고 더 안전하고 사용하기에 쉽게 만든다. 브랜드명처럼 패키지는 소비자의 제품에 대한 태도 및 구매의사결정에 영향을 준다. 패키지는 소비자들의 구매시점이나 사용하는 동안 제품에 대한 이미지를 형성을 시키는 중요 요소이다.

패키지 디자인의 기능을 자세히 살펴보면, 첫 번째 기능은 상품의 보호와 보존기능기능이다. 외부 충격에 의한 파손방지, 오염으로부터의 보호, 제품의 변질 방지 등 품질을 일정하게 유지하기 위해 보호하고 보존한다. 예를 들면, 우유 혹은 오렌지 주스와 같은 유동체는 내용물을 보관하고 보호하는 패키지가 반드시 필요하다. 두 번째 기능은 편리성이다. 제품을 운반 혹은 보관이 용이하도록 포장은 간단하고 적절한 구조를 갖추어야 한다. 예를 들면, 참치캔의 경우에 여러 크기의 형태로 나누어 판매되는 것을 알 수 있다. 세 번째 기능은 정보제공성이다. 이는 제품의 성격과 사용법을 소비자에게 전달하는 커뮤니케이션의 역할도 포장지가 한다. 예를 들면, 식품 포장지 영양정보와 조리법에 대하여 소비자들에게 전달을 한다. 네 번째의 기능은 차별성의 기능이다. 차별화를 통해 브랜드의 아이덴티티를 각인시키는 역할을 한다.

제품 디자인

제품 디자인의 구성요소는 크게 인간적인 측면, 기술적인 측면 그리고 비용적인 측면으로 나눌 수 있다. 인간적인 측면은 사용하는 사람의 심리적, 생물학적 측면을 고려하며 인체공학적인 측면과 함께 심리적 만족을 충족시키는 측면을 고려해야 한다. 기술적인 측면은 제품의 구조, 형태, 재료, 색채 등의 기술적인 측면과 제품의 사용, 유지, 운반, 보관과 관련된 기능적인 측면을 고려해야 한다. 비용적인 측면은 판매촉진, 수익 등을 고려한 측면이다. 제품 디자인 프로세스는 일반적으로 기획 → 디자인 → 생산 단계를 거친다.

표 7.4
제품 디자인
프로세스

① 기획 단계	• 제품기획, 시장조사 소비자 조사를 하는 단계로 이를 통해 콘셉트를 수립 • 마케팅전략을 기반하여 상세한 제품 디자인 기획
② 디자인 단계	• 아이디어 스케치 • 완성된 예상도를 제작해 보는 랜더링(Rendering) • 실제와 동일한 외형의 모형을 만드는 목업(Mock-Up) • 모델링을 위한 디테일한 설계도를 만드는 설계도 작성
③ 생산 단계	• 본격적인 생산 준비로서 소재를 결정 • 3차원의 실물크기모형의 모델링 작업 • 프로토타입 평가 후 피드백 반영 • 생산

제품 수명주기와 단계별 마케팅 전략

〈그림 7.5〉에서 보듯이, 제품도 사람처럼 수명을 갖는다는 의미이며 도입기, 성장기, 성숙기 그리고 쇠퇴기, 총 네 개의 단계를 갖는다. 각 단계별 마케팅 전략과 특징들을 〈표 7.5〉에 정리하였다.

그림 7.5
제품 수명주기

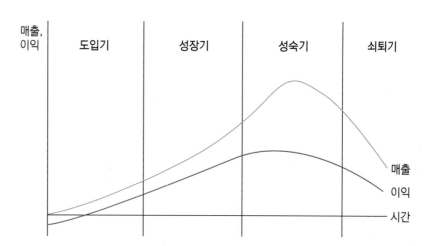

표 7.5
제품 수명주기별
마케팅 전략

특징＼단계	도입기	성장기	성숙기	쇠퇴기
판매량	낮음	고성장	저성장으로 극대점 도달	쇠퇴
원가	높음	평균	낮음	낮음
이익	손해	점점 높아짐	높은이익	감소
고객층	혁신층	조기수용층	중기다수층	후기수용층
고객당 비용	높음	평균	낮음	낮음
경쟁사	소수	증가	다수(감소 시작)	감소
마케팅목표	제품인지도 증가와 사용을 통한 구매 창출	시장점유율 최대화	기존점유율 유지 및 이윤극대화	비용절감 및 수확
제품 및 브랜드전략	기본형태의 제품 브랜드 구축	브랜드강화전략	브랜드 재활성화 전략	
가격전략	이익가산원가 전략	시장침투가격 (저가격)	경쟁사대응가격	저가격
광고전략	조기구매자와 중간상에게 제품인지도 형성	일반 소비자에게 인지도와 관심 구축	브랜드 차별화와 편익차이를 강조	핵심적인 충성고객을 유지할 정도
판매촉진 전략	사용구매를 유도하기 위한 강력한 판매촉진	수요 급성장에 따라 판촉비중 감소	자사 브랜드 전환 유도를 위한 판촉증가	최저수준으로 감소
유통전략	선택적 유통 (좁은 경로 커버리지)	집중적 유통 (경로 커버리지 확대)	더 많은 집중적 유통 (경로 커버리지 최대화)	선택적 유통 (수익성 낮은 경로 철수)

도입기

제품이 처음 시장에 출시할 때부터 시작된다. 이 단계는 낮은 판매와 높은 유통비용과 홍보 비용으로 인해 순이익은 적자이거나 매우 낮다. 또한 유통라인과 재고를 확보하는 데 많은 비용이 요구되기도 한다. 특히, 시장 개척자는 최초에 의도한 제품 포지셔닝과 일치하는 출시전략을 구사해야 한다. 개척자가 처음부터 정확한 전략을 수립한다면, 시장에서 선두 기업이 되고 또 그 위치를 지켜낼 가능성이 매우 높다.

성장기

신제품이 시장에서 인정받으면 성장기로 접어든다. 매출은 성장기에 급격히 신장하기 시작한다. 보통 경쟁업체가 새로운 제품특징을 소개함에 따라 시장이 더 확대된다. 시장에 제품을 알리는 것이 아직까지 중요한 목표이긴 하나 반면에 경쟁과 대면해야 하는 시기이기도 하다. 성장기의 기업은 높은 시장점유율과 높은 현재 수익 사이의 갈림길에 놓이게 된다. 기업은 제품개선과 촉진활동, 유통 등에 투자하여 시장에서 지배적 포지션을 점할 수 있다.

성숙기

제품의 매출이 더 이상 성장하지 않는 시기가 되면 제품이 성숙기에 진입하게 될 것이다. 성숙기는 대체적으로 전 단계보다 오래 유지되는 경향이 있으며, 이 단계의 제품을 어떻게 관리하는가가 중요하다. 또한 시장과 제품, 마케팅 믹스를 수정하는 것을 고려해야 한다. 대부분의 제품이 제품 수명주기의 성숙기에 있다.

쇠퇴기

대부분의 제품 형태와 브랜드의 매출은 시간이 지나면 이 시기에 도달한다. 매출은 급격하게 떨어지고 그 상태에서 몇 년간 지속될 수도 있다. 또한 제품을 유지할 것인지, 수확할 것인지, 포기할 것인지 결정해야 한다. 한편, 제품 수명주기는 다양한 형태를 갖는다. 스타일은 기본적이고 특색있는 방법이고 패션은 특정 분야에서 현재 받아들여지고 있는 스타일이며 일시적 유행(Fad)는 소비자의 열광과 즉각적인 반응에서 오는 제품 또는 브랜드의 인기에 힘입어 비정상적으로 일시적으로 높은 매출을 기록하는 것을 말한다.

또한 제품 수명주기는 다음과 같은 한계를 갖는다. 제품 수명주기는 현재 이전의 시점은 설명해 주지만 다음 시점은 어디인지를 알 수 없다. 얼마나 머무르게 될 것인가에 대해서도 명쾌하게 답을 내려주는 것은 아니다. 모두 S 모양을 갖는 것이 아니다. 그러므로 창업자는 자기의 제품 및 서비스가 전통적인 단계를 거칠 것이라는 전제에서 창업전략을 수립하고 맹목적으로 이행하지는 말아야 할 것이다.

Market Report
식품업계 스타트업과 동행 "미래 먹거리 개발 박차"

식품 업계가 스타트업과의 협력·투자를 활발하게 진행하고 있다. 국내 주요 식품 기업들은 성장 가능성이 높은 기업을 발굴·투자하는 프로그램을 진행하거나 유망 스타트업에 대한 지분 투자, 스타트업과의 협업을 통한 새로운 사업 전개를 적극 추진하고 있다.

참신한 사업 아이디어로 무장한 스타트업과의 협력을 통해 포스트 코로나 시대를 대비한 새로운 사업 기회를 모색하는 한편 스타트업에 대한 재정 지원을 실시함으로써 상생 발전을 도모하겠다는 전략으로 분석된다.

23일 식품업계에 따르면 롯데제과는 캐나다 식용 곤충 제조기업 아스파이어 푸드 그룹과 곤충소재를 활용한 사업 확대를 추진한다. 아스파이어 푸드 그룹은 귀뚜라미를 이용한 단백질 분말 제품 분야에서 세계적인 기업이다. 식용 곤충 산업은 현재 주로 반려 동물 사료로 쓰이고 있지만 '10년 뒤에 인류의 주요 단백질 섭취원은 곤충이 될 것'이라는 얘기가 나올 정도로 미래 먹거리로의 발전 가능성이 무궁무진하다고 롯데제과는 보고 있다. 롯데제과는 향후 아스파이어 푸드 그룹과의 업무 협약을 통한 기술 제휴 및 상품 개발 등 다양한 협업을 통해 전략적 파트너십 강화와 사업모델을 확대해 나간다는 계획이다.

롯데칠성음료는 건강기능식품 전문스타트업 '빅썸'과 손을 잡는다. 롯데칠성음료는 킥더허들이 보유한 빅썸 지분 50.99%와 지스트롱 혁신창업펀드가 보유한 1.95%를 포함해 약 53%의 빅썸 지분을 취득했다. 빅썸은 2016년에 설립한 건강

기능식품 연구개발 및 유통 플랫폼 전문회사다. 연구개발(R&D), 기획, 마케팅, 제조·운영 등 역량을 보유하고 있는 기업이다. 지난 2020년 건강기능식품 소분·판매 규제 특례 대상 사업자로 선정된 바 있다. 롯데칠성음료는 향후 맞춤형 건강기능 소재 확보와 이를 통한 기능성 제품 개발 및 출시를 통해 전 생애주기에 걸친 식품 포트폴리오 구축에 나서면서 소비자 건강 증진에 기여하고 새로운 먹거리 창출에도 적극 나설 계획이다.

하이트진로는 우수한 기술력과 사업모델을 보유한 스타트업과 중소기업의 성장을 지원하기 위해 '스타트업과 함께하는 H 트라이앵글' 공모전을 진행한다. 우수 아이디어 상품·서비스에 선발된 기업에게는 상금과 함께 하이트진로의 대표 캐릭터인 '두꺼비'를 활용한 라이선스 제품화 및 '홈앤쇼핑' 방송 기회 부여, 라이브 커머스 판매 지원 등을 제공한다.

오뚜기는 서울창조경제혁신센터와 함께 '스타트업 오픈 스테이지' 프로그램에 참가할 스타트업을 모집한다. 스타트업 오픈 스테이지는 대기업과 스타트업 간 사업 협력을 통한 네트워크를 구축하기 위해 마련한 오픈이노베이션 프로그램이다. 최종 선정된 기업에게는 오뚜기와의 협업, 최대 3,000만 원의 사업 실증(PoC) 지원금 제공, PoC 기간 오뚜기 사내외 공간 사용 지원, 전략적 투자 검토 등 다양한 혜택이 주어진다. 오뚜기몰과 연계한 제품 판매, 사업화 관련 대외 홍보 등의 후속 지원도 받을 수 있다.

치킨 브랜드를 운영하는 교촌에프앤비는 IT 솔루

션 스타트업 '푸드대시'에 지분 및 공동 개발 투자 방식으로 총 40억 원을 투자하기로 했다. 푸드대시는 음식점 주문 시스템 구축을 통해 고객 데이터를 수집, 분석하는 서비스를 제공한다. 푸드대시 투자를 통해 교촌은 국내 음식료 스타트업을 발굴함과 동시에 가맹점주와의 상생을 위한 독자적 IT 서비스 역량을 확보한다는 방침이다. 특히 차세대 주문앱 서비스 개발에 10억 원을 투자한다.

식품업계 관계자는 "포스트 코로나 시대에 소비자들의 기호가 종전과는 다르게 변할 수 있다"며 "상품의 수명과 유행 주기가 변할 수 있어 아이디어로 무장한 스타트업과의 협업으로 미래 먹거리 개발에 박차를 가하는 모습"이라고 말했다.

출처: 뉴시스, 2022.09.23.

가격 (Price)

창업자의 창업 아이템에 대한 가격전략은 직접적으로는 매출에 영향을 주며, 간접적으로는 이미지 형성에 영향을 미친다. 특히 저가격전략은 창업의 원동력이 되기도 하는데 다이소, 이케아, 제트블루, 인액트브랜인과 같은 기업이 창업시 저가격전략으로 성공한 기업의 예이다. 구체적으로 다이소(Daiso)는 일본을 기반으로 하는 100엔 상점으로 창업하여 40년간 지속적으로 성장해 온 저가 생활용품 기업이다. 다이소는 초기부터 가격 경쟁력을 활용하여 소비자들에게 저렴하고 다양한 제품을 제공했다. 스웨덴의 가구 제조업체인 이케아는 창업 초기부터 저가격을 중심으로 사업을 전개했다. 이케아는 제품 디자인과 생산 과정에서 원가를 절감하고 일부 프로세스를 고객에게 추가비용으로 부가함으로써 제품은 저가격을 유지하면서도 고품질의 제품을 제공하는 신사업을 창조하였다. 이후 이를 바탕으로 이케아는 세계적인 가구기업으로 성장했다. 미국의 저가 항공사인 제트블루(JetBlue)는 항공 요금을 저렴하게 유지하면서도 고객 경험을 개선하려는 노력을 사업초기에 노력을 하였다. 즉, 고객에게 신규 항공기, 편안한 좌석, 무료 와이파이 등의 혜택을 제공하여 고객 만족도를 높이는 전략을 구사하여 성공적인 시장진입을 하였다. 이와 같이 가격전략은 창업에 매우 중요하고 시장안착과 생존을 위한 핵심적인 전략점검사항이다. 가격에 대해 구체적으로 살펴보자.

Case Study
"구하다는 명품 유통 IT 기업… 올해 BEP 도달 목표"
"API 실시간 연동 기술로 머스트잇·트렌비·발란 등 고객사 확보"

"올해 구하다는 손익분기점(BEP) 도달을 목표로 하고 있다. 구하다는 출혈이 많은 소비자직접거래 (B2C) 기업보다, 명품 유통 IT 기술 역량을 가진 기업으로 나아간다는 목표다. 광고 모델도 고려하지 않고, 내부 운영 프로세스도 개선하고 있다."

명품 플랫폼 시장은 코로나19 팬데믹 시절 배우 김혜수·김희애·주지훈 등을 내세워 명품족들의 눈을 사로잡으며 급부상했지만, 출혈 경쟁으로 인한 적자 심화, 엔데믹으로 인한 일상 회복 등 각종 리스크를 직면한 상태다. 이중 후발주자로 명품 플랫폼 시장에 뛰어들었지만, 피봇팅을 통해 차별화한 사업 모델을 구축하고 있는 명품 커머스 기업 구하다는 단순 B2C 기업이 아닌 응용 프로그램 인터페이스(API) 실시간 연동 기술을 제공하는 기술 기업으로서 도약, 올해 BEP를 도달한다는 목표다. 구하다는 최근 이 비전으로 한국투자파트너스, 우리은행, 디티앤인베스트먼트(DTNI), 비엠벤처스 등으로부터 80억 원 규모 시리즈 B 투자를 유치하기도 했다.

Q. 포스코 재무팀에서 6년가량 직장 생활을 하다 돌연 스타트업 CEO로 변신했다. 구하다 창업 계기가 무엇인가?

"외국 유학 생활을 하다 보니 근처에서 명품 브랜드 제품을 가져다 한국에 판매하는 일을 했다. 그때 창업 아이디어를 많이 얻었다. 대학교 선배 이근일 최고기술책임자(CTO)와 함께 미국에서 창업 아이디어를 공유하곤 했다. 이후 나는 포스코에서 재무 업무를 경험하고 이 CTO는 미국 월가에서 전사자원관리(ERP) 시스템 관련 업무를 하며 경력을 쌓은 후 퇴사 후 공동 창업했다. 또 포스코 마케팅 실에서 근무하던 임홍섭 COO도 창

업 멤버인데, 직원 수가 39명이 된 현재도 창업 멤버들은 변함 없이 함께하고 있다."

Q. 구하다 플랫폼에서는 백화점보다 평균 30 ~40% 저렴한 가격에 명품을 구매할 수 있다. 실제 구하다 사이트를 방문해보니 50% 이상 저렴한 상품도 있던데, 어떻게 이렇게 저렴할 수 있는 건가?

"브랜드와 직접적으로 후세일 계약을 해서 제3국에 물건을 판매할 수 있는 유럽 부티크들과 직계약을 하고 있다. 그러다 보니 유통 과정에 있는 에이전시, 1차, 2차 도소매상이 없다. 그런 만큼 합리적인 가격으로 소비자에게 물건을 판매할 수 있는 것이다. 지금 직계약을 맺은 부티크 수는 80개사가 넘는다. API 시스템이 양방으로 연동된 회사는 50개가 넘는 상태다."

Q. 유럽 현지 명품 부티크와 직계약을 맺는 과정에서 어려움은 없었는지?

"무조건 유럽에 나가서 해외 영업을 해야 한다. 해외 세일즈 파트를 담당하는 조경환 최고영업책임자(CSO)와 함께 6개월 이상 외국에서 살며 방문 영업했다. 유럽 부티크들에 우리 기술을 통해 구하다몰뿐 아니라 여러 몰에서 재고 상품들을 판매해줄 수 있다고 설득해 처음 시작했고, 판매가 늘다 보니 유럽 부티크에서 신뢰를 쌓을 수 있었다."

Q. 블록체인 기술로 최종 배송까지 전 유통 이력 정보를 관리해 정품임을 신뢰할 수 있다고 하는데, 가품 신고 사례는 없는지?

"블록체인 특장점이 데이터가 등록되면 변하지 않는다는 점이다. 우리가 부티크와 직계약한 상품이

정품이라는 것은 명확하기 때문에, 인보이스, 해외운송장번호 등 상품 관련 데이터를 블록체인에다 주문 이력과 함께 통합해 업데이트를 한다. 또한 '비링크'라는 품질 이력 관리 시스템이 있어, 데이터를 올려 관리를 하고 있다. 여태까지는 가품으로 판명된 사례는 없었다. 반대로 바꿔치기 가능성도 있을 수 있는데, 우리는 물류센터에 물건이 들어오면 일단 검수 과정을 무조건 거치고, 회원사나 고객에게 물건을 보내는 과정을 전부 다 영상으로 녹화해 저장하고 있다."

Q. 최근 어려운 시장 환경 속에서도 시리즈B 투자를 유치했는데, 투자사들이 많은 명품 플랫폼 중 구하다에 어떠한 차별점이 있다고 느낀 것이라 생각하는지?

"명품 플랫폼은 결국 판매하는 루트가 중요하다. B2C, B2B2C, B2B 등에 따라 매출 전략이 바뀐다. B2C의 경우 플랫폼 이미지 제고가 중요하다 보니 광고비가 많이 필요하다. 이런 경우에는 거래액, 유저 수 등을 기반으로 성장성을 어필한다. 우리도 처음에는 그렇게 진입했다가 머스트잇, 트렌비, 발란 등 타사 기업들이 브랜드 광고비를 많이 투입하는 것을 보고, 그렇게 하기에는 역량이 부족하겠다는 생각을 많이 했다. 기존 B2C 플랫폼을 도와주고, B2B사들에 명품 데이터, 상품을 판매하는 유통 플랫폼이 되면 가치를 인정받을 수 있을 것이라는 생각에 피봇팅을 했고, 이런 부분이 투자사로부터 가치를 인정받았다. 우리는 거래액 기반이 아닌 매출 기준이 중요한 회사로, 우리가 판매하는 제품의 99%가 구하다 상품 매출로 잡히기 때문에 빠르게 BEP를 달성할 수 있는 모델로서 인정받은 것 같다."

Q. GS샵, 롯데온, SSG닷컴, 지마켓, 옥션 등 기업들과 B2B2C 사업을 진행 중인데, 또 다른 협업 계획은?

"머스트잇, 트렌비, 발란에는 이미 데이터를 다 제공하고 있고, 현대H몰, AK몰, 한스타일에도 제공 중이다. 올해 W컨셉트, LF몰 등 올해 10개 정도 더 협업을 확장하고자 한다."

Q. 경쟁사를 어디로 보고 있나?

"사실 국내에 이런 서비스를 똑같이 제공하는 회사는 없다. 예전에는 머스트잇, 트렌비, 발란이라는 말도 했지만, 지금은 우리 고객사라는 입장이고 잘 됐으면 좋겠다는 생각이다. 지금은 사입쪽에 치중하다 보니 '오케이몰' 같은 회사가 됐으면 좋겠다고 보고 있다. 오케이몰은 전체를 부티크에서 사입해서 판매하는 시스템을 가지고 있다."

Q. 최근 스타트업 투자 불황으로 많은 창업가들이 어려움을 겪고 있는데, 초기 창업가들에게 전하고 싶은 말은?

"투자사들이 미래 가치에 대해 별로 가치를 부여하지 않고 있다. 오히려 현재 모델로 1~2년 안에 어느 정도 성장해서 BEP를 달성할 수 있는지를 본다. 미팅할 때, 성장 가능성에 치중하기보다는 외형 성장하면서도 BEP를 달성할 수 있는 사업모델인지를 고민하면 좋지 않을까 싶다."

Q. 올해 구하다의 목표는?

"실제 BEP 달성이 목표다. 여러 내부 운영 프로세스를 개선하고 있다. 연 매출 280억 원 정도를 목표로 하고 있다. API 연동된 실시간 판매 부티크 상품에 대한 수요 50%, 상품 소싱으로 얻어오는 프리오더 상품 매출 50%로 BEP를 이루는 것이 목표다. 또 광고 모델도 지금 아예 고려하지 않고 있다. 광고보다는 운영 효율화 개선, 기술 개선에 집중해 단순 B2C회사보다는 '명품 유통 기술' 기업이라는 이미지 구축에 더 집중할 계획이다."

출처: ZDNET KOREA, 2023.02.21.

⋮ 가격 전략

일반적으로 창업에 있어서 가격 의사결정은 다음과 같은 과정으로 이루어진다. 먼저 가격의 목적과 전략, 그리고 전술을 설정한 후 정확한 가격을 책정해야 한다. 그리고 제품의 수명주기에 따라 가격의 할인과 공제를 통해 적절한 가격조정 전략을 구사함으로써 가격변화를 주도한다. 물론 창업자의 손익분기점을 미리 점검하여 이를 반영하는 가격전략을 구사해야 할 것이다. 가격(Price)은 고객이 제품 또는 서비스를 사용하면서 얻는 혜택의 대가로 지불하는 가치로 정의할 수 있다. 가격은 직접적으로 수익을 낳는 요소일 뿐 아니라 경쟁에 제일 민감하므로 가격(Pricing) 관리는 매우 중요하다. 또한 가격정책은 시장을 확대하거나 품질을 선도하는 역할을 담당하지만, 가격은 내리기는 쉽지만 올리기는 어려운 저항성을 지니고 있어 일반적으로 가격경쟁은 제일 마지막 수단으로 활용해야 한다.

가격결정 시 고려방안

가격결정의 기본 원리는 Value(가치) → Price(가격) → Cost(비용)이다. 창업자가 자신의 제품 가격을 고객들이 지각하는 제품가치보다 높게 책정한다면 고객들은 창업자의 제품을 구매 않을 것이고, 가격이 원가 이하로 책정된다면 창업자 이익을 얻지 못할 것이다. 이외에도 창업자는 전반적 창업 전략, 시장의 성격, 그리고 경쟁사의 전략 등의 다른 내외부 요인을 고려하여 가격을 책정해야 할 것이다.

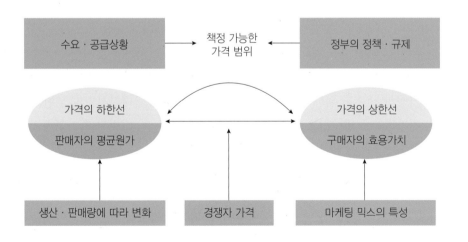

그림 7.6

가격결정 시 고려사항

〈그림 7.6〉은 가격결정 시 고려해야 할 사항을 제시하고 있다. 창업자가 제품의 가격을 정하기 위해서는 구매자(소비자) 측에서 제품 구매를 통해 얻게 되는 효용가치와 공급자가 효용가치를 제공하기 위해 투입하는 원가를 고려해야 한다. 따라서 가격은 소비자가 인식하는 효용가치를 상한선으로 하고 평균원가를 하한선으로 하여 시장의 수급 상황 및 경쟁제품의 가격과 정부의 규제를 고려하여 결정하게 된다.

가격의 목적 및 전략 설정

먼저, 가격의 목적에 따라 가격의 전략 또한 변화해야 하는데, 만약 빠른 시간 내 시장점유율 최대화가 목적이라면 시장침투 가격전략(Penetration Pricing)을, 규모는 작지만 상류층 고객을 타겟으로 잡는게 목적이라면 초기 고가격전략(Skimming Pricing)을, 경쟁사의 벤치마킹이 목적이라면 경쟁사 기반 가격전략을 구사할 수 있다. 이처럼 가격전략은 크게 세 가지로 나누어 볼 수 있다.

시장침투 가격전략

시장침투 가격전략(Penetration Pricing)은 처음부터 저가격을 책정하여 빠른 속도로 시장에 깊게 침투함으로써 많은 수의 구매자를 신속하게 끌어들여 높은 시장점유율을 확보하는 전략이다. 효과적인 시장침투 가격전략을 수행하기 위해서는 다음과 같은 조건들이 충족되어야 한다. 첫째, 시장이 가격에 매우 민감해 저가격이 더 많은 시장성장을 발생시켜야 한다. 둘째, 판매량이 증가함에 따라 생산원가와 유통비용이 하락해야 한다. 셋째, 저가격책정이 경쟁자의 진입을 억제하는 데 도움을 주어야 하며, 시장 침투 가격전략을 선택한 기업은 저가격 포지션을 계속 유지해야 한다. 그렇지 못한다면, 저가격으로 인한 우위는 일시적 현상에 불과할 수 있다. 기업의 생존을 위한 전략인 동시에 시장점유율을 극대화시키기 위한 전략이다. 저가전략은 일반적으로 수요탄력성이 높은 경우, 즉 소비자가 가격에 민감한 경우 또는 진입장벽이 낮은 경우에 적용한다.

초기 고가격전략

초기 고가격전략(Skimming Pricing)은 가격에 덜 민감하거나 특정 기업의 제품을 기꺼이 구매하려는 고객들로 구성된 세분시장을 표적으로 고가격을 책정함으로써 초기에 최고의 수익을 올리려는 전략이다. 이는 보통 신제품 출시 때 활용하며 다음과 같은 조건에서 설득력 있는 초기 고가격전략을 펼칠 수 있다. 첫째, 품질과 이미지가 상대적 고가격을 지원해야 하고, 많은 구매자가 그 가격대에서 그 가격대에서 제품 구매를 원해야 한다. 둘째, 소량 생산에 드는 비용이 고가격 책정의 이점을 상쇄할 정도로 높지 않아야 한다. 셋째, 경쟁사가 시장에 쉽게 진입하여 자사보다 저렴한 가격을 책정할 수 없어야 한다. 일반적으로 높은 가격은 높은 품질을 대변하므로 고가전략은 품질을 선도하는 역할을 하나, 최근에는 낮은 가격에도 좋은 품질을 제공하는 기업들이 나타나 더 이상 소비자들에게 이러한 가격과 품질의 연상효과가 나타나지 않는 경우가 종종 있다.

경쟁사 기반 가격전략

이는 경쟁자와 유사한 수준에서 가격을 책정하는 것이다. 그러나 결론적으로 가격은 낮고 높은 게 중요한 것이 아니다. 가격의 결정요인은 고객이 기꺼이 지불하고자 하는 가격(Willingness To Pay, WTP)에 근거하는 것이다. 예를 들면, 농심의 블랙라면의 경우, 신제품 출시 당시 고객들은 흰 국물 속 깔끔한 라면이라는 호기심에 구매를 시도하나, 점차 2배 이상의 가격 지불에 대해 의구심 갖게 되어 고객들의 지갑을 여는 데 실패하고 말았다.

Case Study
아마존 1위 · 110만 개 팔린 '립버터'… 한국 여성이 만들었다

한국 여성이 만든 립버터가 세계 1위 전자상거래 기업 아마존에서만 20만 개, 지금까지 전 세계 누적 기준 110만 개 팔렸다. 비건(Vegan) 화장품 브랜드 '멜릭서(Melixir)'의 립버터로, 2021년 5월부터 2022년 10월까지 1년 넘게 아마존 립버터 부문 1위를 차지했다. 비건은 고기, 우유, 달걀 등 동물성 식품을 전혀 먹지 않는 완전 채식주의자를 의미한다. 멜릭서는 채식주의 개념을 화장품에 확장한 브랜드이다. 회사 이름도 멜릭서이다. 핵심 제품은 립버터이다.

멜릭서 립버터는 단기간에 엄청난 판매량을 기록하면서 한국 아마존 글로벌 셀링이 지난해 초 개최한 '2022 아마존 셀러 컨퍼런스'에서 2021 아마존 톱 코리안 브랜드로 선정돼 슈퍼스타 셀러상을 수상했다. "2018년 설립된 멜릭서가 미국 내 브랜드 인지도가 없는 상태에서 소비자 마음을 사로잡을 수 있는 방법은 가격 대비 품질을 최대한 높이는 것이었어요. 고객들의 상품평을 하나하나 분석한 후 고객이 원하는 것 등을 제품에 반영하면서 품질을 지속적으로 높였습니다. 립버터는 첫 출시 후 지금까지 20번 넘게 개선된 것 같아요." 이하나 멜릭서 대표(34)는 멜릭서가 아마존에서 립버터 강자가 된 비결을 "소비자 목소리에 귀 기울이고 소비자 의견을 최대한 반영한 결과"라고 꼽았다.

이 대표는 "멜릭서는 미국 동물보호단체(PETA)를 통해 비건 화장품 인증을 받았다"며 "모든 제품에는 동물성 원료가 사용되지 않는 데다 화장품 제조과정에서 동물실험도 하지 않는다"고 강조했다. 그러면서 "멜릭서는 미국 비영리 환경단체 EWG

로부터 안전한 등급을 받은 원료만 사용한다"고 덧붙였다. 립밤 대신 립버터라고 부르는 이유도 사람이 먹어도 몸에 해롭지 않다는 것을 강조하기 위한 취지라는 게 이 대표의 설명이다. 멜릭서 립버터에는 대부분의 립밤에 들어가는 석유 추출 성분인 바세린을 넣지 않은 대신 피부 보습에 도움을 주는 아가베추출물, 시어버터, 6가지 식물성 오일 등이 첨가됐다.

립버터가 아마존에서 인기가 많지만, 이 대표는 무리한 경영 확장 대신 선택과 집중 전략을 선택했다고 말했다. 이 대표는 "포화상태가 심해 경쟁이 매우 치열한 시장 즉 '레드오션'인 우리나라 화장품 업계에 자본력이 약한 기업이 후발주자로 진출해 성공하려면 잘하는 분야에 집중해야 한다고 판단했다"며 "최근에 제품군을 줄였고, 해외 시장 개척에 더 적극 나선 이유"라고 강조했다. 멜릭서는 이르면 다음 달 싱가포르, 말레이시아, 태국, 필리핀 등 아시아 12개국에 진출한다. 멜릭서 제품은 현재 미국, 일본, 독일 등에 수출되고 있다. 다양한 온 · 오프라인 판매 유통망 확장을 추구하는 보통의 화장품 회사와 달리 멜릭서는 자사 쇼핑몰, 아마존, 루이비통모에헤네시(LVMH) 계열의 화장품 편집숍 '세포라' 중심으로 제품을 판매하고 있다.

이 대표는 "2017년 모든 화장품 사용을 중단하고 두 달 정도 얼굴에 아무 것도 안 발랐더니 피부가 다시 좋아지기 시작했다"며 "이때부터 식물성 화장품, 건강에 좋은 화장품에 관심을 갖게 됐고, 2018년 자본금 100만 원으로 뷰티긱스(현 멜릭서)를 창업했다"고 말했다. 창업 과정에서 겪었던 가장 큰 장애물은 운영 자금 마련이었다. 이 대표는 "화장품 제조과정에 필요한 제조비 등 운영자금 조달이 가장 큰 난관이었다"고 말했다. 그는 이어 "경영을 하면서 겪었던 가장 큰 어려움은 멜릭서가 추구하는 가치를 고객에게 진정성 있게 전달하고 유지하는 것"이라며 "고객에게 진정성 있게 다가가려고 항상 고민한다"고 첨언했다.

과거로 돌아갈 수 있다면 그때도 창업할 것이냐는 질문에 이 대표는 주저하지 않고 창업할 것이라고 말했다. 이 대표는 "창업하지 않으면 나중에 40대가 됐을 때 후회할 것 같아서 20대 때 과감하게 사표를 던지고 창업의 길로 들어섰다"며 "창업하려면 가진 게 없을 때, 하루라도 빨리 시작하는 게 낫다고 생각했고, 창업 후 지금까지 많은 것을 배웠기에 후회하지 않는다"고 전했다. 이 대표가 꿈꾸는 멜릭서는 어떤 모습일까.

"화장품 기업을 넘어 사람과 자연이 공존하는 문화를 만들어가는 데 기여하고 싶습니다. 코로나19 사태로 사람들이 환경에 더 주목하게 됐고, 자연과 공존해야 한다는 인식이 강해졌어요. 자연과 공존하려면 풀어야 할 문제가 많습니다. 멜릭서가 이런 문제들을 해결할 수 있도록 노력할 거예요."

〈사진 제공: 멜릭서〉

출처: 한국경제신문, 2023.02.04.

가격결정

가격결정의 유형

제품라인 가격결정(Product-Line Pricing)이란 가격결정 제품라인을 구성하는 품목 간에 서로 다른 가격대를 책정하는 것을 말한다. 보통 기업은 단일 제품만을 개발하기 보다는 제품라인을 개발한다. 따라서 제품 라인가격을 결정할 때 라인 내 제품들 간의 원가 차이, 고객평가, 그리고 경쟁사 가격 등을 고려하여 몇 개의 가격대(Price Steps)를 구분해야 한다. 제품라인 가격결정에서 중요시해야 할 점은 가격 차이에 맞추어 지각된 품질에서 차이가 생기도록 하는 것이다.

종속 제품 가격결정(Captive-Product Pricing)이란 가격결정 주제품과 반드시 함께 사용되어야 할 제품의 가격을 책정하는 것을 말한다. 종속 제품의 예로는 면도기의 면도날, 프린터의 프린터 잉크 등이 있다. 기업들은 종종 주제품의 가격을 낮게 책정하고 종속 제품은 높은 마진을 보장하는 가격을 책정하곤 한다. 예를 들면, 서비스 영역 내 놀이공원은 입장료는 낮게 책정하지만 식음료와 기타 공원시설 이용 수수료에서 추가 수입을 창출한다.

사양 제품 가격결정(Optional-Product Pricing)이란 가격결정 주제품과 함께 판매되는 사양 제품 혹은 부속제품의 가격을 책정하는 것을 말한다. 사양 제품은 보통 악세서리 용품으로 자동차의 옵션들, 스마트폰 케이스 등을 예로 들 수 있다. 최근 사양 제품 가격결정에서 고객들의 불만이 이슈가 되었는데, 자동차회사가 사양 제품 가격을 포함하지 않은 기본가격대를 제시하여 고객을 끌어들인 후 사양 제품들을 포함한 고가격대를 제시하여 안전성과 편의성을 추구하는 고객들은 고가격을 지불할 수 밖에 없다고 불평하였다. 따라서 창업가는 어떤 품목은 기본가격에 포함시키고, 어떤 품목은 사양제품으로 제공할지를 신중히 결정해야 한다.

묶음 제품 가격결정(Product Bundle Pricing)이란 가격결정 제품을 묶어 함께 판매할 경우의 가격 책정을 말한다. 묶음 제품의 예는 패스트푸드점의 햄버거, 프렌치프라이, 그리고 음료를 묶어 세트 상품, 리조트의 항공료, 숙박료, 식사비 등을 묶어 특별 할인된 가격의 패키지 상품을 들 수 있다. 묶음 제품 가격결정은 묶음 제품의 구매를 유도할 만큼 충분히 저렴해야 한다.

가격책정과 특성

일반적으로 고객들은 같은 제품에 대하여 낮은 가격을 선호하기 때문에 대부분의 기업들은 원가지향적 가격결정 방식을 고집하는데, 이는 좋지 못한 방법이다. 그 이유는 앞에서도 말했듯이, 낮은 가격이라도 고객이 추구하는 가치를 충족시켜주지 못한다면 고객은 더 이상 우리 제품을 사용하지 않을 것이고, 고객이 우리 제품에 대해 지각하는 가치보다 더 높은 가격을 책정할 경우에도 고객들은 우리 제품을 구입하지 않을 것이기 때문이다. 가격결정 방법에는 크게 원가 가산법과 가치기반 가격결장방법이 있다. 가격결정 방법의 최선 유일의 방법은 없다. 다만 마케팅 관점에서 고객 관점(Customer-Based) 가격화는 무엇보다도 중요한 접근이다.

원가 기반 가격결정 (Cost-Based Pricing)

원가기반 가격결정(Cost-Based Pricing)이란 제품원가(생산/유통/판매 비용)에 적정 수준의 마진을 더한 것으로 가격을 책정하는 것이다. 가장 대표적인 원가기반 가격결정방식에는 표준마진율가산 가격결정법(Markup Pricing)이 있다.

단위원가$\left(= 변동비 + \dfrac{고정비}{판매량}\right)$를 산출한 후 기대마진율을 고려하여 제품가격 $\left(= \dfrac{단위원가}{1-기대매출수익률}\right)$을 도출해 낸다. 예를 들어 보자. 창업 아이템의 변동비가 단위당 5만 원이고 고정비가 3억 원이며 예상판매량이 5만 개라면 이 제품의 단위원가는 다음과 같다. 만약 이 제품을 판매하여 30%의 이익을 얻고자 한다면 해당 제품의 가격은 다음과 같이 산출된다.

$$단위원가 = 변동비 + 단위당\ 고정비$$
$$= 50,000 + \frac{300,000,000}{50,000} = 56,000(원)$$
$$가격 = \frac{단위원가}{(1-기대매출수익률)} = \frac{56,000}{(1-0.3)} = 80,000(원)$$

가치 기반 가격결정 (Value-Based Pricing)

가치 기반 가격결정(Value-Based Pricing)이란 고객이 기대하는 제품의 가치에 맞춰 제품가격을 결정하는 방법이다. 가치 기반 가격결정 방법은 표적소비자들이 자사 제품에 대해 어느 정도 가치를 부여하는지에 대한 조사를 통해 이에 상응하는 제품 가격을 목표가격으로 설정한 다음 그러한 가치를 실현할 수 있도록 제품 디자인 및 생산원가를 계획함으로써 이뤄진다. 즉, 우리는 소비자들이 우리 제품에 대한 가치를 높게 평가할수록 제품 원가에 상관없이 고가격을 책정할 수 있다. 그러나 사실상 우리는 소비자가 우리 제품에 대해 지각하는 가치를 파악하기가 쉽지는 않으나, 소비자조사를 통해 소비자가 기본제품에 대해 얼마의 가격을 지불할 의향이 있는지, 각각의 편익이 추가됨에 따라 얼마를 더 지불할 것인지를 알아볼 수 있다.

원가 기반 가격결정에 비교한 가치기반 가격결정의 가장 큰 차이점은 제품지향적이 아닌 고객지향적이란 점이다. 즉, 원가기반 가격결정의 프로세스는 제품 → 원가 → 가격 → 가치 → 고객 방향으로 이루어지는 반면, 가치 기반 가격결정의 프로세스는 반대로 고객 → 가치 → 가격 → 원가 → 제품 방향으로 이루어진다. 가치 기반 가격결정 방식에는 크게 두 가지 유형, 우수한 가치에 상응한 가격결정 방식과 부가가치 가격결정 방식이 있다. 먼저, 우수한 가치에 상응한 가격결정 방식(Good-Value Pricing)은 품질과 좋은 서비스를 잘 결합하여 적정가격에 제공하는 것을 뜻한다. 이 결정방식은 시장기반이 확립된 유명 브랜드제품이 상대적으로 저렴한 제품을 시장에 새로 도입할 때 사용된다. 예를 들면, 아르마니(Armani)가 상대적으로 저렴하고 캐주얼성이 강한 패션 제품라인인 아르마니 익스체인지(Armani Exchange)를 출시한 경우가 이에 해당한다. 또한 가치상응 가격결정 방식은 기존 가격에서 더 나은 품질을 제공하거나 더 저렴한 가격으로 같은 품질을 제공하도록 기존 브랜드를 재설계할 때 사용된다. 부가가치 가격결정 방식(Value-added Pricing)이란 부가적인 특성과 제품의 가치를 차별화함으로써 더 비싼 가격을 정당화 하는 것이다. 이는 최근 경쟁사들과의 치열한 경쟁 속에서 경쟁사에게 찾을 수 없는 제품 및 서비스를 제공함으로써 이루어진다.

⠿ 가격 관리전략

가격을 통한 수익개선

사업을 처음 시작하여 제품가격을 책정하였지만 다양한 이유로 가격에 대한 조정이 필요하다. 그중에서 가격을 통한 수익개선이 필요할 때가 있다. 가격, 변동비, 고정비 및 판매량의 변화에 따른 이익개선의 효과를 바랄 때가 있다는 것이다. 창업자가 이익을 증가시키기 위해서 사용할 수 있는 여러 변수 중에서 가격 변화를 통한 이익의 개선효과는 어떤 다른 것보다 크다. 〈그림 7.7〉은 가격, 판매량, 변동비용 등을 조절함으로써 개선시킬 수 있는 기업의 이익 증가율을 보여주고 있다. 예를 들면, 판매량이 변화 없다고 가정할 때, 제품 및 서비스가격을 1% 인상한 경우, 11.1%의 영업이익이 증가한다. 판매량이 1% 증가한 경우에는 영업이익이 3.3% 증가, 고정임금과 임대료등과 같은 고정비를 1% 줄이면 영업이익은 2.3% 증가된다. 또한 재료비와 노무비 같은 변동비를 1% 줄이면 7.8%의 영업이익이 증가한다.

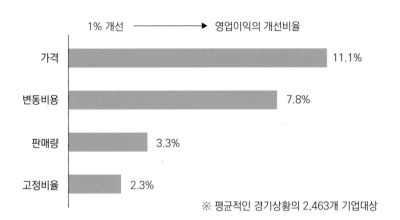

※ 평균적인 경기상황의 2,463개 기업대상

그림 7.7
가격 변화를
통한 이익의
개선 효과

출처: Mam & Rosiello(1992), "Managing Price, Gaining Profit," Harvard Business Review.

손익분기점 계산

가격을 설정할 때 기초로 필요한 자료가 창업자의 손익분기점(Break-Even Point, BEP)을 언제, 어떻게 맞추는지는 비즈니스모델 중 매우 중요한 요소이다. 일반적으로 손익분기점은 자본, 시간, 원자재 등 수많은 투자 활동에 적용할 수 있는 매우 유용한 경영 분석 도구이자 투자 분석 도구이다. 손익분기점 계산을 통한 손익분기점 분석은 자본을 얼마나 지출해서 투자해야 하는지와 어느 정도의 수익을 기대해야 하는지 그리고 가격전략은 어떻게 해야 적정한가를 창업의 전체적인 그림에서 이를 알려준다. 그러므로 창업자는 자신의 아이템 가격과 손익분기점에 대한 면밀한 관련성을 살펴봐야 할 것이다. 손익분기점은 공식은 〈그림 7.8〉과 같다.

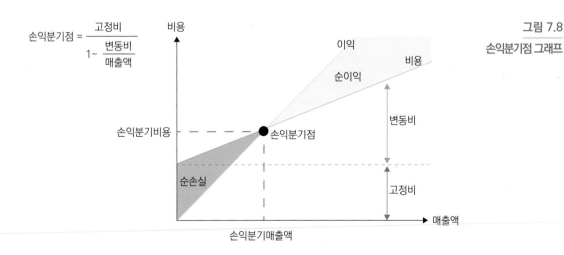

그림 7.8
손익분기점 그래프

손익분기점 계산의 의미를 생각하면 창업 시점에서 필요한 경영 방법과 미래의 대응 방안이 무엇인지 쉽게 알려준다는 점에서 매우 유용하다. 손익분기점이란 일정 기간 동안의 지출과 수익이 일치하는 지점으로써 손해와 이익이 전환되는 지점을 말한다. 손익분기점의 손익이란 손해와 이익을 의미하며, 분기점은 전환이 일어나는 지점을 의미한다. 손익분기점은 손해와 이익이 전환되는 지점으로써 손익분기점 이전은 비용(지출)이 과다해짐으로써 손해가 발생하고, 손익분기점 이후에는 비용 대비 이익이 커지게 됨에 따라 이익이 증가하게 된다. 이러한 손실과 이익에 대한 종합적인 고려가 있을 때 가격 책정, 가격 전략뿐 아니라 판매촉진 전략까지 다양하게 구사하여 성공적으로 기업을 시장에 안착시킬 수 있을 것이다. 창업자가 제품의 가격을 결정할때는 BEP와 관계를 무시하고 가격전략을 수립할 수 없다. 왜냐하면 기존에 잘 수립된 기업의 경우 제품마다 서비스마다 손익분기점을 달라서 투자의 개념으로 손익분기점이 늦어도 되지만 창업의 경우 시장에 안착하기 위해서는 최소한도의 안착 시기를 예상해야 한다. 일반적인 제품의 가격전략과는 달리 손익분기점과 결합하여 제품의 가격을 결정하는 경우가 많다. 손익분기와 관련해서 자세히 살펴보고 가격전략과 연계시키는 것이 성공적인 창업으로 이끌 수 있는 중요 요인인 것이다.

손익분기점 계산 공식은 창업자가 비용이 이만큼 들어간다면 매출은 얼마나 발생하고 그렇다면 단위당 제품가격은 어떻게 해야 하는가에 대한 현실적인 대답을 제시한다. 손익분기점에서 비용은 고정비(고정적인 비용), 변동비(변화 가능성이 있는 비용)으로 구성된다. 일반적으로 비용이라면 고정적으로 발생하는 비용인 고정비와 제품을 생산하는 양에 따라 변하는 비용인 변동비로 구성된다. 예를 들면, 임대료, 전기요금, 가스요금, 수도요금, 인건비 등은 고정비에 속하고, 제품 생산에 들어가는 비용에 속하는 원료비나 원자재비, 운송료 등은 변동비 성격이 강하다. 고정비라는 것은 매출액이 발생하던 발생하지 않던 지출되는 항목인 반면, 변동비는 상품 제조 시점부터 발생하며 매출이 증가할 때 이에 비례해서 같이 증가한다. 따라서 손익분기점 그래프에서 비용선은 고정비용을 포함한 채 그 위에서 시작된다. 손익분기점 그래프에서 이익선은 매출이 발생하면 이에 비례해서 증가한다. 손익분기점을 기점으로 해서 그 이전은 순손실 영역이며, 그 이후부터 발생되는 매출은 순이익 영역이다.

손익분기점 분석에서 변동비란 "제품 생산에 필요한 비용", 매출액은 "제품 판매로 얻는 수입"이다. 변동비를 매출액을 나눈다는 것은 제품 판매로 생긴 총 수입

중 제품 생산에 들어간 자금의 비중은 얼마나 되지 알 수 있다는 것이다. 일반적으로 상품 1개를 팔게 되면, 50%의 상품 자체에 대한 매출이익이 생긴다. 손익분기점 계산에서 고정비를 매출이익률로 나눈다는 것은 고정비를 상쇄하기 위해서는 매출이 얼마나 발생해야 하는지를 알 수 있다. 즉, 제품 1개를 판매하면 0.5의 매출이익률이 발생하고, 임대료와 각종공과금 등의 고정비가 50만 원이라면, 손익분기점은 100만 원이다. 손익분기점 분석을 통해서 알아보면, 최소한 100만 원의 매출이 일어나야 한다. 그렇다면, 순익분기점을 넘기 위해서 필요한 제품의 매출 개수는 얼마일까? 제품 1개가 2만 원이라면 100만 원의 매출이 생기기 위해서는 총 50개의 매출이 필요하다.

산업재 창업 시 가격전략

표 7.6
산업재 가격 전략의 기본 가이드라인

고객과의 관계 (Company relationship with customer) – Leverage	경쟁사에 가격 전략 노출성 (Visibility of price to competition) – Knowledge	고객의 가격 민감성 (Customer's price sensitivity)	
		저	고
강함(Strong)	높음	이윤획득과 높은 가격 (To gain profit and communicate high price)	시장 점유율 유지와 경쟁가격 (To maintain share and communicate willingness to fight)
	낮음	이윤획득(To gain profit)	
약함(Weak)	높음	높은 가격(To communicate high price)	
	낮음	사장 점유율 확보 가격(To gain share)	

출처: Garda, R. A.(1983), "Industrial Pricing: Strategy vs. Tact ices," Management Review, November.

한편, 〈표 7.6〉은 산업재 가격전략의 기본적인 가이드를 보여주고 있다. 소비자를 대상으로 한 가격과 산업재 고객의 가격은 다소 상이하다. 산업재 시장에서 가격전략은 기본적으로 고객과의 관계가 강하다면 기본적으로 높은 가격전략, 경쟁사에 가격전략의 노출성이 높다면 기본적으로 낮은 가격전략, 고객의 가격 민감성이 높은 경우에는 기본적으로 경쟁사 대응 가격 전략을 실행한다. 한편, 고객과의 관계가 강하고 경쟁사에 가격 전략 노출성이 높고 고객의 가격 민감성이 낮은 경우에는 높은 가격을 전달하며 수익을 확보하는 전략을 실행한다.

가격관리전략

창업을 하고 가격을 처음으로 책정한 후에도 다양한 가격 관리전략이 필요하다. 앞서 손익분기점을 통한 관리에서 이해했지만 다양하게 조정하여 가격을 실무적으로 집행하고 시행하는 관리가 필요하다.

가격조정 전략

가격조정 전략은 고객 또는 상황의 변화에 따라 책정된 기본가격을 조정할 때 활용한다.

① 할인(Discounts) 및 공제(Allowances) 가격결정: 일찍 대금을 지불하거나 대량구매를 하는 등의 반응을 보인 고객을 보상하기 위해 가격을 할인해 주는 것을 말한다. 할인의 형태에는 현금할인, 수량할인, 기능적/중간상 할인, 그리고 계절 할인 등이 있다.

② 현금할인(Cash Discount): 구입금액을 빨리 지불하는 구매자에게 일정비율을 할인해 주는 것을, 수량할인은 많이 구매할 경우 할인해 주는 것을 뜻한다.

③ 기능적/중간상 할인(Functional/Trade Discount): 거래업체가 판매, 저장, 거래기록 등의 기능을 수행한 대가로 구입제품의 대금을 할인해 주는 것을 말한다.

④ 계절 할인(Seasonal Discount): 비수기에 상품을 구매한 사람에게 가격을 할인해 주는 것이다. 계절 할인은 고객들에게 적시를 대비해 미리 구매를 유도하는 전략으로 판매자에게 연중 안정된 생산량을 유지할 수 있게 한다.

⑤ 중고품 공제(Trade-In Allowances): 중고품을 돌려주고 신제품을 구매한 고객에게 가격을 할인해 주는 것으로 중고품 공제는 자동차 산업에서 흔히 볼 수 있는 가격할인 형태이다.

⑥ 촉진 공제(Promotional Allowances): 광고와 판매활성화 프로그램에 참여한 거래처를 보상해 주기 위해 가격을 할인해 주는 것을 뜻한다.

⑦ 세분시장별 가격결정(Segmented Pricing): 고객별 또는 구매자 위치에 따라 서로 다른 가격을 책정하는 것을 말한다. 동일제품을 고객에 따라 가격을 다르게 책정하는 방법의 대표적 예로는 학생할인, 조조할인 등이 있다. 구매자 위치에 따라 서로 다른 가격이 제시될 수 있는데, 이는 중간상들에 따라 최종 고객, 즉 소비자들에게 다른 가격이 책정될 수 있다.

⑧ 심리적 가격결정(Psychological Pricing): 기업이 제품의 경제적 가치보다는 가격이 갖는 심리적 효과를 고려하는 방법이다. 대표적인 심리적 가격결정 방식으로는 가격-품질 연상효과를 들 수 있다. 예를 들어, 고객은 비싼 제품이 싼 제품에 비해 더 품질이 좋은 것으로 지각하는 경향이 있다. 이와 같이 과거 구매경험에 근거하여 제품의 품질을 판단할 수 없는 경우, 즉 제품을 평가할 충분한 정보가 없거나 전문지식이 부족한 고객은 보통 품질을 판단할 때 가격을 중요한 단서로 삼는다.

⑨ **준거가격(Reference Price)**: 또 다른 심리적 가결결정에 활용되는 개념으로서 고객 마음 속에 자리잡고 있는 가격을 뜻한다. 준거가격은 현재 판매마격을 살펴보거나, 과거의 판매가격을 회상하거나, 구매상황을 평가함으로써 이루어질 수 있어서 기업은 고객이 지니고 있는 준거가격을 잘 활용해야 한다.

⑩ **단수가격(Odd Price)**: 천단위, 만단위의 정확한 가격보다 약간 모자랄 경우 고객들이 더 싸다고 인지하는 심리적 요소를 활용한 전략으로 최근 많은 유통업체들이 적용하고 있다.

창업 후 가격 변화 전략

과잉생산이나 치열한 가격경쟁으로 수요감소 위험에 닥친 창업자는 매출과 점유율을 회복시키기 위해 가격인하를 추구할 수 있다. 창업자는 가격 인하를 통해 시장점유율을 높임으로써 대량생산을 해서 추가 원가 감소가 이루어질 것을 기대하고 가격 인하를 주도할 수 있다. 그러나 가격인하는 오히려 가격전쟁을 촉발시킬 수도 있으므로 주의해야 한다. 가격 변화에는 위의 가격인하 외에 가격인상 전략이 있다. 가격인상의 요인에는 원가상승과 초과수요가 있다. 가격인상으로 인한 매출감소가 발생하지 않는다는 전제 아래에서 기업은 이익증가의 효과를 볼 수 있겠으나, 가격인상은 자칫하면 고객들에게 과장된 가격을 부과한다고 지각될 수 있으므로 주의해야 한다. 따라서 가능하면 기업은 가격인상이 아니라 생산 및 유통비용을 절감하던가 가격을 인상하는 대신 제품의 크기를 줄이거나 더 저렴한 원료로 대체할 수 있을 것이다. 혹은 기업은 묶음 상품을 축소할 수도 있는데, 제품 특성, 패키징, 서비스 등을 제고하여 별도의 가격을 책정하는 방법이 있다. 예를 들어, IBM은 교육과 컨설팅 서비스를 분리시켜 별도의 가격을 책정하고 있다.

Startup Workshop

1. 자신의 창업 아이템을 갖고 브랜드 네이밍을 작성해 보자. 상표와 상호를 결정하고 상표등록을 위해 네이밍 작성 후 KIPRIS에 검색하여 자신의 네이밍의 등록가능성을 파악해 보자.

2. 자신의 아이템이 제품 수명주기상 어디에 위치해 있는가를 추론하고 이 시장에서 성공하기 위한 교과서에 제시된 마케팅전략을 바탕으로 창업마케팅 전략을 본문에서 제시된 〈표 7.5〉를 활용하여 수립해 보자.

3. 다음 내용이 자신의 창업 사례라 생각하고 손익분기점을 추정해 보자.

> 과일유통 도매점을 창업한 당신은 최근 몇 개월 동안 계속 손실을 보고 있어 사업을 포기해야 할지 심각하게 고민하고 있었다. 이번 달을 정산해 보니 과일 600박스를 팔았고 여전히 적자가 진행 중이다. 회계장부를 면밀히 분석하여 영업전략을 다시 수정하기로 하였다. 다음의 자료를 이용하여 손익분기점을 추정하라.
>
> - 1상자당 가격 및 비용: 판매가격 100,000원, 농장과일매입가 50,000원, 패키지비용 2,000원
> - 한 달 간접비: 건물임차료 1,500,000원, 인건비 1,800,000원, 수도 및 전기비 200,000원, 기타 잡비 300,000원

4. 창업 아이템을 선정하고 관련한 아이템의 유통 형태별, 지역별로 경쟁자의 제품 가격을 정리해 보고, 경쟁자의 가격정책에 대응하기 위한 우리 아이템의 가격정책 방안에 대해 토론해 보자.

PART2

로켓 본체: 가치 창조와 전달

CHAPTER 08 External 4P Mix

External 4P Mix

스타트업에 찾아온 '투자 겨울', "가혹한 미래 대비" 경고…옥석 가릴 기회

실리콘밸리 투자사인 베세머 벤처 파트너스(Bessemer Venture Partners)는 최근 "유니콘의 시대가 저물었다"고 선언했다. 대신 이 회사는 '켄타우로스형' 스타트업 발굴에 주력하겠다는 계획을 밝혔다. 켄타우로스는 그리스 신화에 등장하는 반인반마 종족이다. 상반신은 인간, 하반신은 말이다. 베세머 벤처 파트너스는 현실적인 수익을 사람에, 성장성을 말에 빗댔다. 요즘처럼 위축된 경기 상황에서는 자생할 수 있는 현금 흐름이 무엇보다 중요하기 때문에 성장성과 성과를 모두 만족시키는 기업의 투자가치가 더 높게 평가되고 있다는 뜻에서다. 올 초부터 인플레이션 및 기준금리 인상 등 경기 침체로 인한 불확실성 여파로 국내외 벤처 투자 시장이 얼어붙고 있다. 스타트업들에 대한 기업가치(밸류에이션)도 조정되는 모양새다. 특히 기존에 밸류에이션의 초점이 미래 성장성과 가능성에 맞춰져 있었다면 안정적이고 꾸준한 수익을 낼 수 있는지가 벤처캐피털(VC)들의 가장 큰 관심사가 된 것이다. 실제로 VC 업계에서는 켄타우로스를 지향하며 실질적인 사업모델로 수익 창출 능력을 갖춘 스타트업들에 자금이 몰리고 있다는 전언이다. 스타트업에 대한 투자는 각국의 금리 인상 기조, 인플레이션 공포, 경기 침체 우려, 기술주 폭락 등이 맞물리면서 전 세계적으로 대폭 줄어들고 있다.

■ 벤처 업계 몰아치는 'D의 공포'

추가 투자가 시급한 스타트업들을 중심으로 거품이 낀 기업가치에도 급격한 조정이 시작됐다. IT 업계 관계자는 "이익은 내지 못하고 있지만 기업 사이즈가 커진 스타트업의 경우에는 추가 투자를 받아야 조직 운영이 가능한 상황"이라면서 "기업가치에 대한 인식이 최근 절반 정도 수준까지 떨어진 상황에서 이를 감수하고 투자를 받으려고 해도 기존 주주들이 받아들이지 못하는 문제도 있다"고 전했다. 상황이 이러자 국내 투자 업계에서는 스타트업을 대상으로 전문 대출을 지원하는 사업부까지 신설됐다. 새롭게 탄생하는 유니콘 수 역시 눈에 띄게 줄었다. 크런치베이스에 따르면 올해 1~4월 유니콘 대열에 합류한 전 세계 기업 수는 167개로 전년 동기(184개) 대비 10% 감소했다. 정보기술(IT) 업계 일각에서는 '제2의 닷컴버블'을 우려하는 목소리도 나온다. 닷컴버블 시절 새롭게 등장한 인터넷이 폭발적인 관심을 끌었던 것처럼 최근에는 블록체인, 메타버스 관련 스타트업들이 큰 주목을 받고 관련 투자가 급증했었다. 거품은 가장 많이 오른 곳에서 가장 급격하게 빠지고 있는 상황이다. 블록체인 분야 국내 스타트업 투자(월간 기준)는 지난 1월 1,600억 원에서 5월 50억 원까지 줄었다.

■ 스타트업발 정리해고 국내로 옮겨 붙나

사실 국내 스타트업은 그동안 '혹한기'를 대비하는 분위기였지만, 실제로 '투자 급감' 현상이 벌어지자 일부 스타트업들이 위기에 빠졌다. 돈줄이 막히면서 스타트업의 경영 키워드도 '성장'에서 '생존'으로 바뀌고 있다. 테크·플랫폼 기업은 거래액이 늘면 개발자나 서비스 인력도 늘려야 하는데, 이러한 인건비 증가도 최근엔 리스크로 작용하기 시작했다. 국내 유니콘 기업들도 올해 사업계획과 비용 전략 등을 수정하는 것으로 파악됐다. 특히 이용자 수를 확보하고는 있지만 적자를 내고 있는 플랫폼 스타트업들의 경우 채용 축소와 마케팅비 삭감 등을 모색하고 있다. 투자자들이 '성장 가능성'보다는 '숫자(실적)'를 원하고 있기 때문이다.

해외에선 이미 스타트업발 정리해고 바람이 휘몰아치고 있다. 미국 전자상거래 스타트업 볼트는 전체 직원의 28%인 250여 명을 해고했다. 또 다른 전자상거래 스타트업 스라시오는 프리 IPO(상장 전 투자 유치)에 나섰다가 실패한 뒤 직원 20%를 감축했다. 독일 식료품 배달 스타트업 고릴라는 최근 본사 직원의 절반에 해당하는 320여 명을 내보냈다. 전 세계 스타트업 구조조정 현황을 집계하는 레이오프에 따르면 지난달 해고된 스타트업 직원 수는 1만 4,708명에 달한다. 4월(3,703명)보다 4배 가까이 급증한 것이다.

스타트업 업계에서는 '옥석 가리기'의 기회가 될 것이라는 기대감도 있다. 불황기에 유망 스타트업에 자금이 몰릴 가능성도 크다. 민간 자금 위주의 시장이 형성된 해외와 달리 정부 모태펀드 자금이 기반이 된 국내는 투자 여건이 다르기 때문이다. 민간 자금은 곧바로 투자가 동결될 수 있지만, 정부 자금을 위탁받은 운영사는 특정 기간 내에 자금을 소진해야 하기 때문에 혹한기에서도 투자가 계속될 가능성이 높다. 불확실성이 심할수록 경쟁자가 줄어들어 새로운 사업 기회가 나타나고 위기를 버텨낸 '진짜 고수'가 나타날 수 있다는 전망도 나온다. 지난 6월 프랑스 파리에서 열린 스타트업 행사 '비바테크 2022'에 참석한 세일즈포스 공동 최고경영자(CEO) 겸 트위터 이사회 의장은 금융위기 직전 2007년 창업해 금융위기를 경험했던 사례를 언급하며 "이 같은 환경에서는 현금이 왕이고 현금에 집중하라고 조언한다"라며 "하지만 더 중요한 것은 고객에게 집중하는 것이고 실제로 닷컴버블과 금융위기 때를 되돌아보면 위대한 기술 기업이 이때 생겨난 사례가 많다"고 전했다.

출처: 매일경제, 2022.09.13.

비즈니스의 핵심은 고객이 누구인지, 고객이 원하는 것이 무엇인지, 고객에게 무엇을 제공할 것인지와 제공할 가치를 어떻게 전달할 것인지를 판단하고 결정하는 것이다. 본 장에서는 고객에게 제공할 가치를 어떻게 전달할 것인지에 관한 내용으로 구성된다. 고객이 원하는 가치를 전달하는 경로는 크게 두 가지이다. 첫째는 마케팅 채널이다. 유통이다. 고객의 편익을 만족시킬 수 있는 가치 있는 제품을 물리적인 경로를 통해서 최종 고객에게 전달하는 것이 마케팅 채널이다. 둘째는 커뮤니케이션 채널이다. 커뮤니케이션 활동이다. 고객에게 제공될 가치 있는 제품이 가지고 있는 브랜드 네임, 편익, 이미지 등에 대해 광고, 홍보, 인적 판매 채널을 통해 고객에게 전달하는 것이다.

⠿ 마케팅 채널

마케팅 채널에 대한 기초적 이해

스타트업은 고객들에게 가치 있는 제품을 전달하기 위해 유통의 메커니즘을 이해하고 활용해야 한다. 유통이 고객의 제품에 대한 접근성을 결정하기 때문에 창업가에게 유통은 중요한 역할을 한다. 창업가는 유통사의 파트너십을 통해 새로운 고객에게 접근하고 고객의 기반을 확장하는 기회를 얻을 수 있다. 창업가는 적절한 유통 채널을 통해 제품의 가시성을 향상시킬 수 있어서 브랜드 인지도가 높아질 수 있다. 또한 사업가는 유통사와의 협업을 통해 제품이 고객에게 쉽게 접근 가능한 상태를 유지할 수 있어서 재고문제를 해소하고 고객 만족도를 높일 수 있다. 창업가는 이러한 유통 기능을 통해 시장 경쟁력을 제고할 수 있다.

일반적으로 유통은 제품을 생산한 회사에서 소비자까지의 과정을 말하고 이 과정에는 제품의 판매, 운송, 저장 및 판매장에 보관되는 것이 포함된다. 유통은 제품이 소비자에게 제공되는 데 필요한 전체 과정을 의미한다. 유통의 기초 개념으로서 가장 중요하게 언급되는 것이 유통경로(Marketing Channel)이다. 유통경로는 고객이 제품이나 서비스를 사용 또는 소비하는 과정에 참여하는 상호의존적인 조직들의 집합체로 정의된다. 여기서 마케팅 채널의 첫 번째 핵심적 특성은 상호의존적인 조직들의 집합체이다. 상호의존적이라는 것은 A라는 기업과 B라는 기업 간의 거래 관계에서 A가 B에 의존하고 B가 A에 의존한다는 뜻이다. 상호의존적인 조직들의 집합체라는 것이 유통 경로 정의에 있어서 핵심이다. 제품을 고객한테 전달하는 과정에서 유통 경로 안에 참여하고 있는 조직(기업)들을 경로구성원이라 하고 경로구성원은 하나의 독립된 조직이다. 이런 조직들이 서로 사슬처럼 연결되어 있고 그 연결의 특성이 상호의존적이라는 것이다.

두 번째 특성은 경로구성원이 수행하는 여러 가지 활동들이 과정(Process)으로 이해되어야 한다는 것이다. 과정적 관점에서 유통에서 발생하는 여러 현상을 이해해야 한다는 뜻이다. 공급사슬관리(SCM) 관점에서 창업기업의 비즈니스를 이해해야 한다는 것으로 제품이 생산되어 판매되는 과정이 '원부자재 공급업체 - 제조업체 - 중간상 - 최종 고객'으로 이루어진다는 것이다. 여기서 공급사슬관리는 공급업체에서 제조업체, 도매업체, 소매업체, 소비자까지의 과정에서 재료, 정보, 재정을 관리하는 것을 말한다. 이는 회사 내부와 회사 간에 이루어지는 이러한 흐름의 조정과 통합을 포함하고 SCM의 목적은 개별 회사와 전체 공급사슬의 장기적 성과 향상을 꾀하는 것이다. 창업기업이 대기업에 납품하는 공급업체라 하더라도 해당 유통경로 흐름을 파악하고 있어야 한다는 뜻이다. 마지막 특성은 유통은 기업 간 거래 이슈라는 것이다. 유통경로에 참여하고 있는 기업과 기업 간의 거래 관계에 초점을 맞추어서 분석하고 대안을 만들어야 한다는 것이다. 유통은 개인 간의 거래 이기 보다는 기업과 기업 간의 거래이다.

유통경로는 다른 산업과는 달리 외부 규제 환경에 영향을 많이 받는다. 법률, 규정 등에 의해 비즈니스가 영향을 받을 수 있는 것이다. 예를 들어 최근에 납품단가 연동제 시행도 중소기업과 대기업 간의 거래 관계에 법률이 영향을 미친 경우이다. 이러한 법률적 규제는 유통경로 구성원의 사업 활동에 구조적인 영향을 미쳐서 사업 성과의 변화가 발생할 수 있다. 기업들이 해외에 진출하여 현지 유통망을 구축할 때 표준화 vs. 적응의 문제에 직면할 수 있다. 표준화와 현지화는 유통, 제품, 마케팅, 판매 전략에서의 통일성과 고객화의 수준을 나타낸다. 표준화는 다른 시장과 지역에서 제품, 서비스, 프로세스의 일관성과 통일성을 만드는 실제적인 행동을 말하며 이 방식은 규모의 경제를 활용하여 비용을 줄이고 효율을 높이는 것이 목적이다. 반면에, 현지화는 지역 시장 또는 지역의 특정 요구와 기대치에 맞추어 제품, 서비스, 프로세스를 사용자에 적응적으로 수정하는 것을 말하며 이 방식은 제품과 서비스가 현지 고객의 관심을 끌고 관련성이 있도록 제공함으로써 시장 점유율과 고객 만족도를 높이는 것이 목적이다. 제품, 광고 등과는 달리 유통경로는 표준화보다는 현지 시장 적응에 더 초점을 맞춘다. 예를 들어 국내에 진출한 월마트, 까르푸 등이 성공하지 못하고 국내에서 철수한 사례가 대표적이다. 즉 글로벌 소매 기업들은 한국 시장에 적합한 상품 구색, 판매 형태, 물류 시스템 등을 구축하지 못해서 국내 시장을 포기할 수밖에 없었다.

유통경로 구성원의 유형

유통경로 구성원의 유형은 직접 유통과 간접 유통으로 나눠볼 수 있다. 직접 유통과 간접 유통의 차이점은 직접 유통은 제조업체가 소비자에게 직접 제품을 유통시키는 경우를 말하고 간접 유통은 중간상, 즉 도매상이나 소매상을 거쳐서 소비자들에게 제품을 제공하는 것을 말한다. 기업들이 직접 유통을 하는 이유 중의 하나는 마진을 줄이고 가격 경쟁력을 확보하는 것이다. 제조업체가 직접 소비자에게 제품을 전달하기 위해서 직영점을 이용한다.

중간상 유통업체의 시스템을 이용할 수 있다. 제조업체가 아주 규모가 큰 경우에 유통의 기능을 수행할 수 있지만 규모가 작은 창업기업이나 중소기업은 자체 유통망이 없기에 기존에 잘 형성된 유통업체의 시스템을 이용할 수 있다. 셋째 점포 유통과 무점포 유통이 있다. 점포유통은 오프라인 점포를 근거로 제품을 판매하는 경우이고 무점포 유통은 오프라인의 점포 없이 온라인이나 통신 방송을 통해 제품을 유통시키는 경우를 말한다. 예를 들어 점포 유통은 대형마트, 백화점, 슈퍼 슈퍼마켓이고 무점포 유통은 인터넷 몰, 오픈마켓, 소셜 커머스, TV홈쇼핑 등이다. 기존의 유통은 점포 유통을 바탕으로 했으나 디지털 경제 시대로 넘어가면서 결국은 무점포 유통이 더욱 활발해지고 확대될 가능성이 매우 높다. 무점포 유통이 향후에는 좀 더 많은 비중을 차지하는 유통의 지배적인 흐름일 것이기에 창업가는 이러한 유통의 흐름을 인식하고 활용할 수 있는 아이디어를 생각해야 한다.

우리나라 유통산업은 상적 유통과 물적 유통으로 나눌 수 있다. 상적 유통 산업이라고 하면 도매와 소매를 중심으로 한 것을 말한다. 통상 유통 산업이라면 주로 상적 유통을 말한다. 물적 유통은 다른 말로 하면 물류이다. 물류(Logistics)는 제품이 생산지에서 최종 목적지까지의 운송, 저장, 관리, 판매 등의 활동을 의미한다. 물류 시스템은 제품의 효율적인 운송, 저장 및 판매를 위한 계획과 조정 프로세스를 포함한다. 물류가 창업기업에게 중요한 이유는 물류는 기업 전체 효율성과 성공에 영향을 미치기 때문이다. 창업기업은 효율적인 물류관리를 통해 운송, 저장 및 핸들링 비용을 크게 줄일 수 있고 잘 설계된 물류 시스템은 제품이 제공 가능한 시간에 배송되고 양호한 상태로 제공되도록 보장하여 고객만족도를 높일 수 있다. 물류는 재고 관리 측면에서 중요한데 사업가들이 재고 수준, 재고 전환 및 안전 재고에 관한 의사결정을 내릴 수 있도록 돕는다. 또한 물류는 빠른 배송 시간, 더 나은 고객 서비스 및 낮은 가격으로 고객 가치를 창출하는 데 도움을 주어서 경쟁기업 대비 경쟁우위를 제공한다.

유통경로에서의 힘

유통경로는 기업 간 거래이기 때문에 사업가는 경로상의 힘-의존 관계를 명확히 인식하고 있어야 한다. 힘과 의존은 동전의 양면이라고 할 수 있다. 경로 구성원 간의 힘을 이해한다는 것은 의존 관계를 이해하는 것이다. 비즈니스 현장에서 기업은 경영목표를 이루기 위해 경로상에 있는 파트너 기업과 협업을 한다. 기업이 운영되고 목표를 달성하기 위해서는 기업은 필요한 자원을 기업 외부 환경과의 상호작용을 통해 얻는다. 그래서 기업은 환경과 상호의존적인 관계에 있으며 기업이 재정, 자재, 정보 등 핵심 자원을 확보할 수 있는 것은 외부 가용 자원에 달려 있다. 즉 시장에서 비즈니스를 하는 것은 혼자만의 힘으로 할 수 있는 것이 아니기에 후방이든 전방이든 반드시 사업파트너가 존재하고 거래 관계가 형성 된다. 의존 관계가 형성된다는 것이다.

유통경로상의 기업 간 의존 관계는 불균형이 될 수 있다. 의존 관계의 비대칭성이 발생한다. 불균형이 발생하면 균형화 노력이 수반되어야 한다. 거래 관계에서도 비대칭성을 해소하려는 노력이 있다. 비대칭적 의존구조에서 힘(Power)이 생긴다. 힘이라는 것은 상대방의 의사결정이나 행위를 바꿀 수 있는 영향력이다. 힘이라는 건 결국은 상대방을 움직이는 것이다. 공급업체가 제조업체에 대하여 갖는 힘의 크기는 제조업체가 공급업체에 의존하는 크기와 같다. 여기서 중요한 것은 거래 쌍방의 의존구조이다. 그래서 창업기업은 유통경로상에서 힘의 우월적 위치에 있는 것이 좋다. 사실상 창업기업은 창업이 이루어지고 나서 해당 산업에서 힘의 열위에 놓여서 불이익을 받을 가능성이 높다. 창업기업 같이 중소규모의 기업들은 큰 기업과의 거래관계에서 여러 가지 불공정 거래 이슈들에 직면할 수 있다. 왜냐하면, 중소기업과 원청업체 간의 의존구조의 비대칭성이 존재하기 때문이다. 그래서 경영자는 힘의 균형화(Balancing)에 대한 고민을 늘 가지고 있다. 납품 단가 인하, 불량 조정, 계약서 없이 구두 발주하는 것 등이 대표적인 불공정거래 행위이다. 의존구조의 비대칭성, 즉 불균형이 발생하기 때문에 이런 일이 일어난다.

만약에 의존구조의 대칭형, 즉 균형화되어 있으면 이런 행위는 일어날 수가 없다. 규모가 작은 기업들은 의존구조의 변화를 꾀하는 균형화가 필요하다.

창업기업이 비대칭적 불균형에 처해 있을 경우, 이를 해결할 수 있는 방편은 다음과 같다. 첫 번째가 철회이다. 철회는 가장 간단한 방법으로 상대방 기업과 비즈니스 관계를 종결하는 것이다. 철회는 거래 관계 종결 시 손해가 크지 않다는 것이 전제이다. 거래 관계에 특유 투자를 해 놓았으면 족쇄 효과(Lock-In Effect)로 인하여 철회가 쉽지 않다. 그래서 퇴출장벽(Exit Barrier)을 높지 않게 해놓아야 한다. 두 번째는 힘의 네트워크 확장으로 일종의 상쇄투자(Offset Investment)이다. A가 B와 거래를 하고 B는 C와 거래를 하는 경우 A-B-C 마케팅 채널이 형성된다. A는 B에 많이 의존하고 B는 C에 많이 의존한다. A는 B에 더 의존하고 이에 B는 A에 대해서 힘을 가지고 있어서 힘의 불균형 구조가 형성된다. B는 C에 더 의존하고 이에 C는 B에 대해서 힘을 갖는 의존구조이다. A의 입장에서 B와의 힘의 균형화를 위해 A는 C에게 마케팅 활동을 해서 C가 B에게 영향력을 행사하게 하는 것이다.

세 번째는 위상 강화이다. 산업 생태계에서 창업기업의 위상을 강화하는 것으로 창업기업이 현실적으로 선택할 수 있는 것은 기술력을 높이는 것이다. 그리고 브랜드 인지도를 높일 수도 있다. 해당 기업에서 생산하는 제품의 시장 내 대체 가능성을 낮추는 것이다. 그래서 해당 기업의 제품을 구매하여 사용할 수밖에 없는 구조를 만드는 것이 위상강화다. 네 번째는 연합체 형성이다. 비슷한 시장 지위에 있는 기업들이 연합체를 만들어서 힘을 행사하는 것이다. 중소기업 조합 등이 대표적이다. 이러한 균형화 행위를 통해 의존구조를 바꾸는 것이다.

Market Report
국회 통과한 '납품단가 연동제' 뭐길래, 中企 숙원 풀었지만… '쌍방 합의' 눈엣가시

■ 납품단가 연동제 들여다보니
　원자재 가격 상승분 납품단가에 반영

중소벤처기업부는 지난 12월 8일 납품단가 연동제 도입을 위한 '대 · 중소기업 상생협력 촉진에 관한 법률(상생협력법)' 개정안이 국회 본회의를 통과했다고 밝혔다. 개념부터 들여다보자. 납품단가 연동제는 원청업체와 하청업체 간 거래에서 원자재 가격 상승분이 납품단가에 반영되도록 하는 제도다. 법안이 시행되면 납품 대금의 10% 이상인 주요 원재료에는 납품단가 연동제가 도입돼 10% 이내에서 양측이 협의해 납품 대금을 정해야 한다. 앞으로 위탁기업이 수탁기업에 물품 등의 제조를 위탁할 때 주요 원재료는 무엇인지, 대금을 어떻게 조정할지 약정서에 기재해 수탁기업에 발급해야 한다. 관련 의무를 지키지 않을 경우, 위탁기업에 5,000만 원 이하 과태료를 부과할 수 있다. 개정안이 국무회의 의결을 거쳐 공포되면 납품단가 연동제 표준약정서 도입, 우수 기업 지원 등은 공포일로부터 6개월 뒤 시행된다. 탈법 행위 금지, 과태료 부과 등 의무와 제재에 관한 사항은 공포일로부터 9개월 뒤 시행될 예정이다.

■ 대 · 중소기업 서로 불만
　국제협정 위반 우려 vs. 예외 조항 많아

납품단가 연동제가 공식 도입됐지만 벌써부터 재계 안팎 논란이 뜨겁다. 중소기업은 대체로 환영하는 분위기지만 대기업은 납품단가 연동제를 법제화하면 계약법 기본 원리인 '사적자치의 원칙'이 훼손될 것을 우려하는 분위기다. 계약 내용의 결정, 변경을 강제하는 경우 자유로운 거래 질서에

혼란이 생길 수 있다는 주장이다. 대한상공회의소, 전국경제인연합회, 한국무역협회, 한국경영자총협회, 한국중견기업연합회 등 경제 5단체는 납품단가 연동제 법제화를 반대하는 공동성명을 내놓기도 했다. 성명서에서 "내년 국내외 경제가 본격적인 침체에 들어설 것이라는 경고음이 들려오는 시점에서 기업 간 거래의 불확실성을 증대시키는 납품단가 연동제 법제화를 서둘러 추진해야 하는지 의문"이라고 주장했다. 시장에서는 오히려 중소기업이 피해를 볼 수 있다는 지적도 나온다. 중소기업이 위탁기업인 경우, 원자재 가격이 상승하면 대금을 추가 지급해야 하고, 수탁기업인 경우, 원자재 가격 하락 때 대금이 감소해 예측 불가능한 자금난에 빠질 수 있다는 논리다.

현행법과의 충돌 문제도 거론된다. 위탁, 수탁기업 간 연동 계약 협의 때 원가 정보를 요청하는 경우 상생법, 하도급법상 경영 정보 요구 금지 위반에 해당한다. 또한 원자재 가격 하락으로 위탁기업이 감액을 청구할 때 하도급법상 감액 금지 규정을 위반할 가능성도 있다.

자칫 통상 문제로 번질 가능성도 배제할 수 없다. 한국 기업이 또 다른 한국 기업에 하청을 주면 대금을 인상해 주지만, 외국 기업에 하청 시 대금을 인상해 주지 않아도 되는 구조기 때문이다. "세계무역기구(WTO) 협정이나 한미자유무역협정(FTA) 위반 소지가 있는 만큼 예외 적용 범위를 확대하고 유예 기간을 연장해야 한다"는 것이 경제 단체들 주장이다. 한편에서는 오히려 국내 산업 생태계를 약화시켜 외국 기업에 먹거리를 빼앗길 것이라는 우려도 나온다. 한국경제연구원에 따

르면 원자재 가격이 10% 상승했을 때 이를 납품 단가에 반영하면 국내 중소기업 제품에 대한 대기업 수요는 1.45% 감소한다. 이에 비해 외국 중소기업 제품 수요는 1.21% 증가한다. 한국경제연구원은 "대기업 제품 가격이 상승하면 이를 중간재화로 사용하는 중소기업 생산비용도 오른다. 대기업은 생산비용을 낮추기 위해 국내 중소기업 제품 대신 상대적으로 저렴한 수입재화로 대체할 것"이라고 분석했다. "납품단가연동제를 의무화하면 기업 간 거래 효율성이 낮아질 가능성이 있다. 계약 기간을 단축하거나 다른 거래 조건을 왜곡해 이익을 보전하려는 시도가 이뤄질 수 있다"는 비슷한 맥락이다.

중소기업들은 중소기업대로 불만이다. 공식적으로는 납품단가 연동제를 환영하면서도 내심 불안한 기색이다. 계약 주체 쌍방이 합의하는 경우 납품단가 연동제를 도입하지 않아도 되는 조항이 담겨 있기 때문이다. 실제로 계약 주체 양측이 합의하거나 위탁기업이 소기업인 경우, 소액 계약이나 단기 계약인 경우에는 납품단가 연동제를 도입하지 않아도 된다. 이 때문에 납품단가 연동제 실효성이 낮을 것이라는 지적이 쏟아진다. 김기문 중소기업중앙회 회장은 최근 기자 간담회에서 "갑(대기업)이 '합의됐다'고 을(중소기업)한테 말하라고 강제하는 것인데 그렇게 따지기 시작하면 영원히 상생할 수 없다. 이를 독소 조항으로 활용한다면 그 대기업은 나쁜 대기업 아니겠느냐"고 꼬집었다. 갑의 위치에 있는 위탁기업 요구에 따라 납품단가 연동제를 도입하지 않기로 합의하는 사례가 속출할 수 있다는 의미다.

출처: 매경이코노미, 2022 송년호, 2022.12.21. ~ 2022.12.27.

상권과 입지

창업기업이 소매유통의 형태로 사업을 하는 데 있어서 상권과 입지에 대해서 정확하게 이해해야 한다. 오프라인 점포를 어디에 위치시키냐에 따라 점포의 성과가 다르게 나타난다. 상권을 분석하는 가장 중요한 이유는 경쟁 분석이고 고객분석이기 때문이다. 그리고 상권분석은 새로운 사업을 시작하거나 기존 사업의 진행 방향을 결정할 때 중요한 정보를 제공한다. 또한 상권분석을 통해 현재의 상권 트렌드와 전망, 경쟁 업체의 활동 등을 분석하여 사업 전략을 수립할 수 있다.

점포 설립을 위한 상권분석과 입지 분석은 성공적인 소매 사업을 하기 위한 가장 기초적인 단위라고 얘기할 수 있다. 상권은 특정 점포가 세력을 미칠 수 있는, 고객들이 점포에 방문할 수 있는, 해당 점포가 고객을 유인할 수 있는 지역적인 범위라 할 수 있다(박찬욱, 2017). 점포들이 지역적으로 집단화되어 있는 것을 상가권이라 하고 대형 상권 중형 상권, 오피스, 대학가 등을 상가권이라 할 수 있다. 입지는 특정 점포가 자리하고 있는 지리적인 위치를 말한다. 상권은 좀 더 큰 틀이고 구체적으로 들어가서 특정 점포를 어디에 위치시킬 것인가에 대한 것이 입지이다. 상권분석이 끝나고 나면 그다음에 입지 분석을 한다.

상권의 구조는 통상 1차, 2차, 한계 상권으로 나눈다. 50~70%의 고객을 유인할수 있는 지역적인 범위를 1차 상권이라 하고 고객 1인당 매출액이 가장 높다. 이용 고객의 20~25%를 유인하는 지역적인 범위를 2차 상권이라 한다. 그리고 한계 상권으로 구분된다. 고객 1인당 매출액은 가장 낮다. 상권의 구조를 보면 제일먼저 타겟으로 삼아야 하는 상권은 1차 상권이다.

상권분석의 구체적인 방법론으로는 가장 흔하게 사용되는 것이 체크리스트법이다. 상권 관련 항목에 관한 체크리스트를 만들어서 각 해당 내용에 체크를 하고점수를 매겨서 상권 평가와 분석이 이루어지는 것이다. 주요 항목으로는 교통량,인구수, 유동인구, 오피스, 행정구역 편제 등이다.

해당 상권 안에 있는 특정의 소매업태의 잠재 수요를 파악하는 기법으로 소매포화지수(IRS)가 있다. 한 시장 지역 내에서 특정 소매업체의 단위 면적당 잠재 수요를 파악할 수 있다(서용구, 한경동, 2004). 해당 지역 내에 총수요를 특정 업태의 총매장 면적으로 나눈다. 수요는 가구당 특정 업태에 지출비를 가구 수로 곱을 한다. 실제 소매포화지푯값은 0에서 100 사이의 값을 갖는다. 100에 근접할수록해당 업태가 해당 상권에서 포화상태에 이르렀다고 판단하는 것이다.

상권분석의 가장 보편적인 이론 중의 하나가 레일리의 소매인력 법칙이다. 개별점포의 상권을 분석하기보다는 특정 도시 간의 상권분석에 이용된다. 점포의 상품 가격과 상품을 사기 위해 점포방문에 소요되는 교통비를 합한 것이 고객이 치루어야 할 총비용이다. 소비자는 싼 가격의 상품을 구매하기 위해 기꺼이 먼 거리까지 여행할 수 있다는 것이다. 레일리의 소매 인력 법칙은 개별 점포의 상권 경계를 다루는 것보다, 도시 간의 상권 경계를 결정하는 데 이용된다. 그래서 상권의 어떤 규모는 인구 수에 비례하고 거리에 반비례한다.

상권분석에서 가장 체계적인 방법론이라고 할 수 있는 것은 공간적 상호작용 모델이다. 공간적 상호작용 모델을 통해 특정 점포의 시장 점유율 추정까지 가능하다. 한 상권 내에서 특정 점포가 유인할 수 있는 소비자 점유율은 소비자와 점포까지의 방문 거리에 반비례하고 점포 크기에 비례한다. 공간적 상호작용 모델의기본 가정은 소비자가 특정 점포에 대해서 갖는 효용이 다른 경쟁 점포의 효용보다 높을수록 해당 점포의 선택 확률은 높아진다는 것이다. 공간적 상호작용 모델의 대표적인 모형이 허프 모델(Huff Model)이다. 허프 모델의 가정은 소비자가 특정 점포에 대해 갖는 효용은 점포의 크기와 거리(시간)의 함수이다. 가정 1은 점포의 크기인 매장 면적이 크면 클수록 효용은 증가하고 시간과 거리가 멀면 멀수록 효용은 감소한다. 매장 면적은 효용을 증가시키지만 거리는 효용을 감소시킨다. 가정 2는 특정 점포에 대한 소비자의 선택 확률은 상권 내에서 소비자가 방문을 고려하는 대안 점포들의 효용의 총합에 대한 해당 점포의 효용의 비율로 표시된다.

소매 점포의 입지는 그 무엇보다도 중요하다. 오프라인에 있는 점포의 성공은 첫 번째도 입지, 두 번째도 입지, 세 번째도 입지라는 말이 있다. 입지는 가시성, 접근성, 인지성, 호환성이라는 기준으로 1급지, 2급지, 3급지로 나눌 수 있다(박찬욱, 2017). 첫 번째 점포를 쉽게 발견할 수 있는 정도를 가시성이라 한다. 점포를 쉽게 찾을 수 있어야 고객이 많이 방문한다. 두 번째는 접근성이다. 고객이 점포에 쉽게 접근할 수 있는 정도를 접근성이라 한다. 역세권, 1층, 주차장 구비 여부 등이 중요하다. 고객이 점포에 접근하기 힘들다는 것은 그만큼 소비자가 감당할 대가가 크다는 것이고 이는 방문 가능성이 낮아진다. 인지성은 점포의 위치를 쉽게 설명할 수 있는 정도를 말한다. 호환성은 해당 점포가 다른 업종으로 쉽게 전환할 수 있는 정도를 말한다. 호환성이 높다는 건 업종 변경이 쉬워 점포를 구하는 예비 창업자가 많아질 수 있다는 것과 매매 등이 잘 될 수 있다는 것이다. 그 외에도 점포를 입지하는데 있어서 고려할 사안은 고객이 쉽게 접근할 수 있는 위치, 교통이 편리한 위치, 주변 환경 등에 관한 위치 분석이 있어야 하고 비슷한 제품을 판매하는 점포에 대한 경쟁 분석을 해야 한다. 그리고 고객의 성향, 취향, 구매 패턴에 대한 고객분석과 계약 관련 사항에 대해서도 분석해야 한다.

프랜차이즈

국내 소매 유통 산업에서 프랜차이즈 시스템이 차지하는 비중은 과거에 비해 상당히 높아지고 있으며 창업가의 사업확장 수단으로써 활용될 수 있다. 프랜차이즈 시스템(가맹 시스템)을 구성하고 있는 주체는 가맹본부와 가맹사업자(가맹점주)로 가맹본부와 가맹사업자 간의 거래 관계이다. 공정거래위원회에서 가맹사업을 다음과 같이 정의하고 있다. 가맹본부가 가맹사업자로 하여금 자기의 상표, 서비스표, 상호, 간판 그 밖의 영어 표지를 사용하여 일정한 품질 기준에 따라 상품 또는 용역을 판매하도록 함과 아울러 이에 따른 경영 및 영업활동 등에 대한 지원, 교육과 통제를 하며 가맹사업자는 영어 표지의 사용과 경영 및 영업활동에 대한 지원 교육의 대가로 가맹금을 지급하는 계속적인 거래 관계이다.

프랜차이즈 시스템이 운영되기 위한 핵심은 균일화된 품질이 전제되어야 하는 것이고 본부는 이를 통제하려 한다. 그리고 본부는 가맹점주에게 교육 훈련, 경영지원, 영업 지원 등을 제공한다. 가맹점주 입장에서 본부로부터 브랜드 사용권, 상품 판매권, 경영 노하우, 점포 운영과 종업원 관리에 대한 운영 노하우 등을 지원받는다. 신규로 창업하려는 예비 창업자 입장에서는 전국화된 브랜드를 사용할 수 있는 권리를 가지고 사업을 한다는 것은 사업 초기 리스크를 줄일 수 있는 매력이 있다. 가맹점주는 가맹시스템에 들어갈 때 한 번 가맹비를 내고 가맹점주는 매출 또는 이익의 일정 부분을 가맹본부에 주기적으로 제공하는 로열티를 지불한다. 그리고 가맹본부에서 가맹점에 제공되는 원부자재 공급을 통해 매출이 발생한다. 이러한 것들이 가맹본부의 수익원이 되는 것이다.

이렇듯 프랜차이즈 시스템이 성공할 수 있었던 핵심적 이유 중의 하나는 가맹사업자 입장에서는 전국화된 브랜드를 사용할 수 있고 가맹본부 입장에서는 로열티나 상품구매비 등으로 수익을 창출할 수 있는 점이 상호 이해가 부합되기 때문이다. 가맹본부와 가맹점주 간의 주고받는 것이 명확하고 서로의 니즈를 잘 만족시킬 수 있는 거래 구조가 특징이다. 가맹본부와 가맹사업자는 가맹계약을 맺고 거래가 이루어지고 가맹계약에 기초하여 프랜차이즈 시스템이 운영된다. 가맹본부의 권리와 의무, 가맹사업자의 권리와 의무가 가맹계약서에 명시되어 있다. 가맹계약은 부합계약의 특성이 있다. 부합계약이라는 것은 당사자 한쪽이 계약 내용을 미리 결정하고 다른 한쪽은 계약 내용을 결정할 자유가 제한되는 계약을 말한다. 프랜차이즈 계약에 따라 가맹점주에게 프랜차이즈 사업의 영업권, 상표권 등을 사용하여 사업을 운영하도록 허락하는 계약을 말하고 부합계약은 프랜차이즈 계약에서 규정한 사항을 그대로 준수하며, 프랜차이즈 시스템을 사용할 수 있도록 허락하는 계약이다. 우리나라 소매 유통 시장에서 흔히 볼 수 있는 게 전속 대리점 체제이다. 전속 대리점과 프랜차이즈 시스템의 차이는 가맹금의 지급 여부이다. 전속 대리점은 본사에 가맹금을 지급하지 않는다.

그리고 프랜차이즈 시스템에서 창업을 고려하고 있는 예비 창업주들은 공정거래위원회에서 운영하고 있는 가맹사업거래 사이트(https://franchise.ftc.go.kr)에 접속하여 가입하고 싶은 브랜드(영업표지)의 정보공개서를 반드시 열람해야 한다. 정보공개서 안에는 프랜차이즈 시스템에 대한 개요, 가맹본부의 요구사항, 프랜차이즈 계약서 내용, 경영지원 내용, 판매 권한, 가격 및 수수료에 대한 정보가 담겨 있다.

창업자가 가맹점주가 아니 가맹본부 입장에서 프랜차이즈 시스템을 전략적으로 활용 가능하다. 첫째 프랜차이즈 시스템을 통해 브랜드 확장을 비교적 쉽게 할 수 있다. 프랜차이즈를 통해 짧은 시간 안에 브랜드 인지도를 향상시키고, 새로운 지역에서의 영업 확장이 가능하다. 둘째 급속한 프랜차이즈 네트워크의 확장으로 가맹금과 상품 구입비 확대를 통해 수익을 제고할 수 있고 직영점 운영 등을 통해 제조 비용 절감과 영업 수익의 증대가 가능하다. 셋째 프랜차이즈 시스템을 활용하면 경쟁 업체를 제압하고, 시장 점유율을 향상시킬 수 있다.

⠿ 커뮤니케이션 채널

커뮤니케이션 기초 이해

창업기업이 만든 가치 있는 제품을 고객에게 전달하는 경로 중의 하나가 커뮤니케이션이다. 마케팅 커뮤니케이션은 기업이 제품을 출시한 후 고객과의 커뮤니케이션을 통해 인지, 선호, 구매의 과정으로 이어지는 고객의 반응을 이끌어 내는 것이다. 마케팅 커뮤니케이션은 프로모션 믹스 프로그램을 통해서 실현된다. 프로모션 믹스에는 광고, 홍보, 판촉, 인적 판매로 구성된다.

여기서 커뮤니케이션은 기업이 고객에게 메시지를 전달하는 과정이다. 기업은 부호화(Encoding)를 통해 메시지를 고객에게 전달하고, 고객은 해독(Decoding)을 통해 메시지를 이해한다. 메시지를 상징적인 형태(글, 그림, 소리 등)로 표현하는 것이 부호화이고 기업에서 발신한 메시지를 고객의 수준에서 이해하고 기억하는 것이 해독(Decoding)이다. 메시지가 전달되는 경로를 매체(Media)라고 하며, TV 광고, SNS, 언론 기사 등을 통해서 메시지를 전달한다.

창업기업의 커뮤니케이션 관리는 광고, PR, 판매촉진, 인적 판매 등의 커뮤니케이션 도구를 전략적으로 검토하여 커뮤니케이션 효과를 달성하도록 프로그램을 개발하고 집행하는 것이다. 표적 청중(Target Audience)의 반응 결정, 메시지 선택, 메시지와 매체 선택, 효과 측정, 예산 책정 등의 커뮤니케이션 관리 과정을 거쳐 실제적인 마케팅 커뮤니케이션 활동이 활성화되는 것이다(안광호, 김동훈, 유창조, 2020).

첫째, STP에서 표적 청중을 파악하는 것은 마케팅 커뮤니케이션의 출발점이다. 기업은 효과적이고 효율적인 커뮤니케이션을 위해 표적 청중을 파악하고 선정해야 한다. 선정한 표적 청중에 가장 적합하고 침투력이 높은 마케팅 커뮤니케이션 요소를 활용할 수 있어서 결과적으로 마케팅 성과가 개선된다.

둘째, 표적 청중에서 얻고자 하는 반응에서 마케팅 커뮤니케이션의 목표를 정의 하는 것이다. 이것이 중요한 점은 마케팅 커뮤니케이션의 목표가 여기서 나오기 때문이다. 목표가 되는 소비자 반응은 계층적 효과 모형에 기반하고 있다.

셋째, 메시지의 선택은 말하고자 하는 내용과 전달하는 매체를 결정하는 것을 의미 한다. 메시지는 커뮤니케이션 활동에서 가장 중요한 요소이며, 기업이 고객에게 말 하고자 하는 내용을 뜻한다. 메시지는 내용적인 측면과 구조적인 측면으로 분석할 수 있다. 내용적인 측면에서는 이성적 소구와 감정적 소구가 있으며, 이성적 소구는 논리적이고 사실을 기반으로 설득하는 접근이 감정적 소구는 감정을 터치하는 접근 이다. 메시지 구조에는 일면소구와 양면소구가 있다. 일면소구는 자사 제품의 장점 만을 소구하는 것이고, 양면소구는 자사 제품의 단점과 장점을 동시에 소구하는 것 이다. 미디어는 의사소통의 경로로 구분될 수 있으며, 인적 매체, 인쇄, 방송, 전시, 인터넷, SNS, 유튜브 등 다양한 미디어를 통해 메시지가 전달될 수 있다.

넷째, 마케팅 커뮤니케이션의 효과 측정은 소비자의 인지, 선호, 행동에 대한 평 가이다. 이를 위해 소비자 설문조사와 기업 내부의 2차 자료, 예를 들어 매출을 결합해서 측정한다. 미디어 측면에서 중요한 지표는 GRP(Growth Rating Points)이 다. 효과 측정은 일반적으로 계획한 성과와 달성률을 비교하는 개념으로 접근한 다. 마케팅 커뮤니케이션은 계획과 실행 후 성과평가가 있어야 한다. 창업기업의 영세성을 감안하면 이러한 모든 성과지표를 측정하기에는 역부족일 수 있으나 커 뮤니케이션의 성과평가에 관한 기본적 프레임워크는 가지고 있어야 한다.

마지막으로 마케팅 커뮤니케이션 예산 책정방식은 기업마다 다르다. 마케팅 예산 은 손익계산서의 판매와 일반 관리비 계정의 광고 선전비 항목과 관련이 있다. 광 고 선전비는 광고, 홍보, 판촉 등 마케팅 커뮤니케이션 활동에 수반된 비용이다. 광고 선전비 예산이 증가하면 매출 총이익에서 차감되어 영업이익이 감소하는 구 조이다. 마케팅 커뮤니케이션 예산을 결정할 때 세 가지 방법이 있다.

① **매출액 비율법**: 매출액에 비례한 광고 예산을 정한다.
② **가용 예산 활용법**: 다른 비용 처리 후 잔여 예산을 마케팅에 적용한다.
③ **경쟁자 기준법**: 경쟁사의 마케팅 예산과 동일한 금액을 정한다.

Case Study
코니바이에린, '코니아기띠' 글로벌 누적 판매량 100만 개 돌파

일본, 미국, 중국 등 전 세계 70여 개국에 제품 판매, 전체 매출의 70% 이상 해외 매출

Konny 코니아기띠 글로벌 누적 판매량 100만 개 돌파

코니아기띠 플렉스 썸머 제품 이미지

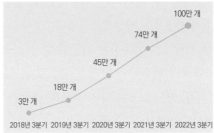

전세계 70여 개 국가 중 해외 판매량 Top 5

1위 일본   2위 미국   3위 싱가포르   4위 호주   5위 영국

글로벌 육아 라이프스타일 브랜드 코니바이에린이 자사 상품 '코니아기띠'의 글로벌 누적 판매량 100만 개를 돌파했다고 18일 밝혔다. 이는 2017년 론칭 이후 단 5년 만에 이룬 성과로, 코니바이에린은 글로벌 브랜드로서 확고한 입지를 다지게 됐다. 현재 코니바이에린의 제품이 판매되는 국가는 전세계 70여 개국에 달한다. 판매의 95% 이상이 자사몰, 아마존 등을 포함한 자사 운영 채널로 이뤄지는 소비자직접판매(D2C) 방식을 지향하고 있으며 전체 매출의 70% 이상이 해외에서 나오고 있다.

가장 큰 성과를 보인 국가는 일본이다. 2018년 일본 판매를 시작해 2년 만에 일본 아마존과 라쿠텐에서 아기띠 판매 1위를 달성했으며, 일본 유명 육아미디어 '마마리'에서 입소문 대상 및 봄아기띠 부문 1위 등을 수상하기도 했다. 지난 2019년 진출

한 미국에서도 지난해 미국 아마존 슬링아기띠 카테고리에서 상위 3위권을 기록하는 등 큰 성과를 거뒀다. 현지 취향에 맞춰 제품을 개선하고 현지 결제 서비스 도입 및 물류망 확충 등의 전략이 통한 것으로 보인다고 코니바이에린 측은 설명했다.

작년 1월 중국 티몰 글로벌 플래그십 스토어 오픈으로 정식 진출한 중국에서도 빠르게 고객을 확보 중이다. 지난 11월 티몰 글로벌 스토어 방문자가 5만 명을 넘었고, 같은 달 중국 최대 온라인 판매 행사 광군제에서 아기띠 카테고리 종합 3위에 올랐다. 그 외에도 호주, 홍콩, 싱가폴 등에서 코니아기띠가 판매되고 있으며, 자사몰이나 SNS를 통해 올라온 글로벌 고객 후기를 정기적으로 분석해 신제품 개발에 반영하고 있다.

코니아기띠는 자체 개발한 고탄력 4방 스판 원단

을 사용해 티셔츠처럼 편리하게 착용할 수 있는 일체형 슬링아기띠다. 초소형·초경량으로 제작돼 아기 무게를 분산시켜 양육자의 어깨, 골반, 허리 등의 통증을 최소화해 준다. 또한 국내 슬링아기띠 최초로 국제 고관절이형성협회(IHDI)로부터 건강한 고관절 발달을 돕는 공식 인증을 받은 바 있다. 특히, 최근 출시된 '코니아기띠 플렉스'는 XS부터 4XL까지 사이즈 조절이 자유로워 체형이 다양한 전세계 소비자들의 호응이 높다. 출시 후 한 달 만에 모든 물량이 완판(완전판매) 됐으며,

전체 물량의 85%가 일본과 영미권에서 판매되고 있다. 코니바이에린 임이랑 대표는 "유통마진을 줄이고 소비자와의 접점을 늘리기 위한 D2C 방식을 통해 글로벌 시장에 빠르게 진출할 수 있었다"며 "전세계 고객의 다양한 의견을 반영해 신제품 개발에 반영하는 등 앞으로도 많은 국가의 고객을 아우를 수 있도록 노력할 것"이라고 말했다.

출처: 서울경제, 2022.10.19.

광고

프로모션 믹스는 광고, 홍보, 판매촉진, 인적판매로 구성된 커뮤니케이션 프로그램이다. 이는 마케터가 커뮤니케이션 목표를 달성하기 위해 광고, 인적 판매, 판매촉진, 홍보의 방향과 예산을 최적화하는 과정이다. 창업기업의 특성을 고려하여 광고, 인적 판매, 홍보에 초점을 둘 필요가 있다.

광고(Advertisement)는 광고주에 의해 대가가 지불되는 것으로 제품, 서비스, 브랜드 등에 대해 비개인적 의사전달방법을 총칭하는 것이다. 광고는 대가가 지불되는 것이어서 상업적인 원천이라고도 한다. 광고 제작의 첫 단계는 광고 목표를 설정하는 것이다. 이는 광고의 목적, 예를 들어 정보전달, 소비자 설득, 브랜드 인지도 증가 등에 대한 고민을 포함한다. 광고 목표는 제품 이미지 개선, 감정적인 측면 활용, 이성적인 요구 등을 통해 소비자들이 자사의 제품과 브랜드에 대한 선호도 형성을 목적으로 할 수 있으며, 최초상기도 증가가 목표가 될 수도 있다. 광고 크리에이티브와 관련하여 광고 카피는 상당히 창의적인 영역이다. 제품 광고는 소비자들이 원하고 있는 편익을 터치하는 것이다. 카피도 소비자들이 원하는 편익을 터치할 수 있는 의미에서 개발되어야 한다. 또한 광고 제작에서 배경음악과 더불어 모델도 중요한 역할을 한다. 유명인 중에서도 인지도와 평판이 좋은 유명인은 빅모델로 광고에 활용될 수 있다. 빅모델 전략은 소비자들의 주의를 이끌어내는 데 매우 효과적이다.

광고 매체 유형은 ATL(Above-The-Line)과 BTL(Below-The-Line)으로 나눌 수 있다. ATL에는 CATV, 인터넷, 모바일이 포함되고, BTL에는 ATL을 제외한 이벤트, 전시, 스폰서십, PPL 등이다. ATL은 도달률이 높고 비용이 크지만 표적 청중과의 상호작용이 낮은 특징을 가지고 있으며, BTL은 도달률은 낮지만 비용이 상대적으로 적고 표적 청중과의 상호작용이 높은 특징을 가진다. 광고의 장점은 메시지의 반복이 가능하여 인지도를 높이는 데 효과적이다. 광고의 단점은 일방적인 커뮤니케이션이어서 고객과의 상호작용이 불가능하다.

표 8.1

커뮤니케이션의
수단과 내용

수단	내용
광고	매체 광고(TV, 라디오, 신문, 잡지, 인터넷 등), 파사드 광고(공중광고, 버스 정류장 광고, 지하철 광고 등), 모바일 광고(스마트폰, 태블릿 등 모바일 기기 등), 소셜 미디어 광고
판매촉진	가격할인, 쿠폰, 사은품, 견본품, 마일리지, 포인트, 경품 등
PR/IR	뉴스, 보도자료, 프레스 컨퍼런스, 연차보고서, 컨퍼런스 콜, 미디어 팸 투어 등
구전	개인 대 개인, 소셜미디어, 블로그 등
인적 판매	판매 제시, 유인 프로그램, 견본, 박람회, 전시회 등

인적 판매

마케팅 커뮤니케이션에서 인적 판매는 영업사원과 고객 간의 직접적인, 1대1 커뮤니케이션을 말하며, 고객이 구매하도록 설득하는 것이 목적이다. 이러한 유형의 커뮤니케이션은 일반적으로 대면 방식으로 일어나지만, 전화나 비디오 회의를 통해 일어날 수도 있다. 인적 판매는 광고나 대중 매체와 같은 다른 마케팅 커뮤니케이션 형태에 비해 더 개인적이고 상호작용적인 경험을 가능하게 하며, 고객과의 관계 구축 및 판매 활동에 매우 강력한 도구가 될 수 있다. 인적 판매는 판매원, 영업사원 등을 통해 기업과 고객 간의 커뮤니케이션이 이루어지며, 개인적인 관계 형성과 설득적인 판매 효과가 있지만 비용이 많이 소요된다는 단점이 있다. B2B 환경에서 사업을 하는 창업기업은 영업사원의 역량이 무엇보다도 중요하기 때문에 인적 판매를 통한 커뮤니케이션에 집중해야 한다.

PR & IR

PR(Public Relations)은 공중관계를 말한다. 뉴스, 연설, 사회봉사 활동, 스포츠 마케팅 등이 PR의 범위에 포함된다. 기업은 고객에게 기업활동에 대한 메시지를 전달할 때 PR을 활용할 수 있다. 보도자료를 통해 기업의 메시지가 언론사에 전달되면 언론사는 기사화할 가치를 평가하고 기사화 여부를 결정한다. PR은 광고와 달리 통제의 영역이 아니다. 소비자는 기업에서 발신한 메시지를 광고 매체를 통해 수용하는 것보다 언론사의 기사를 통해 수용하는 것에 더 믿음을 갖는 이유가 있다. 이는 정보 원천의 신뢰성 때문이다. PR은 광고와 달리 언론사를 통해 공익을 추구하는 공적 기구에서 만든 기사를 통해 소비자들에게 전달되며, 신뢰성이 높아 좀 더 설득적일 수 있다. 스타트업은 광고 같이 마케팅 비용이 많이 발생하는 커뮤니케이션 보다 상대적으로 비용이 적게 들면서 소비자 설득에 좀 더 유리할 수 있는 PR을 적극적으로 활용하는 것이 필요하다.

그리고 스타트업은 외부로부터 자금 조달이 필요한 경우가 많으므로 IR에 대한 인식을 가지고 있어야 한다. IR(Investor Relations)는 투자자 관계를 말하며, 기업과 투자자 간의 소통 및 정보 교환 활동을 말한다. IR의 목적은 투자자들에게 기업의 성장 계획과 경영 상황, 경제적 성과 등을 정확하게 전달하여 기업의 신뢰성을 강화하고, 기업 가치를 높이는 것이 목적이다. 스타트업 기업은 다음과 같은 IR 활용 방법이 있다. IR은 기업의 재무 정보와 경영 결과를 시장에 공시하고 재무제표를 공개하는 것을 포함하기에 대외적으로 적극적인 정보공개를 할 필요가 있다. 투자자와 관련된 발표회나 세미나, 워크샵, 개인적 미팅 등을 통해 기업의 전략, 비즈니스 계획, 재무적 상황 등을 전달하는 노력을 할 수 있다. 비교적 비용이 적게 들면서 효과적으로 커뮤니케이션 할 수 있는 홈페이지, 소셜 미디어 등온라인 정보 제공을 적극적으로 활용할 수 있다. 스타트업의 창업자는 프로모션 믹스를 결정할 때는 제품과 시장의 유형, Push & Pull 전략, 표적 고객의 구매 의사결정 단계, 판매하고 있는 제품이 제품수명주기(PLC) 어느 단계에 있는지 등을 종합적으로 고려하여 판단해야 한다.

Startup Workshop

1. 자신이 창업하고자 하는 가상의 오프라인 점포를 만들어 보고, Huff 모형을 이용하여 시장 점유율을 예측해 보자.

2. 규모가 큰 기업과 스타트업 간에 겪는 문제의 대부분은 힘의 불균형에서 오는데, 자신이 스타트업의 CEO라 가정하고 힘의 균형화를 이룰 수 있는 방법에 대해 생각해 보자.

3. 스타트업의 IR 커뮤니케이션 활동을 구체적으로 기획해 보자.

PART3 로켓 윙: 가치 운영 기반

CHAPTER 09 재무계획 및 경영성과

Financial Planning &
Business Performance

투자 0원인데 수백억 매출… 스타트업 '대박' 비결 무실래

'자수성가 스타트업' 질주, '자금난' 벤처 줄폐업 속 혼자 힘으로 빠르게 성장
'국민 만보기 앱' 넛지헬스케어 창업 이래 투자유치 0원이지만 지난해 매출 790억…
220억↑

넛지헬스케어, 딜라이트룸, 코니바이에린….
이들 스타트업의 공통점은 외부 투자를 받지 않고 연간 수백억 원대의 매출을 내고 있다는 것이다.
적잖은 벤처업체가 자금난에 부닥쳐 폐업하고 있는 시기에 이례적이라는 평가를 받는다. 시장에서
는 벤처투자 혹한기에 스타트업도 성장 못지않게 내실(실적)을 갖춰야 한다는 목소리가 나오고 있다.

주목받는 '자수성가형' 스타트업

건강 관리 앱 캐시워크로 알려진 넛지헬스케어는 작년 매출이 790억 원 수준으로 잠정 집계됐다고
6일 밝혔다. 전년 매출(569억 원)을 훌쩍 뛰어넘었다. 영업이익은 90억 원대에 이른다. 이 회사는
2016년 창업한 뒤 외부 투자를 받은 적이 한 번도 없다. 넛지헬스케어 대표는 "초반에 많은 사용자
를 확보하면서 외부 수혈 없이도 흑자 운영이 가능했다"고 말했다.

글로벌 알람 앱 1위 알라미를 운영하는 딜라이트룸은 지난해 매출 192억 원, 영업이익 110억 원
을 기록했다. 전년 대비 매출은 50%, 영업이익은 93% 늘었다. 영업이익률은 57% 수준이다. 딜
라이트룸 역시 2012년 창업 후 외부 투자를 전혀 받지 않았다. 신재명 딜라이트룸 대표는 "돈보다

는 다른 부분이 더 부족하다고 봤다"며 "투자를 받지 않고 앱 서비스로 벌어들인 돈을 효율적으로 쓰기 위한 근육을 키웠다"고 강조했다. 무리하게 마케팅 비용을 쓰기보다는 투자자본수익률(ROI)이 잘 나오는 선에서 경영을 유지하고, 광고 매출을 확대하는 데 주력했다. 딜라이트룸의 지난해 광고 매출은 약 130억 원으로 전체 매출의 70%를 차지했다.

육아 라이프스타일 스타트업인 코니바이에린도 외부 투자를 받아 공격적인 마케팅에 나서는 대신 SNS 홍보 등을 통해 이름값을 높였다. 코니바이에린의 '코니 아기띠'는 전 세계 70개국에서 100만 개 이상 팔렸다. 대학생 필수 앱 에브리타임 운영사인 비누랩스 역시 투자를 받지 않고 빠르게 성장해 온 스타트업으로 꼽힌다. 이 회사는 자체 플랫폼 광고와 제품 판매로 2019년 이후 매년 매출을 두 배씩 늘렸다.

'계획된 적자'는 더 이상 없다

이들 회사가 주목받는 이유는 대규모 투자를 받고도 수익 모델을 만드는 데 실패해 어려움을 겪는 스타트업이 늘고 있기 때문이다. 중소벤처기업부에 따르면 지난해 4분기 벤처투자액은 전년보다 43.9% 급감했다. 스타트업이 시장 호황기엔 추가 투자 유치를 통해 경영을 이어갈 수 있었다. 하지만 최근 투자시장이 얼어 붙자 구조 조정, 폐업까지 이어지는 사례가 속출하고 있다. 지난해 6월 미디어 스타트업 닷페이스를 시작으로 피트니스센터 예약 업체 라이픽, 모바일 데이터 분석 스타트업 유저해빗, 패션 플랫폼 힙합퍼 등이 투자유치에 실패해 문을 닫았다. 라이브 커머스 플랫폼 보고플레이 역시 운영 중단 위기에 처했다. '계획된 적자'라는 명분 아래 덩치를 키워 거래액 2,300억 원을 달성하는 데 성공했지만, 부채가 526억 원이나 쌓였기 때문이다.

"돈 벌어야 살아남는다"

최근 자금 경색이 심해지면서 미래 성장성보다는 당장의 수익을 증명해 낼 수 있느냐가 중요해졌다는 분석이 나온다. 당근마켓은 최근 지역 전문 마케터를 위한 광고 솔루션을 출시했다. 지역 소상공인분만 아니라 큰 규모의 광고 집행을 원하는 기업을 대상으로 광고 유치에 나선 것이다. 인공지능(AI) 기반 학습 플랫폼 콴다를 운영하는 매스프레소는 과외 매칭 서비스인 콴다과외 서비스를 내놓기도 했다. 프롭테크(부동산기술) 스타트업 직방은 홈 사물인터넷(IoT) 시장을 공략하며 수익성 개선에 나서고 있다. 벤처캐피털(VC)도 신규 투자에 적극적으로 나서기보다는 기존에 투자한 기업이 내실을 다질 수 있도록 관리하는 데 신경 쓰고 있다. VC업계 관계자는 "수익 모델 없이 이용자나 거래액만 늘려 덩치부터 키우는 방식은 이제 끝났다고 봐야 한다"고 했다.

출처: 한국경제, 2023.02.06.

기업조직은 성과 지향적이다. 창업기업도 예외는 아니다. 기업 성과의 최종 지표는 매출과 이익이다. 창업기업도 매출과 이익에서는 자유로울 수 없다. 코로나19 대유행, 미국과 중국 간 갈등으로 야기된 공급망 재편, 금리 등 거시경제의 불확실성 등으로 인하여 시장과 투자자는 더 이상 스타트업 기업들에게 '유니콘'형만을 원하지 않고 '켄타우로스'형 스타트업을 원한다. 수익성과 성장성을 갖춘 스타트업 만이 시장의 선택을 받을 수 있는 시대가 왔다는 의미이다. 켄타우로스형 스타트업이 되기 위해 창업가는 회계와 재무 관련 지식과 경험을 바탕으로 경영 성과에 대한 모니터링과 평가가 병행되어야 한다.

⋮ 사업 타당성 분석

사업 타당성 분석 개요

기업을 설립하고 운영하는 근본적인 목적은 기업의 주인이라고 할 수 있는 주주의 이익을 높이는 것에 있고 기업 경영자는 이러한 기업 설립 목적에 부응하여 경영 성과를 제고하는 데 모든 노력을 기울인다. 창업 생태계에서도 이러한 기본적인 논리는 변함이 없다. 창업자는 기업가 정신(Entrepreneurship)에 기반하여 시장에서 새로운 기회를 포착하여 신규사업을 추진할 경우 반드시 사업 타당성(Business Feasibility)을 분석해야 한다.

사업 타당성이란 새롭게 시작하려는 사업의 시장성, 기술력, 수익성 등을 검토하여 사업이 가지고 있는 가치를 평가하는 것이다. 창업자가 신규사업을 시작하기 전에 사업 타당성을 검토하는 이유는 여러 가지가 있겠지만 가장 주된 이유는 사전에 신규사업의 성공할 수 있는지에 대한 파악과 사업 실패로 인한 위험으로부터 보호하려는 목적이 있다. 사업 타당성 검토는 통상적으로 예비 타당성과 본 사업 타당성 분석으로 나누어 순차적으로 이루어지며 창업 기업에게 창업자의 경영자적 자질과 사업가로서의 자질은 창업을 성공으로 이끄는 중요한 요소이기 때문에 창업자에 대한 평가는 필수적으로 해야 할 필요가 있다. 진입하고자 하는 시장의 고유한 특성과 수요와 공급 및 매출 추정 등 시장성 분석에 대한 검토가 반드시 이루어져야 한다. 실패한 창업의 주요 요인으로 창업 전 시장성 분석으로 제대로 하지 않는 경우가 많다. 창업하고자 하는 업종의 소비자 특성인 구매 태도, 구매 주기, 구매량 등에 대해서도 분석해야 한다.

그리고 시장성 분석에서 핵심이 되는 것은 수요예측(Demand Forecasting)이다. 수요를 정확하게 예측한다는 것은 매우 어려운 과업이나 신규사업, 신제품을 런칭할 경우 반드시 수행해야 하는 일이다. 수요예측에 기반해서 판매량과 생산량이 결정되고 원부자재 수급량이 결정되기 때문에 수요예측의 정확성을 아무리 강조해도 지나침이 없다. 수요예측 방법에는 정성적인 방법, 정량적인 방법, 시스템 접근방법 등이 있다(김경민, 박정은, 김태완, 2019). 기술성 분석에서는 제품생산과 관련된 내용을 분석하게 된다. 출시하고자 하는 제품이 가지고 있는 품질, 제품을 생산하기 위한 여러 시설의 안정성 그리고 원활한 생산이 가능하게끔 하는 원부자재 공급업체와의 협력적인 거래 관계 등에 대하여 분석한다. 그리고 제품생산에 투입되는 연구개발 인력과 생산 인력의 기술력과 숙련도에 대해서도 검토해야한다.

손익분기점 분석

사업 타당성 분석에서 빼놓을 수 없는 것이 수익성 분석이다. 창업하고자 하는 아이템으로 과연 수익을 낼 수 있는지에 대한 검토이다. 손익분기점(Break-Even Point, BEP)은 매출액과 비용이 일치하여 이익(또는 손실)이 발생하지 않은 매출수준(또는 조업도)이다. 손익분기점을 기준으로 매출액이 이 지점을 초과하면 이익이 발생하고 이 지점을 하회하면 손실이 발생한다. 손익분기점에 사용되는 변수가 비용, 매출액, 이익을 바탕으로 분석하기 때문에 비용 – 매출액 – 이익 분석(Cost-Volume-Profit Analysis, CVP 분석)이라고도 한다. 총비용은 고정비와 변동비의 합이다. 고정비는 생산량과 상관없이 일정수준으로 발생하는 비용이고 변동비는 생산량과 비례하여 발생하는 비용이다. 여기서 단위당 판매가격에서 매출을 실현하는데 소요된 단위당 변동비를 차감한 금액을 단위당 공헌이익(Contribution Margin)이라 한다. 공헌이익은 고정비를 회수하고 순이익을 증가시키는 데 기여하는 이익을 말한다. 공헌이익은 기업 외부로 공표되지 않는 기업 내부의 경영의사결정을 위한 지표이다.

손익분기점 매출액은 $고정비 \div \left(1 - \dfrac{변동비}{매출액}\right)$ 로 구할 수 있다. 분석 목적에 따라 이 수식을 변형하여 사용할 수 있다. 손익분기점 분석은 제품 원가 분석, 제품 가격 결정, 생산량 결정 등 채산성 분석에 주로 사용된다. 예를 들어, 신제품을 출시하는 경우 손익분기점을 분석하고 이익 구간인 손익분기점 이상에서 신제품 가격을 책정할 수 있다. 손익분기점은 손실을 회피할 수 있는 최소한의 지점이다.

창업하려는 신규사업의 미래 수익성 분석을 위해서 추정제조원가, 추정 판매비, 추정 일반관리비 등을 이용해서 추정 손익계산서, 추정 재무상태표 등을 작성한다. 창업자는 신규사업의 자신의 학문적 배경하고는 상관없이 반드시 회계와 재무에 대한 기초적인 지식을 가지고 있어야 한다. 창업 성공의 결과를 알 수 있는 가장 구체적인 방법은 회계상의 재무제표이기 때문이다.

투자안 분석

사업 타당성 분석은 사업하고자 하는 아이템이 미래에 얼마만큼의 수익을 창출하는 지를 계산하는 것이 필요하다. 재무관리에서 가장 많이 사용되는 미래 수익성 지표로서 순현재가치(Net Present Value, NPV)와 내부수익률(Internal Rate of Return, IRR)이 있다. 순현재가치는 투자안으로부터 발생하는 현금 유입(Cashflow In)과 현금 유출(Cashflow Out)을 이용해서 얻을 수 있다. 즉 현금 유입의 현재가치에서 현금 유출의 현재가치를 차감하는 방식으로 투자안의 NPV를 구한다. 사업하고자 아이템으로 인하여 일정 기간 동안 발생한 순현재가치를 구하는 공식은 다음과 같다. 그리고 계산된 NPV가 0보다 크면 해당 아이템은 수익성이 있는 것으로 판단한다. 여기서, n은 사업의 전체 기간, r은 할인율, C_t는 시간 t에서의 순현금흐름, C_0는 투하자본, I_0는 투자비용이다.

$$NPV = \frac{C}{(1+r)} + \frac{C_1}{(1+r)^2} + \cdots + \frac{C_n}{(1+r)^n} - I_0$$

투자안의 수익성을 판단하는 지표로서 NPV과 같이 많이 쓰이는 지표가 내부수익률(IRR)이다. 내부수익률이란 여러 현금흐름을 가지고 있는 신규사업의 순현재가치(NPV)를 0으로 하는 할인율을 말한다. IRR을 구하는 공식은 다음과 같다. 한마디로 말하면 NPV를 0으로 만드는 할인율 r을 구하면 된다.

여기서 투자안이 수익성이 있는지를 판단하고자 하는 기준은 내부수익률과 자본비용을 비교하면 된다. 자본비용은 회사가 금융권으로부터 조달하는 금리로 보면 된다. 그래서 내부수익률이 자본비용보다 높으면 수익성이 있다고 판단한다. 여기서 NPV를 0으로 만드는 r을 구하면 된다.

$$NPV = \sum_{t=0}^{N} \frac{C_t}{(1+r)^t} = 0$$

그리고 창업을 통한 신규사업은 내외부의 여러 종류의 위험(Risk)에 노출되는 것은 필연적이다. 창업자가 위험에 대한 대응을 미숙하게 하면 열의를 갖고 추진한 사업도 실패할 가능성이 있다. 창업자가 직면할 수 있는 위험의 범주는 기술위험, 시장위험, 경쟁위험, 관리위험, 재무위험 등이 있다.

Case Study
넛지헬스케어, 걷기로 '건강관리' 통했다 "종합 헬스케어 도약"

걷기만 해도 돈을 벌 수 있다? 듣기만 해도 솔깃한 이야기다. 기발하고 번뜩이는 아이디어는 돈 버는 만보기로 유명한 '캐시워크'를 탄생시켰다. 건강관리앱 '캐시워크'는 의사 출신인 나승균(44) 넛지헬스케어 대표의 머릿 속에서 나왔다. 캐시워크는 걸을수록 보상이 쌓이는 만보기로, 사용자의 걸음 수에 따라 현금처럼 사용할 수 있는 캐시가 생긴다. 이 캐시로 커피를 교환해 마시거나 편의점에서 사용하는 것도 가능하다. 착한 아이디어는 큰 성공을 거두면서 '국민 만보기'라는 애칭도 생겼다.

넛지헬스케어는 국민 건강관리 앱 '캐시워크'의 개발사로, 디지털 헬스케어 사업을 하고 있다. 2016년 캐시워크(현 넛지헬스케어)를 창업했다. 나 대표는 평소에도 만성질환 환자들의 건강관리에 관심이 많았다고 한다. 하지만 운동과 식단 관리 등을 권장해도 환자들의 습관을 바꾸기란 여간 어려운 일이 아니었다. 이때 해외논문 등을 통해 금전적 보상과 촉진 네트워크로 건강관리 습관을 바꿀 수 있다는 아이디어를 얻었다. 당시 경험을 바탕으로 일상 속 건강관리에 동기 부여를 제공하는 '캐

시워크'를 박정신 대표와 함께 선보였다. 공동 창업자인 박 대표는 삼성전자 SW센터 개발자 출신으로, 건강관리앱 '캐시워크'와 넛지헬스케어의 모든 서비스에 대한 기술개발 부문을 총괄하고 있다.

지난 2017년 출시된 '캐시워크'는 출시 2년 만인 2019년 누적 다운로드는 1,000만 건을 돌파했고 올해 5월 기준 누적 다운로드 1,500만을 넘어섰다. 국민 5명 중 1명이 사용할 정도로 꾸준히 걷기 운동을 도와주는 필수 앱으로 급성장했다. 올해 6월에는 사명을 '캐시워크'에서 '넛지헬스케어'로 변경하고 새로운 CI를 공개했다.

■ '금전적 보상 · 촉진 네트워크' 동기부여 적용

넛지헬스케어의 성공 비결은 무엇일까. 바로 차별화 전략이다. 많은 사용자들이 건강관리의 일상화를 통해 만성질환 등을 예방하고 싶어 한다. 하지만 결국 모든 실천이 단발적일 뿐 지속 가능하지 않다는 점이 가장 큰 문제였다. 넛지헬스케어는 이에 대한 해결책으로 사용자들의 일상과 가장 밀접한 스마트폰에 주목했다. 금전적 보상과 촉진

네트워크라는 동기부여 요소를 적용한 다양한 앱 서비스를 선보이며 사용자의 건강관리에 실질적인 도움을 주고 있다. 회사 설립 이후 가장 먼저 선보인 건강관리 앱 '캐시워크'는 만성질환 환자부터 일반 사용자까지 걷기 운동의 습관화를 통해 꾸준한 자기관리를 실천할 수 있도록 동기부여 요소를 적용한 게 특징이다. 캐시워크는 걸음 수에 기반해 리워드를 지급(100걸음당 1캐시, 일 최대 1만 걸음에 따른 100캐시)하는 금전적 보상 체계를 운영한다.

사용자 편의를 고려해 최초로 휴대폰 잠금화면에 만보기 기능을 도입, 기간별 통계 수치를 함께 제공해 일상 속에서 꾸준히 걷기 운동을 실천하도록 돕는다. 최근 캐시워크는 사용자들이 서로의 1일 1만 보 걷기를 손쉽게 응원할 수 있도록 SNS 하루 걸음수 인증 기능을 업데이트했다. 캐시닥의 건강검진 서비스는 6대 암, 당뇨 등 10개 주요 질환의 4년 내 발생 가능성에 대한 정보를 제공한다. 이와 함께 넛지헬스케어의 '캐시닥'은 현재 구현 가능한 의료 데이터를 모두 구축한 앱 서비스다. 대표적으로 AI 기반 '건강검진 서비스'는 향후 사용자가 처할 수 있는 주요 질병에 대한 발병 확률을 예측하고, 일상에서 건강관리를 할 수 있도록 돕는다. 캐시닥의 건강검진 서비스는 AI 기술을 도입, 건강검진 결과 등 사용자의 의료 빅데이터를 알고리즘으로 분석해 6대 암, 당뇨 등 10개 주요 질환의 4년 내 발생 가능성에 대한 정보를 제공한다. 해당 AI 분석 기능은 연세대학교 의료원으로부터 93% 수준의 높은 정확도를 인증받았다.

■ 캐시워크, 지난해 매출만 328억 원… 역대 최고 매출 달성

넛지헬스케어는 이 같은 성과 덕분에 연일 승승장구하고 있다. 지난해에는 역대 최대 매출인 328억 원을 달성했다. 특히 캐시워크는 지난해 12월 미국 구글 플레이 공식 론칭 이후 최근 6개월 만에 실사용 순위 3위를 달성했다. 미국 구글 플레이에 약 3,000여개의 리뷰가 이어지며 미국 현지인들로부터 "일상 속 건강관리에 실질적인 도움이 됐다"는 긍정적인 평가를 받고 있다.

또 캐시닥에서 선보인 실비보험청구 기능은 도입 1년 만인 지난 2월에는 누적 청구액 17억 원을 돌파한 이래 올 6월 기준 21억 원을 돌파했을 정도로 사용자들의 꾸준한 사용이 이어지고 있다. 키토제닉 전문 브랜드 키토선생에서 지난 5월 출시한 '닥터 바리스타 버터커피'는 바리스타 자격증을 가진 의사가 직접 레시피를 개발해 주목받으며 출시 3일 만에 초도 물량이 완판되기도 했다. 넛지헬스케어는 향후 무료 AI 건강검진 서비스, 식단 관리를 포함한 전반적인 다이어트 습관 형성을 돕는 캐시닥과 지니어트 기능 등을 캐시워크 플랫폼 내에서도 통합적으로 이용할 수 있도록 할 예정이다. 나 대표는 "넛지헬스케어는 지난해의 두 배인 600억 원을 올해 매출 목표로 잡고 있다"면서 "지난 12월 진출한 미국 시장에서도 성공적으로 안착할 수 있도록 역량을 집중하고 있다"고 밝혔다.

출처: 세계일보, 2021.07.15.

재무비율 분석

창업자가 신규사업을 창업 후 경영 성과를 지속적으로 모니터링하기 위해 활용할 수 있는 방식은 회사의 재무제표 등 회계 관련 자료를 이용한 분석이다. 재무분석이란 재무제표 등을 이용하여 경영 성과를 평가하고 성과의 원인을 계량적으로 분석하여 경영에 관한 판단과 의사결정을 지원해 주는 경영행위이다. 회계보고서를 바탕으로 하는 재무분석은 비율분석의 양식으로 보고된다. 특히 포괄손익계산서를 활용한 수익성 분석에 초점이 맞추어져 있다. 기업의 내재가치는 수익성과 성장성에 기반하고 있으며 기업가치를 평가하는 재무비율분석은 기업활동의 효율성을 평가하는 데 목적이 있다. 비율분석 지표에는 기업 본연의 활동인 생산 및 판매와 이익을 연결한 분석으로 매출 수익성 비율과 재무상태표의 자본과 순이익을 연결하여 파악하는 자본 수익성 비율이 있다.

분석범주		지표명	산식
손익계산서 비율분석 (수익성)	매출 수익성 비율	매출액총이익률	(매출총이익÷매출액)×100
		영업이익 대 매출총이익 비율	(영업이익÷매출총이익)×100
		매출액영업이익률	(영업이익÷매출액)×100
		매출액순이익률	(당기순이익÷매출액)×100
	자본 수익성 비율	총자본영업이익률	(영업이익÷총자본)×100
		자기자본순이익률	(순이익÷자기자본)×100
		총자본순이익률(ROI)	(순이익÷총자본)×100

표 9.1
손의계산서
수익성 비율분석

출처: 김철중(2000), 재무분석, 한국금융연수원(내용 재구성).

⦂ 회계

회계 기초

회계(Accounting)는 기업의 언어라고 할 수 있다. 회계의 목적은 경영자, 주주, 투자자, 정부와 조직의 내외부 이해관계자에게 재무 정보를 제공하는 것이다. 그리고 회계는 의사결정을 위해 재무 정보를 분석하고, 기록하고, 요약하고, 해석하는 기술이라고 할 수 있다. 회계는 기업의 경영 관련 정보를 파악하고 의사결정에 필요한 요소를 제공하는 기업의 핵심적 기능이다. 회계의 유형으로는 재무회계, 관리회계와 원가회계, 세무회계, 회계감사가 있다. 재무회계는 기업 외부의 투자자나 채권자를 위한 회계 정보를 산출하고 보고하는 회계이고 관리회계는 경영자가 의사결정을 내리는 데 필요한 회계 정보를 제공하기 위한 회계이며 세무회계는 기업이익을 세법에 근거하여 과세소득을 측정하는 과정을 보고하는 회계이다. 기업 내부에서 발생하는 회계 정보를 어떠한 목적으로, 누구를 대상으로 보고할 것인가에 따라 회계유형이 결정된다. 회계 정보는 기업이 작성하는 회계장부 안에 잘 나타나 있으니 창업자나 경영자는 회계장부 안에 있는 정보가 무슨 의미를 지니고 있는지에 대해 파악할 수 있어야 한다. 회계장부를 회계상 용어로 재무제표라 하며 재무제표는 기업이 일정 기간 동안 회계기준에 따라 작성한 회계보고서이다. 주요 재무제표에는 재무상태표, 포괄손익계산서, 현금흐름표 등이 있다.

재무상태표

재무상태표는 일정 시점 현재 기업의 자산, 부채, 자본의 금액과 구성을 표시하는 재무보고서이다. 재무상태표에서는 자산 = 부채 + 자본 이라는 회계등식이 있다. 여기서 자산이라 함은 회사가 영업활동을 위해 보유하고 있는 재산을 말하는 것으로 유동자산과 비유동자산으로 크게 구분한다. 부채는 현재 또는 미래에 타인에게 지급할 채무를 말하며 1년 미만의 부채를 유동부채라 하고 1년 이상 부채를 비유동부채라고 한다. 그리고 자본은 사업을 시작 또는 사업 중에 주주가 투자하는 자금을 말한다. 재무상태표에 보고된 자산, 부채, 자본 등의 정보를 바탕으로 경영자는 일정 시점의 재산 상태를 파악할 수 있다.

포괄손익계산서

회사의 매출과 이익 같은 경영 성과를 파악할 수 있는 재무제표가 포괄손익계산서이다. 포괄손익계산서 안에 보고되는 지표는 대부분이 매출과 이익에 관련된 것으로 경영자는 경영 성과를 높이기 위해서 반드시 포괄손익계산서의 내용과 로직을 인식해야 한다. 포괄손익계산서에는 생산활동, 판매관리활동, 영업외 활동, 기타 활동을 나타내는 계정과목으로 표시된다. 첫 번째 기업의 생산활동과 관련해서 보면, 매출액에서 매출원가를 차감하면 매출총이익이 산출된다. 재료비, 노무비, 경비 등이 매출원가에 포함되는 것으로 매출총이익은 생산활동으로 인한 이익으로 볼 수 있다.

두 번째 판매관리 활동과 관련해서 보면, 매출총이익에서 판매비와 일반관리비를 차감하면 영업이익이 산출된다. 광고선전비, 임차료, 조세공과금 등이 판매비와 일반관리에 포함되는 것으로 영업이익은 기업의 영업활동으로 발생한 이익 개념이다. 그리고 영업이익에서 수입이자가 포함된 영업외수익은 더하고 이자비용이 포함된 영업외비용은 차감하면 경상이익이 된다. 경상이익에서 특별이익은 더하고 특별손실을 차감하면 법인세비용차감전순이익이 산출된다. 마지막으로 법인세비용차감전순이익에서 법인세를 차감하면 당기순이익이 최종적으로 산출된다.

이와 같은 프로세스로 매출액에서 당기순이익까지가 포괄손익계산서 안에 산출되어 표시된다. 포괄손익계산서 안에는 매출총이익, 영업이익, 경상이익, 법인세비용차감전순이익, 당기순이익 등 이익 지표가 있다. 이 중에서 영업이익이 가장 중요한 지표이다. 영업이익의 기업 본연의 활동이라고 할 수 있는 생산과 판매로만 만들어 낸 이익이기 때문이다. 즉 영업이익이 갖는 의미는 해당 기업의 본원적 경쟁력이라 할 수 있다. 따라서 많은 기업들이 이익 지표 중 영업이익을 가장 먼저 살펴보는 이유도 이러한 것 때문에 그렇다. 그다음으로 중요한 지표는 최종 이익이라 할 수 있는 당기순이익이다. 그리고 법인세 같은 세금 이슈도 창업자에게는 중요한 항목이라 할 수 있다.

손익계산서 예시
2000년 1월 1일부터 2000년 12월 31일까지

계정과목		금액
매출액		80,928,620,888
매출원가		69,900,876,065
기초제품재고액	276,586,504	
당기제품제조원가	71,978,541,566	
기말제품재고액	2,354,252,005	
매출이익		11,027,744,823
판매관리비		6,634,926,941
급여	617,075,573	
퇴직급여	69,499,623	
감가상각비	100,539,195	
경상개발비	1,967,806,901	
기타	3,880,005,649	
영업이익		4,392,817,882
영업외수익		1,510,201,403
수입이자	177,370,610	
기타	1,332,830,793	
영업외비용		2,418,125,572
지급이자	719,084,558	
기타	1,699,041,014	
경상이익		3,484,893,713
법인세 비용		
당기순이익		3,484,893,713

출처: 이병관, 정원호(2021), 스타트업 회계학, 박영사.

법인세

법인세는 법인이 일정 기간 동안 벌어들인 소득에 대해서 부과하는 조세이다. 법인세 신고는 사업연도 종료일이 속하는 달의 말일부터 3월 내 재무제표, 세무조정계산서 및 기타 부속서류를 첨부해 본점의 납세지 관할세무서장에게 신고해야 한다. 특히 조세특례제한법 제8조에 따른 '창업벤처중소기업 법인세 감면'에 의해 인증된 벤처기업은 법인세를 50% 감면받을 수 있다. 법인세는 세금이기에 법인소득에 바로 세율을 곱해서 세금을 매기는 것이 아니고 해당 기간의 과세표준(과표)을 산출하여 과표구간별로 정해진 세율을 곱하는 방식으로 세금을 매긴다. 법인세의 과세표준은 '소득금액 – 이월결손금 – 비과세소득 – 소득공제'로 산출되고 법인세 세율 과세표준 금액 2억 원 이하 10%, 200억 원 이하 20%, 200억 원 초과 22%이다.

구분	주요 내용
소득세	• 개인의 소득에 대한 세금 • 소득세 중에서도 급여와 퇴직금 등을 지급할 때 미리 세액을 공제하는 원천징수 부분이 핵심임
부가가치세	• 재화를 구입하거나 용역을 제공받은 금액의 10% • 세율이 0%이거나 부가세가 없는 경우도 있는데 이러한 증빙도 부가세신고 대상이므로 누락시키면 안 됨
법인세	• 법인의 소득에 대한 세금 • 회계 결산 종료 후 세무조정을 거쳐 법인세 계산 및 납부
지방세	취득세, 등록세, 지방소득세, 자동차세, 면허세, 재산세 등이 있음

표 9.3
회사와 관계되는 주요 세금

출처: 이병관, 정원호(2021), 스타트업 회계학, 박영사.

⋮ 사업계획서 & 비즈니스모델

사업계획서

사업 타당성 검토 후 창업하고자 하는 아이템에 대한 사업계획을 수립해야 한다. 사업계획서(Business Plan)는 창업자가 구상하고 있는 사업 아이디어를 구체화한 사업 개념에 대한 제안서이고 미래의 사업기회를 평가하는 문서라고 할 수 있다. 사업계획서 안에 들어가는 작성 내용을 개략적으로 보면, 창업 아이템의 사업기회,

마케팅 · 생산 · 영업 같은 기능전략, 제품과 서비스, 조직구조, 사업을 운영에 필요한 자원 그리고 기대되는 예상 수익 등이 사업계획서 안에 포함된다(한정화, 2015).

창업자가 사업계획서를 작성하는 것에는 여러 목적이 있다. 첫 번째, 창업하고 사업을 운영하기 위한 자금을 조달하는 것이다. 연구개발, 제조, 영업 등 사업계획서에 제시된 전략의 실행 계획이 원활히 작동하기 위해서는 운영자금이 필요하다. 기술과 제품개발을 위해서 많은 자금이 소요되기에 자금을 내부에서 조달할 수가 없으면 외부에서 조달한다. 회사 외부에 있는 금융 및 투자 기관에게 사업계획서를 바탕으로 투자 설명회를 갖고 기관으로부터 투자자금을 유치하는 것이다. 외부 기관으로는 중소기업진흥공단, 기술신용보증기금, 은행, 엔젤투자자, 벤처캐피탈 등이 있다. 엔젤은 개인 투자자이고 벤처캐피탈은 법인격의 기관투자자이다. 투자자금 유치의 목적으로 사업계획서를 활용한다.

두 번째, 회사 내 구성원들을 동기부여시키는 것이다. 회사를 관리하고 운영하는 것의 기본은 회사 종업원들이 서로 협업할 수 있는 여건을 마련해 주는 것이다. 회사 구성원들이 협업하여 업무를 수행할 수 있도록 회사의 목표를 명확하게 제시해야 한다. 회사 목표가 어떻게 도출되었는지, 전략은 어떻게 수립되었는지, 전략을 집행하기 위해 어떠한 일을 해야 하는지에 대한 과정을 구성원들에게 체계적으로 설명해야지만 구성원들은 납득하고 협업하게 된다. 조직 구성원들이 사업계획서 내용을 이해하고 숙지하여 회사가 나아가야 할 방향으로 협업할 수 있게 조직 내 분위기를 만드는 것이 핵심적 목적이다. 세 번째는 전략적 제휴와 관련된 것이다. 전략적 제휴를 맺기 위해 사업계획서가 이용될 수 있다. 즉 전략적 제휴에 참여하고 있는 기업들이 어떠한 사업 계획 목표를 위해서 어떠한 자원으로 어떠한 조직을 구성하여 일을 하는지에 대해서 상호 공유를 해야 한다. 그런 의미에서 사업계획서가 활용될 수 있다.

사업계획서를 작성하는 주체는 창업자이고 회사가 설립되어 있다면 구성원들의 도움을 받을 수 있다. 해당 사업을 가장 잘 알고 있는 주체가 사업계획서를 작성하면 되는 것이다. 그리고 사업계획서를 단독으로 작성하는 것보다 팀을 이루어 작성하는 것이 객관적이고 현실적인 내용이 사업계획서 안에 담길 수 있다. 사업 개요는 사업계획서 내용을 가장 핵심적인 것만 추려서 한두 페이지 정도로 요약해놓은 것을 말한다. 전체 사업계획서 내용을 간략히 요약하는 이유는 사업계획서를 검토하는 기관 투자자, 고위 임원 등 의사결정의 주도권을 쥐고 있는 사람들이 대부분이고 전체 내용을 일목요연하게 개략적으로 내용을 이해할 수 있게끔 편의를 제공하는 차원으로 보면 된다. 사업계획서의 목차는 논리적으로 순서가 있게 연결이 되어야 한다. 회사가 도달하고자 궁극적인 상태인 비전은 회사의 미래 목표와 연동되어야 한다. 비전은 한마디로 기업의 꿈을 나타내는 것이다. 예를 들어 "하나의 기업이 세계 초일류 기업이 되겠다."라고 하는 것은 그 기업이 갖는 비전이고 꿈이다. 그리고 미션에서는 비전을 달성하기 위한 구체적인 경영방침, 행동 지침 등이 나타나야 한다.

새롭게 시작하는 사업으로 시장에서의 기회를 포착할 수 있다는 내용이 사업계획서 안에 담겨야 한다. 사업계획서를 수립하는 주요 목적 중의 하나가 시장에서 사업 기회를 찾아서 대응 전략을 세우고 실행하는 것이다. 사업 기회를 탐색하기 위해 해당 사업이 속해 있는 산업분석이 필요하다. 공급자, 구매자, 대체재, 잠재적 진입자 등으로 인한 경쟁 강도 분석이 산업분석이고 이것은 비즈니스모델과 연결된다. 비즈니스모델은 회사가 어떤 사업방식으로 이익을 창출하고 있는지와 사업의 콘텐츠와 과정을 구조화해 놓은 것이라 할 수 있다.

사업전략은 생산, 마케팅, 영업 등 회사 내 부문별 세부 전략으로 나누어지고 이러한 기능전략 비즈니스 실행이라고 보면 된다. 물론 회계와 자금에 대해서도 기술해야 한다. 포괄손익계산서, 재무상태표, 현금흐름표 같은 추정 재무제표를 사업계획서 안에 보고해야 한다. 어떤 사업을 하더라도 사업과 경영은 여러 가지 위험에 노출될 수 밖에 없다. 그래서 미래에 나타날 수 있는 잠재적 위험 요인에 대해 반드시 분석해야 한다. 그리고 만약 예상했던 잠재석 위험이 나타났을 경우 위험에 어떻게 대처할 것인지에 대한 비상계획도 미리 준비되어 있어야 한다.

사업계획의 구조를 형성하는 요소들은 매우 다양하다. 업종, 제품, 서비스, 사업의 성격 그리고 사업계획서 용도 등을 종합적으로 고려해서 적합한 사업계획서 요소를 선택해서 작성하면 된다. 사업계획서는 객관적 사실에 기반하여 논리적으로 작성되어야 한다. 그리고 사업계획서상에서 목표를 제시할 때에는 실현 가능한 목표를 세우는 것이 바람직하다. 자칫 사업계획이 허황되게 작성되면 투자자로부터 회사의 신뢰를 잃을 수 있는 계기가 될 수 있기 때문이다.

비즈니스모델

사업 타당성 분석, 사업계획서 작성에 이어 창업가 고려해야 할 사항이 사업계획의 비즈니스모델에 대한 점검이다. 비즈니스모델에 대한 개념과 정의는 학자나 실무 전문가마다 다르다. 모든 조직에게 다음과 같은 5개의 질문을 던져보면서 비즈니스 본질에 대하여 고민해야 한다고 하였다(Drucker, 2018). 바로 "우리의 미션이 무엇인가?", "우리의 고객은 누구인가?", "고객이 가치는 두는 것은 무엇인가?", "우리의 결과물은 무엇인가?", "우리의 계획은 무엇인가?"이다. 비즈니스 모델을 간단히 정리하자면 하나의 기업이 고객의 편익을 근거로 어떻게 고객가치를 포착하고 창출하며 전파하는지에 대한 방법론을 체계적으로 구조화시킨 것이라 할 수 있다.

비즈니스모델을 이루는 가장 기본적인 구성요소로 고객 가치제안, 세분시장, 수익이 있다. 고객 가치제안은 고객이 원하는 니즈와 편익을 만족시켜줄 수 있는 제품이나 서비스 등과 같은 대안을 제안하는 것이다. 세분시장은 시장세분화 – 타겟팅 – 포지셔닝(STP) 전략에서 기업이 마케팅 목표로 삼는 시장을 의미한다. 그리고 기업이 사업을 통해 획득하는 수익원, 수익 창출 방식 등이 수익과 관련된 내용이다. 그리고 창업기업 내부적으로는 비즈니스를 실행할 수 있는 자원과 역량에 대한 내용도 포함된다. 다시 말해 창업자가 경험이나 직관에 의존하여 비즈니스를 수행하는 것보다 사업을 체계적으로 구조화시킨 프레임워크인 비즈니스모델을 바탕으로 사업을 수행하는 것이 바람직하다. 창업기업은 고객들이 원하는 가치가 무엇인지를 알아차리고 그 가치를 만들어내려고 노력해야 하며 창출된 가치를 어떻게 고객한테 전달할 것인지에 대한 그 방법과 프로세스를 찾아내는 작업이 비즈니스모델 수립이다. 결국은 비즈니스모델은 시장 지향적인 경영 방법이라 할 수 있다.

수립된 비즈니스모델이 성공적으로 작동하기 위해서는 비즈니스모델이 창업기업이 추구하는 미래 목표와 부합되어야 한다. 성공한 비즈니스모델일수록 기업의 목표와 일치하는 경우가 많다. 그리고 비즈니스모델이 시장에 성공적으로 안착되도록 하기 위해 기업 기능전략의 실행에 있어서 일관성이 유지되어야 한다. 비즈니스모델 성공의 가장 근본적인 것은 모델 자체가 시장에서 성공할 수 있는 경쟁력을 가지고 있어야 한다는 것이다. 이러한 노력을 통해 비즈니스모델이 악순환의 구조로 빠지지 않고 선순환의 구조로 발전하게 된다. 시장, 기술, 경영 환경변화 등으로 인하여 지속적인 성공을 보장하는 비즈니스모델은 없다. 이러한 변화로부터 생존하기 위해서는 비즈니스모델도 혁신 해야 한다. 경영의 역사적 사례를 보면 성공한 비즈니스모델이라는 것은 기존 비즈니스모델보다 더욱 고객에게 가치를 줄 수 있는 모델이거나 다른 경쟁자가 쫓아올 수 없는 독보적인 경쟁력을 가진 모델을 의미한다. 끊임없는 혁신만이 급변하는 환경에서 기업이 생존하고 발전할 수 있는 유일한 방편임을 창업자는 인식해야 한다.

⠿ 경영성과 측정

일반적으로 경영의 목적은 경영성과를 달성하는 것이다. 창업기업도 마찬가지로 경영성과를 낼 수 있는 경영활동을 해야 한다는 것이다. 그런데 경영성과는 다차원적인 성격을 띠고 있어서 경영성과를 측정하는 지표도 다차원적으로 고려해야 한다. 첫 번째 창업기업의 경영성과는 효율성 지표와 효과성 지표로 분류할 수 있다. 효율성 지표는 생산성의 개념으로 파악되는 것으로 투입된 경영 자원 대비 산출된 경영성과 간의 비율 개념으로 이해될 수 있다. 효과성 지표는 목표로 하는 경영성과가 달성되었는지에 대한 여부이다(박정은, 김경민, 김태완, 2020). 창업기업의 효율성 경영 성과 지표로는 투자수익률, 제품 불량률, 매출액영업이익률, 총자본이익률 등이 있다. 경영성과의 효과성 지표로는 시장점유율, 매출액, 당기순이익, 고객 만족 등이 있다.

두 번째 주관적 성과와 객관적 성과로 구분하여 창업기업의 경영성과를 측정할 수 있다. 주관적 성과지표는 비재무적이고 넓은 개념의 성과를 측정하는 것에 유용하며 특히 소비자 관련 성과를 측정할 때 신뢰성과 타당성이 높다. 객관적 성과지표는 측정 편의가 발생할 가능성이 낮고 창업기업의 재무적 성과 측정에 유용하다(Stam and Elfring, 2008). 주관적 성과지표의 예로는 브랜드 로열티, 타인 추천 의사, 구매 의도, 브랜드 자산가치, 고객 유지율, 제품과 서비스 혁신, 신제품개발 속도, 고객 만족, 제품 품질 등이다. 객관적 성과지표는 시장점유율, 판매신장율, 매출액, 영업이익, 당기순이익, 투자수익률, 법인세 · 이자 · 감가상각비 차감 전 영업이익(EBITDA) 등이 있다. 세 번째 경영성과 지표를 시간의 순서에 따른 프로세스 관점에서 투입 지표, 과정 지표, 결과 지표로 유형화할 수 있다. 투입 지표로 고려될 수 있는 것이 광고 인지도, 브랜드 인도, 마케팅 비용, 손익분기 매출, 목표 판매량 등이다. 과정 지표는 시장침투율, 선호도, 수요의 가격탄력성, 매장취급률, 품절률, 반송률 등이다. 결과 지표는 매출액, 영업이익, 고객 만족, 브랜드 자산가치, 구매 의도, 타인 추천 의사 등이 있다.

경영자는 수립된 비즈니스모델을 근간으로 하여 종합적인 성과 지표 프레임워크를 만들어야 하는데 고려해야 하는 요소로는 효율성 vs. 효과성, 주관적 vs. 객관적, 투입 - 과정 - 결과의 차원이다. 물론 세 가지 차원 모두를 고려하여 프레임워크를 만들 수도 있으나 창업의 성격, 제품 특성, 시장 특성, 자사 특성 등을 고려하여 하나 내지 두 개 차원으로 성과지표 프레임워크를 만들 수도 있다. 그리고 경영자나 관리자는 구축된 성과지표를 지속적으로 모니터링하여 경영 상태를 진단하거나 평가해야 한다. 그에 따른 경영 판단과 의사결정을 하여 경영 성과를 높이는 것에 성과지표를 활용해야 한다.

Market Report
전직 유니콘 CFO가 말하는 '스타트업 허와 실'

"모 스타트업이 ○○○억 원의 기업가치를 인정받아 △△억 원의 투자를 유치했다." 스타트업 투자 유치 뉴스에서 흔히 접하는 문장이다. 문득 궁금해진다. 아직 이익도, 심지어 매출도 거의 없는 스타트업 기업가치를 도대체 어떻게 매긴 걸까. 손정의 소프트뱅크그룹 회장은 적자 상태였던 쿠팡과 겨우 막 흑자 전환한 야놀자에 무슨 생각으로 조 단위 투자를 한 걸까. 한때 모 유니콘 스타트업에서 최고재무책임자(CFO)를 지낸 A씨에게 스타트업 몸값 계산 공식을 직접 들어봤다.

■ 스타트업 몸값 계산 공식은
미래 이익 창출 능력 '상상'해서 베팅

"전통적으로 기업가치는 이익을 기반으로 매깁니다. 당기순이익이나 '에비타(EBITDA·감가상각전 영업이익)'를 통해 현금흐름 창출 능력을 살피죠. 그런데 스타트업은 이익이 나지 않잖아요. 그래서 미래 이익 창출 능력을 '상상해서' 기업가치를 매깁니다. 3~5년을 해도 상상이 안되면 10년 후까지 내다보게 되죠." A씨는 흰 종이 위에 2차 함수 그래프를 그려가며 차분히 설명을 시작했다. 그래프 가로축은 시간, 세로축은 고정비와 '공헌이익'이다. 공헌이익이란 매출액에서 변동비를 뺀 금액이다. 이는 영업이익과 고정비를 더한 값과 같다. 즉, 공헌이익에서 고정비를 빼면 영업이익이 나온다. 고정비 그래프는 일정하거나 완만하게 상승하고, 총공헌이익 그래프는 가파르게 상승할수록 스타트업의 기업가치는 높아진다(그래프 ①). A씨 설명에 따르면 대부분 테크 기업은 '고정비가

일정하거나 매우 완만할 것'이라고 투자자를 설득한다. 플랫폼 기업은 인건비 외에는 고정비가 거의 안 든다는 이유에서다. 반면, 시장점유율이 높아지면 총공헌이익은 기하급수적으로 늘어나 고정비 그래프와 간격이 벌어지고, "이를 통해 J커브를 그릴 수 있다"는 것이 스타트업 투자 유치의 단골 매뉴얼이다. 유동성이 풍부했던 지난 수년간은 이 공식이 그럭저럭 통했다. 벤처캐피털 업계에는 투자자금이 넘쳤고, 주식 시장도 호황이니 미래 성장 가능성에 대한 낙관론이 팽배했다. 먼저 무료로 이용자 수와 거래액을 늘린 뒤 과금을 시작하면 서비스에 익숙해진 이용자들이 순순히 비용을 지불, 수익이 극대화될 것으로 기대했다. A씨는 "공식 자체는 큰 문제가 없다"고 짚었다. 문제는 이런 공식을 업계 1위, 너그럽게 봐도 3위권의 스타트업에만 적용해야 하는데, 투자사 간 경쟁이 불붙으며 너도나도 J커브를 전제한 고밸류를 평가받게 됐다는 것. "변동비 성격이 강한데도 고정비라고 우겨 투자를 받아낸 곳이 많았습니다. 가령 테크 기업은 거래액이 늘면 그만큼 개발자나 서비스 인력도 늘려야 하는데, 이런 인건비 증가 리스크를 간과했어요. 고정비는 사업 규모가 커져도 증가해서는 안 되는데 말이죠. 과거에는 스타트업 주장을 그대로 믿었는데, 이제는 '정말 고정비가 맞는지' 뜯어보게 됐습니다." 이익 전망도 재평가에 들어갔다. 공헌이익이 J커브를 그리며 급증하려면 규모의 경제를 통해 원가를 절감하거나 가격을 인상해야 한다. 그런데 시장 경쟁이 치열해지며 어느 것 하나 쉽지 않아졌다. 45도 각도로 뻗어 나갈 것이라 기대했

울기가 30도에도 못 미치는 스타트업이 속출했다
(그래프 ②). 기울기를 높이려면 결국 고정비를 확
줄여야 했다. 인력감축과 마케팅 축소가 대표적인
방법이다(그래프 ③).

① 이상적 스타트업 성장 모델

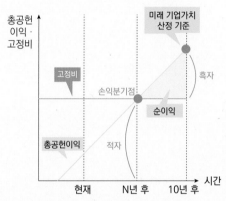

*고정비는 유지, 공헌이익은 증가해 흑자전환

③ 투자 감축으로 일시적 수익성 관리

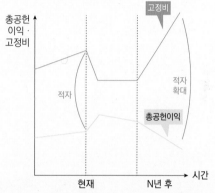

*인위적 고정비 감축했다가 다시 늘리며 적자 확대

② 실패한 스타트업 성장 모델

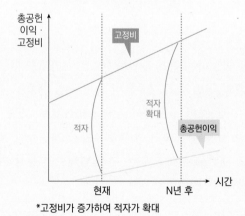

*고정비가 증가하여 적자가 확대

출처: 매경이코노미, 2022.06.01.~ 2022.06.07.

⋮ 성공 창업의 성장 전략

창업 성장 과정의 투자 유치 전략

창업이 성공하기 위해서는 창업 성장에 맞추어 원활한 자금 조달이 이루어져야한다. 창업 단계별 많은 자금이 요구되는 것이 현실인지라 성장 단계별로 계속적으로 투자를 받지 못하면 창업에 결국 실패하는 경우가 흔하다.

그림 9.1
스타트업 창업
과정에 따른
투자 유치 단계

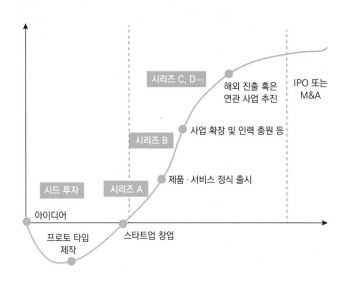

시드 투자 (Seed Investment)

스타트업 창업의 가장 초기 자금을 확보하는 단계로 일반적으로 크라우드 펀딩이나 엔젤투자를 받는 경우가 가장 흔한 방법이다. 대부분이 창업 준비 단계의 투자유치 형태이기 때문에 창업 아이디어를 보다 구체화하고 제품의 프로토타입을 제작하는 등에 필요한 자금으로 주로 사용된다. 여기서 엔젤투자란 개인들이 돈을모아 스타트업에게 자금을 대고 그 대가로 주식을 받는 투자 형태로서 통상 여럿의 존을 모아 투자하는 투자클럽의 형태가 많다.

크라우드펀딩은 군중 또는 다수를 의미하는 영어단어 크라우드(Crowd)와 자금조달을 뜻하는 펀딩(Funding)을 조합한 용어이다. 창의적 아이템을 가진 초기 기업가를 비롯한 자금수요자가 중개업자(온라인 소액투자 중개업자)의 온라인 플랫폼에서집단지성(The Wisdom of Crowds)을 활용하여 다수의 소액투자자로부터 자금을 조달하는 행위를 말한다. 대표적인 예가 테크, 패션, 푸드, 뷰티, 홈리빙 등 다양한분야를 크라우드 펀딩하고 스토어에서 판매하는 '와디즈펀딩', 문화예술, 출판, 패션, 게임 등 다양한 분야 크리에이터 프로젝트를 후원하는 '텀블벅' 등이 있다.

시리즈 A 투자 (Series A Investment)

스타트업의 첫 번째 대규모 자금 조달 단계로 벤처 캐피털 투자자들은 기업의 비즈니스 모델이 검증되었으며 상당한 성장 가능성을 가지고 있다고 판단하고 투자한다. 시리즈 A 투자자들은 단순히 돈만 주는 것이 아니라 기업의 경영진과 함께 비즈니스 전략 및 성장 방향을 논의하며, 자신들의 자금으로 기업의 인프라 구축, 마케팅, 인재 확보 등의 일련의 활동을 지원한다. 시리즈 A 투자는 보통 회사 설립자, 직원, 친구, 가족, 엔젤 투자자에게 발행되는 주식과 보통주식 선택권 이후 첫 번째 주식 시리즈이다. 이 단계는 스타트업이 초기 아이디어를 넘어 검증을 마친 후 시장 진출을 준비하는 단계로, 화려한 실적은 없지만 설득력 있는 수익모델로 투자자의 선택을 받는 단계이다.

시리즈 B 투자 (Series B Investment)

시리즈 B 투자는 스타트업을 빌드업하는 단계이다. 안정적으로 프로젝트를 꾸리기 위해 인력을 늘리거나 연구개발 자금이 필요할 때, 개발 단계를 지나 다음 단계로 비즈니스를 확장하고 시장에 진출하는 단계이다. 시리즈 B 투자자들은 피투자 기업이 성공적으로 시장을 넓힐 수 있도록 지원 활동을 펼친다. 투자 규모도 시리즈 A에 비해 늘어나며, 성공 가능성도 확보되어 50억 원부터 많게는 500억 원 이상의 투자가 이루어진다. 또한 시리즈 B에서는 투자한 벤처캐피탈의 의결권 활용이 늘어나기 시작한다.

시리즈 C 투자 (Series C Investment)

시리즈 C 투자는 스타트업이 이미 성공 궤도에 올라간 단계에서 발생하는 투자이다. 이 단계에서 스타트업은 시장 내에서 확실한 존재감을 갖고 스케일업에 집중한다. 국내뿐만 아니라 해외 시장을 대상으로 다양한 시장 진출을 모색하는 단계이며 새로운 제품 개발과 신시장, 특히 해외시장 진출, 다른 회사 인수 등을 위해 추가 자금을 모집하는 단계이다. 단기간 회사를 크게 키울 수 있는 빠른 방법은 인수합병(M&A)으로서 스타트업이 경쟁력이 있다면 합병을 통한 시장 장악력을 높이고 시너지 효과와 파트너십 가치 창출 등을 누릴 수 있다. 이 단계는 사업이 위험성이 줄어들기 때문에 헤지 펀드, 투자은행, 사모펀드 등의 대규모 투자자들이 늘어나고 더 큰 투자가 유치되게 된다. 이 단계에서는 기업 공개(IPO) 기대감이 커져서 기업 가치도 높아지게 되며, 성공적인 IPO를 위해 확고한 고객 기반의 매출 흐름 및 경영 성과 및 성장 가능성의 기록을 확보하는 것이 중요하다.

Market Report
크라우드펀딩 '텀블벅', 12년간 700만 건 · 3,000억 원 모았다

Backpackr *tumblbug*

텀블벅 누적 후원금
3,000억 원 돌파

누적 프로젝트 수
5만 건

누적 후원 수
700만 건

크라우드펀딩 플랫폼 '텀블벅'을 운영하는 백패커가 서비스 출시 12년간 5만 회 이상의 펀딩 프로젝트를 통해 누적 3000억 원의 금액을 모았다고 26일 밝혔다. 펀딩 참여는 700만 건에 달한다.

2011년에 출시된 텀블벅은 출판, 영상, 패션, 만화, 게임, 리빙 등 다양한 분야에서 크라우드펀딩을 진행했다. 초기에는 독립출판, 웹툰 등 창작 분야가 강세를 보였으나 2021년부터는 전문성을 기반으로 한 실용 · 취미 · 도서 분야가 빠르게 성장했다.

출판과 패션 카테고리의 대표적인 성과로는 드루이드가 되고 싶은 당신을 위한 안내서(2억 9000만 원), 워홀영어족보(7800만 원), 의류 · 잡화 부문은 한복 모티브 청자켓 '청룡포 자켓(5억 6000만 원),' 애착 가방(3억 원) 등이 꼽혔다.

김동환 백패커 대표는 "12년 동안 이뤄낸 성과는 창작자들과 후원자들이 도와준 덕분"이라며 "앞으로도 여러 분야의 창작과 의미 있는 프로젝트를 진행해 크라우드펀딩 산업을 더욱 발전시키겠다"고 말했다.

출처: 머니투데이, 2023.09.26.

Startup Workshop

1. 시장분석의 핵심인 수요예측(demand forecasting)을 하는 데 있어 가장 많이 사용되는 회귀분석(regression analysis) 방법론의 개념 및 장단점을 학습해 보자.

2. 자신이 생각하고 있는 가상의 비즈니스모델을 바탕으로 〈표 9.2〉의 손익계산서 예시를 참고하여 추정손익계산서를 만들어 보자.

3. 2번 문제에서 도출된 추정손익계산서를 바탕으로 경영성과의 3대 이익지표인 영업이익률, 법인세 · 이자 · 감가상각비 차감 전 영업이익(EBITDA), 당기순이익률을 계산해 보고 이익 성과에 대해 평가해 보자.

PART3 | 로켓 윙: 가치 운영 기반

CHAPTER 10 창업에 필요한 전략적 지향성

Strategic Orientation

류은상 엠티에스코리아 대표, '전략적 지향성' 시사점 제시

최근 학술계에선 중소기업의 어려움을 해결하고 경쟁력을 확보하기 위해 '전략적 지향성'에 대한 연구가 활발히 논의 중이다. 경쟁우위 원천으로서 그 중요성에도 불구하고 지금까지 이 분야에 관한 실증연구는 아직 미미한 수준이다.

류은상 (주)엠티에스코리아 대표(고려대 AMP 81기 회장)는 8일 서울 중구 대한상공회의소에서 열린 '2016년 춘계학술대회 및 제51회 희망중소기업포럼'에서 시장 지향성과 기업가 지향성의 전략적 선택에 대한 학술연구 논문을 발표했다. 중소기업은 국가나 산업의 경쟁력 강화에서 그 비중이 날로 높아져 고용증대와 경제 활성화에 큰 몫을 차지함에도 중소기업의 생존과 성장 발전에 대한 체계적이고 다양한 연구는 부족한 실정이다. 이날 류은상 대표는 중소기업의 실패원인으로 "기업가 정신의 결여, 경쟁력을 갖춘 기술의 부족, 작은 규모의 조직과 자금, 마케팅 능력의 부족 등"을 꼽고, 이론적 논의와 전략적 시사점을 제시했다. 특히 기업의 성공요인 중 핵심적 요소인 '시장 지향성'과 '기업가 지향성'에 대해 초점이 맞춰졌다. 이미 마케팅과 전략분야에서의 여러 선행연구에서는 두 지향성이 기업성과를 증진시키는 필수적인 요인으로 주목받고 있다. 이를 위해 류 대표는 기업이 통제할 수 있는 시장 지향성과 기업가 지향성과 기업이 통제할 수 없는 외부환경을 크게 시장 변동성과 기술변동성으로 나누고, 이들 환경의 각기 다른 조합이 기업의 성과에 어떤 효과를 내는지 접근했다. 시장변동성(저, 고)과 기술변동성(저, 고)의 2×2 조합에서 기업의 선택, 즉 시장 지향성과 기업가 지향성 중 어떤 지향성이 기업성과에 더 큰 영향을 미치는지를 분석한 결과, 시장변동성 고·기술변동성 저의 상황에서 시장 지향성의 영향이 기업가 지향성의 영향보다 유의적으로 큰 것으로 나타났다. 나머지의 조합에서는 양 지향성의 효과 간에 유의적인 파이가 없는 것으로 나타났다.

한편, 류은상 (주)엠티에스코리아 대표는 2007년 포스코 사내 벤처팀을 발판으로 엠티에스코리아로 사업체를 독립, 세이프티 펜스 시스템뿐만 아니라 공작기계 관리 및 오버홀(Overhaul)을 중심으로 사업을 전개하고 있다.

출처: 매일일보, 2016.04.08.

국내외 경제상황의 인플레이션과 경기침체 우려로 청년 실업률의 문제가 더욱 심각한 문제로 대두되고 있다. 청년 창업은 단기적으로 자기 자신의 고용이며, 성공 창업으로 고용 창출을 유도하고 장기적으로 혁신을 통한 경제 활성화의 원천이다. 평생직장의 개념이 없어진 현시대에 대학생을 비롯한 청년과 제2의 인생을 준비하는 장년층 등 모든 이들에게 창업은 취업의 대안적인 요인뿐만 아니라 인생 전체의 관점에서 보면 필수적인 고려사항이다. 창업에서 가장 기본은 기본적인 마음가짐, 즉 지향성이라 할 수 있다. 본 장에서는 창업에서 가장 중요하다고 생각하는 세 가지 지향성에 대한 논의를 해보고자 한다.

① 비즈니스의 근본이 되는 Business Orientation의 중요성에 대해 알아본다.
② 대표적인 창업가의 지향성인 기업가 정신에 대해 알아본다.
③ 능동적인 기업 활동을 위한 학습 지향성(Learning Orientation)에 대해 설명한다.
④ 마케팅의 시작점인 고객 지향성(Customer Orientation)을 설명한다.

창업을 하고 이를 성공시키기 위해 기업의 성과에 영향을 미치는 요인들을 규명하고자 하는 노력은 학계와 업계 모두에서 가장 중요한 연구주제 중의 하나이다. 창업을 연구하는 학자들은 창업을 하는 기업가의 개인적 특성, 역할지각, 행동 등이 기업의 성과를 결정하는 주요 요인으로 제시하였다. 하지만 그와 같은 연구들이 지닌 한계점은 성과에 대한 선행변수들의 설명력이 10% 정도에 불과하다는 사실이다.

이와 같은 연구들을 검토해 보면, 성과의 선행변수를 규명하고자 하는 연구들의 흐름은 개인적/상황적 요인(예 적성, 역할지각, 직무특성)에서 기업활동 관련 지식이나 적응적 행위와 같은 적극적인 활동 관련 변수로 그 초점이 변화하고 있음을 파악할 수 있다. 특히 구성원의 행동과 관련된 연구들은 기업관리 분야에서 가장 활발한 연구가 진행되고 있는 분야이다. 하지만 행위를 변화시키거나 성과를 만들어 내기 위해서는 근본적인 변화가 필요하다. 이에 최근 경영학의 연구에서 다시금 지향성에 관한 연구가 주목을 받고 있다. 행동과 성과에 영향을 미치는 근본적인 태도에 관한 주목이 무엇보다도 필요한 시기라고 할 수 있다.

또한 스타트업의 창업 성과에는 창업자가 차지하는 비중이 높을 수밖에 없다. 창업자의 비전, 역량, 의지 등에 의해 스타트업의 미래 진로가 결정되는 편이다. 창업자 성향 중 미래를 전략적으로 계획하고 돌파하는 속성을 종합적으로 표현하는 개념이 '전략적 지향성(Strategic Orientation)'이다. 본서에서는 이 전략적 지향성을 스타트업이 선택하는 전략적 초점이자 자원을 집중할 분야를 말하는데, 일반적으로 기업가적 지향성, 학습 지향성 그리고 고객 지향성이라는 3가지 요소로 구성된 것으로 간주한다. 전략적 지향성은 기업이 경쟁우위 확보를 위해 선택하는 기업 활동의 방향과 원칙을 의미하는 매우 포괄적인 용어이다.

초기 스타트업은 신제품 및 신시장 개발이라는 혁신과제의 성패가 생존의 결정적인 요인이다. 이 점을 고려하여, 혁신의 원천에 대한 대표 가설인 학습주도의 기술주도(Technology-Push) 가설과 시장 견인(Market-Pull) 가설을 토대로 고객 지향성(Customer Orientation)과 학습 지향성(Learning Orientation)을 중요한 전략적 옵션으로 설정하였다. 여기에 창업자의 역할이 절대적인 스타트업의 특성을 고려하여 창업자의 태도와 성향을 설명하는 기업가적 지향성을 또 하나의 차원으로 고려하였다.

첫째, 고객 지향성은 시장 지향성의 한 구성요소로 설명하였지만, 최근에는 독자적인 지향성 개념으로 설명이 된다. 시장 변화와 고객 행동에 대한 이해를 중시하며, 이를 토대로 사업 기회를 빠르게 포착하고 경쟁자에 앞서 시장을 선점하는 전략적 행동을 의미한다. 세부적으로, 고객에 대한 관찰과 소통을 중시하는 지향성이다. 고객 지향적 기업가는 창업성과의 달성을 위해서는 고객수요에 대한 명확한 이해와 경쟁기업에 대한 효과적 대응이 가장 중요하다고 인식한다. 따라서 고객 지향적 스타트업은 시장에서의 활동, 고객 만족에 대한 헌신, 경쟁우위를 중시하는 조직문화 구축, 고객 욕구 및 시장 상황에 관한 활발한 정보교환 등을 강조한다.

둘째, 학습 지향성은 조직 내외로부터 획득한 시장과 고객에 대한 정보 및 지식자원을 주요한 경쟁우위 수단으로 사용하려는 의지로 정의된다. 시장 지향성이 수요 중심의 시각이라면, 학습 지향성은 기업 측면, 즉 공급 중심의 시각이다. 따라서 학습 지향적 기업가는 시장을 분석하고 이해하는 것에 앞서 우수한 제품을 생산하는 것이 창업성과에 더 중요한 요인으로 인식하며, 연구개발, 신기술 습득, 제품성능 및 품질개선, 생산과 마케팅의 통합 등을 위한 조직차원의 학습 노력을 강조하고 궁극적으로 학습조직으로의 진화를 추구한다.

셋째, 창업자의 역할이 절대적인 스타트업에 있어서 창업자의 태도와 성향이 시장 지향성이나 학습 지향성과는 별개로 창업성과에 영향을 미친다는 기업가적 지향성(Entrepreneurial Orientation)의 효과에 대해서도 활발한 연구가 이루어지고 있다. 기업가적 지향성은 끊임없는 혁신을 추구하고, 위험을 감수하며, 시장의 불확실성에 진취적으로 대응하는 성향으로 정의된다. 시장 지향성과 학습 지향성은 창업자의 특성을 고려하지 않는 반면, 기업가적 지향성은 동일한 전략적 지향성을 가진다 하더라도 이를 추구하는 방법과 절차가 창업자의 태도와 성향에 따라 차별화된다고 본다. 따라서 창업자의 기업가적 지향성은 전략적 지향성과 밀접한 관련을 가지며, 시장 지향성 및 학습 지향성과 상호 보완적인 역할을 한다.

기업가 정신과 창업 의지

기업가 정신은 혁신적이고 진취적이며 계산된 위험을 감수하려는 성향이라고 할 수 있다. 평생직장의 개념이 없어진 현시대의 대학생들에게 이러한 기업가 정신 역량의 함양은 상당히 중요하다. 국내외 많은 연구자가 자기효능감, 관계적 지원, 창업 교육프로그램, 창업공모전 참여 동기, 창업 행동, 목표 지향성, 학습환경, 환경 의식 등의 기업가 정신과 창업 의지의 선후행 변수를 사용한 실증 연구를 진행하였다. 또한, 대한민국 대부분 대학에서는 대학생의 창업 육성을 위하여 비교과 프로그램으로 창업동아리를 교과 프로그램으로 창업 강좌를 운영하고 있다. 여기에서 강조하고 있는 것도 기업가 정신이다.

기업가 정신은 현재 보유한 자원이 부족하지만, 기회를 발견하며 강력한 리더십으로 생각하고 움직이는 사람들의 정신이다. 또한, 기업가 정신은 사회를 변화시키는 사람의 창의적인 행동으로 기업가가 환경변화에 창의적으로 적응하기 위한 행동이라고 했다. 이처럼 기업가 정신은 학자마다 다양한 정의가 있지만, 일반적으로 많은 실증 연구에서 밀러(Miller, 1983)의 계산된 위험성을 감수하고, 시장 상황에 진취적으로 대응하며 제품과 시장의 혁신을 추구하는 성향으로 정의한다. 밀러의 기업가 정신 정의를 기반으로 하여 기업가 정신 하위요인을 혁신성, 진취성, 위험감수성의 세 가지로 구분한다.

혁신성(Innovativeness)은 새로운 변화와 혁신을 선호하고 추구하면서 문제를 해결하려는 노력으로 새로운 아이디어를 비즈니스 기회로 전환하는 독창적이고 혁신적인 역량을 의미하며, 진취성(Proactiveness)은 새로운 기회를 선제적 및 적극적으로 포착하기 위한 노력을 의미하며 어려운 일이 있더라도 새로운 방안을 제시하기 위해 정보를 탐색하고 능동적으로 문제를 해결해나가는 미래지향적인 성향을 말하며, 마지막으로 위험 감수성(Risk-Taking Propensity)은 불확실한 결과가 예상됨에도 과감히 도전하려는 의도를 의미하며 기회를 포착하고 불확실한 상황에서 과감히 의사결정을 하고 계산된 위험을 감수하고 사업을 수행하는 것을 말한다.

중소창업기업이 지속성장을 하며, 안정적인 성과를 내기 위해서는 현실에 만족하고 안주하지 않으며, 끊임없이 새로운 사업기회를 탐색해야 한다. 기업가 정신은 이러한 중소창업기업들이 새로운 사업기회를 찾는데 있어 매우 중요한 역할을 한다. 이러한 기업가 정신(Entrepreneurial Orientation)은 진취적이고 혁신적이며, 위험을 감수하면서도 도전적인 활동을 하려는 창업가의 성향이라고 할 수 있다. 다시 말해서 기업가 정신은 경쟁자와 차별될 수 있는 혁신적인 제품이나 서비스를 개발하기 위한 의사결정 프로세스와 실행으로 설명할 수 있으며, 이러한 프로세스 내 의사결정의 스타일, 방법, 실행에 대한 전략적 성향이라고 할 수 있다. 다시 말해서, 중소창업기업에게 기업가 정신은 기업이 가지고 있는 새로운 가치 창출을 위해 진취성, 혁신성, 위험감수성의 성향을 바탕으로 자원을 재분배하거나 재결합하는 활동이라고 할 수 있다.

밀러의 기업가 정신 하위요인

① 혁신성

혁신성은 기업가 정신(Entrepreneurship)의 핵심 개념으로 1942년 슘페터(Schumpeter)가 생산과정 전체 또는 생산과정 중 공정이나 기술적인 혁신, 디자인 개발, 신시장 개척, 프로모션 등의 단계별 과정에서 적극적으로 새로운 방식을 도입하고 추진하려는 활동이라고 주장한 이후 많은 연구자들이 기업 내혁신의 중요성을 규명하여 왔다. 새로운 아이디어, 신제품, 실험과 창조적 과정을 수행하는 이유는 기존의 실행체계나 기술보다 나은 결과를 얻고자 함이다. 이런 기술 혹은 제품과 시장의 혁신활동이 활발한 기업일수록 새로운 기회를 추구하는 경향이 있다.

혁신성은 새로운 기회와 새로운 해결책을 찾고자 하는 기업의 노력, 즉 대담하고 광범위한 행동에 개입하고자 하는 기업의 욕구라 할 수 있다. 신제품, 신서비스, 색다른 경험, 기술적인 리더십 그리고 새로운 프로세스 개발, 창조성을 장려하는 혁신성이야말로 기업가 정신의 중요한 구성개념이라고 할 수 있으며, 경영자가 경영상의 문제점을 해결하는 데 도움을 주고, 조직의 생존과 미래 성장의 기반을 제공해준다.

② 진취성

진취성은 새로운 분야를 만들어 내고, 해당 분야를 선도하려는 성향이며, 진보성과 관련되어 널리 연구되어 온 요소이자 중요한 창업 지향성의 한 요소이다. 이러한 진취성을 바탕으로 하는 창업가의 가장 훌륭한 전략 중 하나는 새롭게 만들어진 시장 및 기술의 개척자·개발자로서 이러한 기회를 자본화 혹은 기업의 성과로 만드는 것이다.

중소창업기업들에게는 시장에서의 경쟁을 위한 자원이 상대적으로 제한적이기 때문에, 이러한 상황에서 중소창업기업들이 경쟁우위를 갖기 위해서는 가벼운 규모의 조직을 활용하여 빠른 속도(Speed)로 시장진입과 고객의 요구에 즉각적으로 대응하는 활동 능력을 필요로 한다. 개발도상국 및 중국과 같이 과도기적 격변기의 경제하에서 빠르게 변화하는 시장 환경과 급속한 고객들의 니즈의 변화는 시장지향적이고 진취적인 창업기업들에게 오히려 많은 기회를 제공한다. 대부분의 경우 중요한 시장정보는 획득하기 어려우며, 운 좋게 그러한 정보들을 얻었다 할지라도 빠르게 기업의 전략에 적용하지 않으면 그것은 이미 낡은 정보가 되어 시장에서 더 이상 쓸모가 없어지게 된다. 따라서 업가의 가장 핵심적인 성공 요인으로 속도, 기습적 선점 그리고 탁월한 결정을 들 수 있다. 이러한 요인들이 창업지향성의 진취성과 기초적인 개념을 함께 한다.

③ 위험 감수성

위험감수성은 어떠한 위험에도 불구하고 새로운 기회를 포착하려는 정신으로 창업가 자신의 보유자원이나 환경에 구애를 받지 않고 기회를 추구하는 것이다. 다양한 학자들이 위험감수성에 대하여 전략적 위험의 세 가지 유형을 규명하였는데, 첫째는 미개척 분야의 신기술에 대한 투자이고, 둘째는 비교적 많은 자본비율의 투입이며, 셋째는 높은 비중의 차입 등을 들었다. 즉, 경영관리에서 위험감수성이란, 새로운 시장에 신제품을 진입시키거나 미개척분야의 신기술에 자원을 투입하기 위해 많은 차입 혹은 높은 비율의 자산을 투입하는 그 자체를 의미한다.

기업가 정신이 높은 중소창업기업은 시장에서 기회를 획득하기 위해 고수익을 추구하는 가운데 발생할 수 있는 높은 위험감수성향을 나타내는 것이다. 기업의 자원관리관점에서 자원은 고성과와 경쟁우위를 결정짓는 가장 중요한 요소이다. 자원이 부족한 중소창업기업이 고위험의 프로젝트에 과도하게 투자한다면 즉, 투자의 결실을 거둘 때까지 오랜 기간 위험한 투자를 지속한다면 중소창업기업은 재무상의 위험을 초래할 것이다.

중소창업기업은 불확실한 미래를 향해 혁신적인 프로젝트를 지속할 만큼 위험을 감내할 의지를 가지고 있지 않다. 중국과 같이 성장률이 높은 나라들의 중소창업기업은 높은 불확실성과 경제시스템의 과도기적인 격변기로 더욱 커다란 위험에 직면해 있다. 이런 창업기업이 신기술 또는 새로운 분야에 모험적으로 도전하거나 과도한 자산을 투입할 때 그들은 기업의 존재를 위태롭게 하는 자원부족 현상에 직면하게 되며, 그런 상황에서 과도한 위험 감수성향은 기업의 성과에 부정적인 영향을 미치게 된다.

앞에서 논의한 기업가 정신의 하위요인인 혁신성, 진취성, 위험 감수성은 창업자의 대표적 개인특성 변수로 창업 의지와 창업 행동에 연관성이 매우 높은 것으로 인식되고 있다. 자신의 기발한 아이디어와 생각을 실행하는 데 있어 다른 사람들보다 진취적으로 행동하고 계산된 위험을 감수하는 기업가 정신이 탁월한 대학생들의 창업 의지가 높을 것으로 예상한다.

창업 의지는 미래의 어느 시점에 창업을 행동으로 옮길 생각으로 아이디어를 고민하고 계획을 세워 창업하려는 심리적 지향성이다. 창업은 실패 확률이 상당히 높아서 위험이 따르며, 성공적인 창업을 위해서는 철저한 계획과 준비하는 과정이 필요하다. 즉, 창업은 일상적 행동과 달리 강한 의지가 동반되어야 하며, 계획과 준비의 첫 번째 단계가 창업 의지라고 말할 수 있다. 따라서 창업자에게 창업 의지는 비즈니스 추진하여 목표를 달성하는 데 사용할 수 있는 지식을 찾는 과정인 것이다.

⦂ 창업자의 학습 지향성

흔히 오늘날은 지식경제의 시대라고 한다. 이와 같은 시대에 지식은 제품이나 서비스의 혁신, 생산, 마케팅, 판매 등의 영역에서 가치를 창출하기 위한 핵심적인 요소가 되고 있다. 지식경제 시대의 또 다른 측면은 고객들이 이전보다 더 많은 것을 알고 있으며, 그들의 필요나 욕구 또한 첨예하게 다양화되고 있다는 점이다. 이러한 변화의 중심에는 인터넷을 통한 각종 정보의 확산이 자리 잡고 있다. 이와 같은 환경변화 속에서 기업을 경영하는 경영자는 고객들이 보유하고 있지 못하고 있거나 부족한 정보를 보유해야만 하고, 이전보다 더 다양하고 다양한 지식을 습득하도록 요구되는 상황에 이르러 있다.

최근 비즈니스 전략을 실제 현장에서 잘 적용할 수 있도록 하는 전략실행에 관한 연구가 많이 이루어지고 있다. 기업은 단순히 유형의 자산뿐만 아니라 브랜드, 노하우 등 무형의 자산이 실질적 경쟁력을 더 높인다. MIT의 시스템 사고와 조직학습 주창자인 Peter Senge는 학습조직의 개발을 주장하고 조직 차원의 실험, 적응, 학습과 지식개발을 고취하는 방법을 규정하였다. 특히 무조건 열심히 일하는 것은 성과에 도움이 되지 않고 학습 목표 중심으로 스마트하게 일하는 것(Working Smart)이 무작정 열심히 일하기(Working Hard)보다 나은 성과로 이어진다. 이에 따라 기업

구성원의 생산성은 조직이 학습 중심으로 발전하느냐 아니냐에 의존하며, 이런 구성원의 학습활동은 다변화하는 기업환경에 효과적으로 대응할 수 있는 기반이 된다. 이와 같은 중요성에 기인하여, 조직학습이나 시장정보사용과 같은 주제는 마케팅 전략 분야에서 오랫동안 관심을 받아왔던 연구 주제 중의 하나였다.

기업활동을 경쟁력 있게 수행하기 위해서는 시장과 고객에 대한 정보를 습득하여 이를 적절히 활용해야 한다. 또한, 기업의 수익창출원인 영업과 마케팅의 역할이 제품의 제공자나 판매를 위한 설득자의 역할에서 문제를 해결하거나 파트너를 위한 가치를 창출해 주는 역할로 변화해감에 따라 구성원들의 지식 습득 및 활용을 포함한 학습활동의 중요성은 더욱 증가하고 있다.

기업이 생존하고 성장하기 위한 효율적인 영업활동을 수행하는 데 필요한 지식은 대고객에 관련된 정보뿐만 아니라, 고객, 제품, 경쟁, 시장 및 산업 전반에 걸친 포괄적인 정보가 필요하다. 학습 중심의 사람들은 "어떻게 하면 좀 더 효과적으로 일을 할 수 있는가"를 탐색하는 프로세스를 즐긴다. 그들은 업무상황에 도전하는 데에 매력을 느끼며, 실수에 대해 심하게 낙심하지 않는다. 그들은 그들의 직무로부터 나오는 개인의 성장과 전문성의 느낌에 가치를 느낀다. 효과적인 기업활동을 수행하기 위해 가장 기본적으로 필요한 지식은 고객에 대한 지식이다. 다양한 형태의 고객 관련 지식이 기업성과에 긍정적인 영향을 미친다. 판매성과를 높이는 데 필요한 기업가의 역량으로 다양한 지식이 요구되는데, 크게 시장에 대한 지식과 제품에 대한 지식으로 구분한다. 마케팅과 영업 부문에서 핵심적인 필요역량으로 시장과 제품에 대한 지식습득 및 활용에 관한 역량이 있다. 고객의 요구에 따라 능동적으로 기업 구성원의 행동을 바꾸기 위해서는 다양한 형태의 지식이 필요하다. 앞서 언급하였듯이 학습활동은 시장 전반에 대한 학습과 고객 및 제품에 대한 학습으로 구분한다. 여기서 시장 전반에 대한 학습은 산업 및 시장의 변화를 감지하고 그와 관련된 정보를 습득하려는 노력으로 정의할 수 있다. 고객과 제품에 대한 학습은 고객을 이해하고 자사 및 경쟁사 제품의 특성을 정확하게 이해하기 위해 해당 정보를 습득하려는 노력이다.

경쟁의 강도가 점점 강해짐에 따라, 빠르게 변화하는 환경에 대해 학습하고 적응하는 것은 매우 중요하다. 고객정보를 통해 고객니즈 변화를 빠르게 학습해야만 한다. 특히 B2B 시장에서의 성공의 열쇠는 고객의 구매 행동에 대해 이해하는 것이다. 하지만, 조직의 구매 프로세스는 다이내믹하고 복잡하므로 이해하기 힘들다. 구매자들은 복잡한 이슈에 직면하고, 이러한 상황의 복잡성에 대처하기 위해 특정한 상황별 구매 활동을 안내하는 룰을 개발했다. 구매자는 변화하는 환경을 진단하고 변화된 상황에 적합한 특정 구매 활동을 수행한다. 따라서 고객 구분 능력을 향상하려는 방안이 개발되어야 하며, 이를 위해 고객정보를 지속해서 수집하고 이를 관리하여 체계화할 필요가 있다. 아울러 순간 대처 능력보다는 체계적인 고객대응능력의 관점에서 재조명되어야 한다. 구성원들에 대한 교육은 다양한 차원에서 제공될 필요가 있다. 제품에 대한 단편적인 지식이나 고객 상담기술에 대한 교육보다는 제품 전반에 관한 상식과 교육을 제공할 필요가 있다.

시장기반학습은 구성원들의 행동과 태도에 긍정적 영향을 주고 이들의 지식구조는 상황에 대한 인식을 촉진하고 각 상황에 적합한 전략에 접근성을 높인다. 소속 산업 내에 트렌드에 대한 명확한 파악을 위해서 학습활동이 중요하고, 단기뿐 아니라 장기적 성공을 위해서도 필요하다. 기존에 갖추어진 조직 내 정보뿐 아니라 외부에서 오는 변화에 대한 감지를 통해 탐색적으로 학습할 수 있는 것이 매우 중요하다. 성공적인 기업가는 자신의 부족함을 잘 인식하고 학습 지향성을 가지고 있다. 특히 자사와 산업 내 경쟁 등에 대해 자세한 정보습득을 성실하게 수행하고 있다. 기업의 경영자는 본인이 속한 산업과 시장에 대하여 핵심 및 인접 시장의 지식, 비지니스모델을 지원하는 맞춤형 채널 구성을 위한 정보 확보, 고객에 대한 규정, 이해당사자 관계도, 지속적인 성장을 위한 경쟁제품 인식과 확장을 위한 제품 및 보다 나은 서비스에 대한 소싱 정보 등 다양한 정보와 지식이 필요하다.

경영자가 갖추어야 할 구체적인 시장에 대한 학습활동을 크게 세 가지 분야로 볼 수 있다. 첫째 산업 및 시장의 트렌드 파악을 위한 학습노력과 둘째 산업 및 시장 내의 직간접 경쟁에 대한 학습 노력(인지 노력과 정보 수집력), 셋째 기업과 산업 내 축적된 데이터 활용도 세 가지로 축약됨을 알 수 있었다. 이러한 세 가지 학습 요인들을 통해 경영자는 자신의 역량을 강화하고, 이를 통해 제품의 가치를 전달하는 서비스 역량을 강화하고, 궁극적으로 행동의 변화와 성과의 향상을 가져올 것이다.

⋮ 창업의 기본 중의 기본: 고객 지향성 (Customer Orientation)

충성적인 고객의 확보는 성공적인 기업을 만드는 데 있어서 가장 중요한 이슈이다. 신규 고객확보를 통한 성장은 중요하다. 그러나 기존 고객과의 장기적인 관계 형성을 통해 지속적이고 안정적인 성장의 중요성이 대두되면서 장기적인 측면에서 고객을 이해하고 고객과의 관계를 중시하는 고객지향성의 중요성이 대두되고 있다. 여기에서 가장 중요한 것은 자사의 핵심역량과 적합한 고객을 찾아내고 그 고객의 장기적인 가치를 충족시켜줄 수 있도록 고객과의 관계를 형성하는 것이다. 관계를 중시하는 비즈니스의 시작은 최고경영층부터 말단사원에 이르기까지 모든 구성원이 고객가치를 최우선으로 두는 고객지향성을 가져야 한다는 것이다.

기업이 성공하기 위해서는 고객 지향성이 기업의 핵심 가치로 자리잡고 기업의 구성원들도 고객의 가치를 최우선으로 두는 기업활동에 초점을 맞춰야 한다. 기업이 만들 수 있는 것을 만들어서 파는 것이 아니라 고객이 원하는 것을 만들어서 잘 전달하는 것, 이것이 고객 지향성으로의 사고의 전환이고 기업활동의 기본이다.

고객 지향적 기업은 기업의 내외부적으로 발생하는 모든 기업활동의 중심에 고객을 둔다. 즉 고객 지향성은 모든 가치를 고객에게 두고 고객을 학습하며 고객의 니즈를 충족시키는 최상의 가치를 가장 중요하게 생각하는 것이라고 할 수 있다. 영업이 최고의 핵심 역량인 웅진의 경우를 살펴보자. 웅진은 목표 고객인 주부들에게 집에 필요한 모든 것을 만들어서 판매하는 것을 사업모델로 개발해 성공했다. 이때는 철저하게 고객이 원하는 것에 초점을 맞추었다. 하지만 그 후 집에 들어가는 것을 만드는 것을 넘어서 아예 집을 만들어 보자는 취지로 사업을 확장, 건설업에 뛰어들었다. 핵심 고객인 주부들에게 좋은 집을 만들어서 제공하고 그 집에 들어가는 모든 것을 만든다는 취지는 그럴듯하지만 정작 고객에 대한 이해가 부족했다. 고객이 같은 주부이지만 정수기와 집에 대한 고객의 가치는 확고하게 다르고 구매 의사결정 또한 다른 방식이다. 웅진이 위기에 처하게 된 것에는 다른 여러 가지 요인들이 존재하지만 가장 핵심은 고객의 가치에 대한 잘못된 이해로 비롯된 것이다. 고객 지향성에 바탕을 두고 고객과 관계를 형성하고, 형성된 관계를 통해 최상의 가치를 고객에게 전달하는 것이 고객 지향성이다. 고객가치와 고객 관계 창출이 없다면 어떠한 기업활동도 지속적이지 못하며 장기적으로 이윤을 창출할 수도 없을 것이다. 모든 기업 활동의 시작점인 고객 지향성은 고객에 대한 이해에서 시작된다. 그리고 고객지향성을 높이기 위해서는 다음 몇 가지 이슈에 주목해야 한다.

니즈를 정확히 이해하고 충족시켜주기 위한 조직 전체의 역량과 자원 집중

고객의 니즈는 고객의 문제 지각(Problem Recognition)에서 시작된다. 이야기를 많이 하면 목이 마르고 배가 고프다. 그래서 사람들은 무엇인가를 마시고 먹고 싶은 욕구가 생긴다. 이 과정에서 목마름과 배고픔이 고객이 지각하는 문제고 마시고 먹고 싶은 욕구가 니즈이다. 이를 구체적인 제품으로 고객에게 제공하는 것이 기업이 제시하는 구체적 욕구(Wants)이다. 웅진의 경우에도 고객의 문제와 니즈는 집에 들어가는 모든 것이 아니고 고객이 집에서 생활하면서 필요한 편리한 무엇이었다. 겉으로 보이는 니즈와는 달리 문제는 숨어 있는 요소이다. 정확한 고객의 니즈에 대한 이해가 새로운 비즈니스를 창출하고 기업이 성장하는 데 가장 필수적인 요소이다.

고객 지향성은 고객에 대한 가치를 최상으로 두는 것을 의미하며 이것이 고객이 원하는 것을 다 들어준다는 것은 아니다. 이는 고객가치에 대한 학습의 중요성을 강조하는 것이다. 많은 경우에 고객은 니즈를 가지고 있지만, 원하는 것(Wants)이 정확하게 무엇인지를 모르고 있는 경우도 많다. 즉 고객의 니즈를 정확하게 이해하고 이를 만족시켜주기 위해 최선을 다한다는 것이지 무엇이든 원하는 것을 다 들어준다는 의미는 아니다. 스티브 잡스가 이야기했듯이 고객은 기업이 제품으로 보여주기 전까지는 무엇을 원하는지 정확하게 모른다.

시장 이해를 강조하고 모든 구성원에게 시장에 대한 지식 학습 및 공유

기업의 모든 구성원을 통해 구체적인 시장에서의 고객과 경쟁사에 대한 정보를 획득하고 이를 기업 내의 마케팅을 비롯한 다른 부서의 구성원들과 공유하고 해석해 시장 지식을 만드는 것이 중요하다. 이를 위해 기업의 구성원은 학습 지향성을 가져야 하고 시장에 대한 학습에도 전사적인 지원이 있어야 할 것이다.

또한, 수시로 고객의 현장을 방문해 현장에서 어떠한 문제가 생기고 어떠한 니즈가 있는지를 대화하고 관찰한다. 오늘날 3M의 성공 제품인 스카치테이프나 다양한 종류의 포스트잇 등이 이러한 과정에서 개발되고 진화한 것이다. 즉, 모든 구성원의 역할은 본인의 고유한 업무뿐만 아니라 시장 동향을 파악하고 이를 학습해 신제품 개발과 마케팅 과정에 적용하는 것을 포함해야 한다. 이를 위해 최고경영자의 의지와 지원이 확고해야 한다.

고객시스템을 강화하고 혁신적이고 차별화된 만족을 주는 제품 및 서비스

기업은 제한된 자원으로 시장에 존재하는 모든 고객의 니즈들을 충족시켜줄 수는 없다. 따라서 기업은 자사의 핵심 경쟁력을 개발해 전체 고객이 아닌 기업이 목표로 하는 고객(Target Customer)의 정확한 욕구를 충족시켜주는 것에 최선을 다해야 한다. 즉, 선택과 집중을 통해 기업의 자원이 효율적으로 사용되도록 해야 한다. 오늘날 기업 대부분은 CRM 시스템을 가지고 있다. 특히 금융산업과 유통기업들에 CRM은 매우 중요하다. 하지만 많은 기업의 현장 직원들에게 이러한 시스템은 하나의 짐, 혹은 부담 요인이다. 가장 큰 문제는 제대로 된 고객 자료 시스템이 구축되어 있지 않고, 구축되어 있더라도 정말 현업에서 필요한 자료는 누락되거나 수집되지 않는다는 점이다.

핵심 고객을 발굴하기 위해서는 그 고객의 구매 행동과 구매 결정요인과 같은 구매와 관련된 행동이나 태도와 관련된 정보가 필요하다. 이러한 정보는 구성원들에 의해서 혹은 실제 사용 내역 자료를 분석해 획득할 수 있다. 하지만 여전히 많은 기업들은 고객의 인적 정보 수집에만 매달려 있고 인적 정보를 바탕으로 고객에게 판매촉진이나 텔레마케팅을 진행하고 있다.

⁝ 고객 지향성을 위한 제언

고객 지향성을 높이기 위해서는 최고경영자와 구성원의 기본적인 태도에서부터 업무활동에 이르기까지 고객에 대한 태도와 행동이 변화하는 것을 요구하고 이 과정에서 윤리적인 행동을 강조해야 한다. 구성원의 성과평가도 판매액, 매출액 등의 수치에 의한 정량적인 평가도 중요하지만, 고객 중심의 고객만족도, 충성도 등의 지표들에 초점을 맞추는 것도 필요하다. 관리자도 관리적 활동에서 기업가적 활동으로 인식의 전환이 필요하고, 단순한 관리자의 역할이 아니라 리더의 역할로 거듭나야 할 것이다. 또한, 전사적으로 자사 제품에 만족한 고객이 유사한 제품을 판매하는 경쟁사 제품으로 전환하지 못하게 유지하고 관계를 형성해 충성고객으로 전환하기 위해 노력해야 한다. 그리고 최고경영자도 고객 관리를 하기 위한 가장 효율적이고 효과적인 지원 및 관리 방법을 생각하는 데 많은 시간과 노력을 기울여야 한다.

표 10.1
창업역량 평가지표

구성 요소	평가 항목
1. 끈기	• 과제를 시작하면 지치더라도 끝낸다. • 주위가 산만해도 계속 집중해서 일한다. • 나는 일할 때 나 자신에게 많은 것을 요구한다. • 좌절이나 실패 후에도 나는 당면한 작업을 계속한다. • 나는 명확한 목표를 가지고 일한다. • 중요한 사유가 있을 때만 계획을 변경할 수 있다. • 과제가 어려워도 즉시 작업을 시작한다.
2. 자기 인식	• 다른 사람들에게 내 접근 방식에 대해 어떻게 생각하는지 물어본다. • 스스로 해결할 수 없는 경우 도움을 요청한다. • 다른 사람의 비판을 통해 배운다. • 실수를 자연스럽게 인정한다. • 다른 사람들과 협력하면서 배운다.
3. 학습지향	• 업무를 더 잘하기 위해 교육 과정에 참석한다. • 나는 어떤 교육과 과정이 있는지 조사한다. • 특정 교육을 받을 수 있는 곳을 알고 있다. • 배우기 위해 추가로 노력할 의향이 있다. • 나는 함께 일하는 분야에서 어떤 새로운 개발이 일어나고 있는지 항상 알고 있다. • 나는 배우고 싶다.

4. 투자수익 인식	• 나는 어떤 일을 할 때 지속적으로 예산을 모니터링한다. • 돈을 투자하기 전에 다른 가능성을 검토한다. • 리소스를 어떻게 사용할지 생각한다. 나는 내 리소스를 가능한 최선의 방법으로 사용하려고 노력한다. • 나는 무언가를 시작하기 전에 비용이 얼마나 들지, 그로부터 무엇을 얻을 수 있을지 생각하려고 노력한다. • 나는 비용을 통제할 수 있는 방법을 알고 있다. • 나는 내가 하는 일에서 이점을 얻을 수 있다.
5. 결단력	• 혼자서 어려운 결정을 내린다. • 주도적으로 행동하는 것을 좋아한다. • 상황을 빠르게 평가할 수 있다. • 계획을 성공적으로 실현하기 위해 사람들과 대화한다. • 독립적으로 의사 결정을 내린다. • 신속하게 의사 결정을 내린다. • 사용 가능한 리소스를 드물게 사용한다.
6. 미래를 위한 계획	• 상황이 바뀌면 계획을 조정한다. • 필요한 결과를 얻지 못하면 즉시 계획을 조정한다. • 나는 새로운 기회가 생기면 계획된 접근 방식을 조정한다. • 계획이 예상과 다르게 진행되면 새로운 계획을 세운다.
7. 독립심	• 나는 내가 할 일과 하지 말아야 할 일을 스스로 결정하는 것을 선호한다. • 먼저 혼자서 문제를 해결하려고 노력한다. • 자유로울 때 최고의 성과를 낸다. • 나는 스스로 할 수 있는 일에 많이 의존한다. • 나는 내 행동에 책임을 진다.
8. 인적 네트워크 구축	• 나는 다른 사람들과 여러 차례 대화를 나눈다. 나는 단지 무언가를 성취하고 싶어서 이런 일을 하는 것이 아니다. • 나는 다른 사람들에게 자연스럽게 다가간다. • 흥미로운 사람들을 만날 수 있는 이벤트에 참석한다. • 새로운 사람을 만나는 것을 좋아한다. • 다른 사람과의 연락을 유지하기 위해 필요한 조치를 취한다. • 도움이 필요할 때 누구에게 문의할 수 있는지 알고 있다. • 나는 필요한 것이 있으면 감히 다른 사람에게 다가간다. • 나는 내가 아는 사람을 추천하여 다른 사람을 돕는다.

9. 설득 능력	• 나는 강력한 논증을 구축할 수 있다. • 나는 논증으로 다른 사람을 설득한다. • 나는 내 아이디어를 명확하고 일관된 방식으로 설명한다. • 나는 사람들이 내 아이디어에 열광하도록 만들 수 있다. • 나는 내가 달성하고자 하는 것을 다른 사람들에게 명확히 밝힌다. • 나는 내 아이디어의 장단점을 말할 수 있다. • 나는 대화 상대에 맞게 내 주장을 조정한다. • 나는 다른 사람들에게 내가 어떤 결정을 내린 이유를 설명한다. • 나는 열정적인 방식으로 내 메시지를 전달할 수 있다. • 무언가를 결정할 때는 그 이유를 정확히 알고 있다.
10. 기회 파악	• 시장에 필요한 것이 무엇인지에 대한 독창적인 답변을 제공할 수 있다. • 내 섹터에서 판매 중인 제품이 무엇인지 알고 있다. • 시장에 출시할 새로운 제품이나 서비스에 대한 독창적인 아이디어가 있다. • 고객이 새로운 제품이나 서비스를 원할 때를 알고 있다. • 내가 활동하는 분야에서 일어날 새로운 발전에 대해 미리 생각할 수 있다. • 나는 환경에서 어떤 비즈니스 니즈와 요구사항이 있는지를 알고 있다. • 나는 기회에 대해 창의적으로 대응할 수 있다.
11. 시장에 대한 통찰	• 내 경쟁자가 누구인지 알고 있다. • 누가 내 경쟁자가 될 수 있는지 알고 있다. • 경쟁사에 대한 정보를 수집하려고 한다. • 경쟁사와 접촉하려고 한다. • 기술 발전에 대해 알고 있는지 확인한다. • 내 분야의 전시회를 방문한다. • 나는 무슨 일이 일어나고 있는지, 무엇이 필요한지 알기 위해 다른 사람들과 이야기한다.
12. 사회와 환경 을 고려한 행동	• 사회, 경제, 환경 문제에 대해 생각한다. • 나는 결정을 내릴 때 인간과 환경 문제에 주의를 기울인다. • 나는 다른 사람들에게 연대의 필요성과 모두에게 기회가 필요하다고 설득한다. • 나는 이익과 손실뿐만 아니라 인간과 환경 문제도 고려한다. • 내가 무언가를 할 때, 그것은 사회에도 유용해야 한다. • 나는 재활용을 통해 환경을 보호한다. • 나는 장애가 있는 사람, 학력이 높거나 낮은 사람, 이주민 등 모든 유형의 사람들과 협업할 수 있다.

출처: Kyndt, Eva and Herman Baert(2015), Entrepreneurial Competencies Assessment and Predictive Value for Entrepreneuship, Journal of Vocational Behavior, 90, 13-25.

Startup Workshop

1. ⟨표 10.1⟩의 창업역량 평가지표의 12가지 역량에 대해 항목별로 '1점(전혀 그렇지 않다)' ~ '7점(매우 그렇다)'을 기준으로 응답한 후 역량별로 자신의 현재 상황에 대해서 평가해 보자. 어떤 역량이 강하고 어떤 역량이 부족한지를 파악해 보고, 부족한 역량은 각 역량의 항목별로 세부적으로 부족한 점에 대해 어떻게 개선할 것인지를 작성해 보자.

역량	점수	강점	단점	개선사항
끈기				
자기 인식				
학습지향				
투자수익 인식				
결단력				
미래를 위한 계획				
독립심				
인적 네트워크 구축				
설득 능력				
기회 파악				
시장에 대한 통찰				
사회와 환경을 고려한 행동				

2. 기업가 정신의 정의를 다시 살펴보고, 자신의 기업가 정신에 대한 평가와 개선점을 논의해 보자.

3. 학습 지향성은 변화하는 환경에 적응하기 위해서는 필요한 지향성이다. 혁신을 위한 창의적 아이디어 도출에도 학습 지향성은 필요하다. 이에 대한 창업자 자신의 상황을 평가해 보고 개선사항을 논의해 보자.

4. 고객 지향성은 모든 사업 성공의 필수조건이다. 많은 창업가는 자신의 제품과 기술력을 우선하고 고객이 원하는 것을 파악하지 못하는 경우가 많고 이는 실패로 직결된다. 자신의 고객 지향성에 대해 평가해 보자. 개선사항이 무엇인지도 논의해 보자.

PART3

로켓 윙: 가치 운영 기반

CHAPTER 11 사업계획서 작성과 창업 실무

Business Plan Writing & Startup Practice

글로벌 창업, 우리가 가야 할 길

나상일 경일대 창업중점교수 기고

"우리나라에서 사업하는 것도 이렇게 힘든데, 나라 밖 세상에 도전하는 사람들은 대체 어떤 마음으로 하고 있는 걸까?"

창업에 성공하기 위해서는 정말 많은 준비가 필요하고 넘어도, 넘어도 시련은 계속된다. 그러나 고군분투하며 특히 글로벌 창업의 성공을 위하여 길을 달려 나가는 사람들이 있다. 그들은 우리가 보지 못했던 새로운 시장을 발견하고 해외에서 국내로 길을 놓은 사람들이며, 국내보다는 세계를 향해 창업 영토 확장의 출사표를 던진 사람들이다. 또한 다양한 글로벌 경험을 활용하여 블루 오션 시장을 활짝 연 사람들이다.

글로벌 창업은 설립 초기부터 글로벌시장을 겨냥하여 사업화를 도모하고 시장진출을 시도하는 경영활동이다. 이러한 글로벌 창업(Born Global) 활동을 통해 일정 성과를 실현한 기업은 글로벌 창업기업(Born Global Firm, Global Startup)이라 부른다. 해외 연구를 종합하여 글로벌 창업기업을 정의해 보면, 설립 후 3년 이내(Global Speed-Up)에 두 개국 이상의 해외시장(Global Scope-Up)에서 창출된 매출 비중이 25%(Global Scale-Up) 이상인 경우라 할 수 있다. 일반적으로 국내의 창업자가 의도적으로 해외 진출 후 현지에서 창업 행위를 시작하는 경우이거나 창업 후 해외시장에 진출하는 경우를 말한다.

글로벌 창업기업은 때때로 '신기술 창업기업'의 혁신성이 다수의 글로벌 시장을 무대로 신속히 발현되는 과정에서 나타나며, 이와 같이 글로벌 창업기업 육성의 시발점에는 '기술력이 우수한 벤처 창업기업'이 있어 사실상 '신기술 창업'과 '글로벌 창업'은 매우 긴밀한 관계에 있다고 볼 수 있다. 이러한 글로벌창업기업의 세 가지 속성으로는 혁신기반의 글로벌 지향성과 신속한 글로벌화, 그리고 다국가 진출을 들 수 있다.

글로벌 창업의 기회는 또한 전 세계가 겪고 있는 제4차 산업혁명의 틀 안에서 찾을 수 있다. 2016년 1월 제46회 다보스포럼에서 클라우스 슈밥 의장은 "우리는 지금까지 우리가 살아왔고 알았던 삶의 방식을 근본적으로 바꿀 기술혁명의 직전까지 와 있다. 이 변화의 규모와 범위, 복잡성 등은 지금까지 인류가 경험했던 것과는 전혀 다를 것이다."라고 천명하였다.

제1~3차 산업혁명들은 새로운 에너지의 등장과 생산수단의 변화에서 비롯하였으며 인류역사의 변화를 가져왔고, 18세기 이후 세 차례 산업혁명 발생하였다. 이어서 제4차 산업혁명은 디지털 세계, 생물학적 영역, 물리적 영역 간 경계가 허물어지는 '기술 융합' 현상에 기반하여 발생하고 있다.

이러한 패러다임 전환으로 인하여 기회와 위기가 동시에 발생된다고 볼 수 있다. 기존방식에 의존하고 변화를 감지하지 못하면 위기가 될 것이고, 이 변화를 통해 새로운 사업모델을 만드는 사람에게는 기회가 될 것이다. 따라서 스타트업에게 제4차 산업혁명은 역동적 기회가 될 수 있으므로 스타트업을 준비하는 창업자들은 다가와 있는 제4차 산업혁명을 주목하고 이를 준비해야 할 것이다.

스타트업은 사실상 로켓처럼 날아오르는 성장을 전제해야 한다. 따라서 급성장이 가능한 고객과 시장을 선택하고, 국내의 작은 시장을 겨냥 할 경우 로켓 성장이 불가능하다. 그러므로 큰 시장을 바라보고 창업함으로써 시장으로부터 오는 한계를 극복할 수 있게 됨에 따라 성공 스타트업 성장 기반 마련이 가능한 것이다. 모 방송국에서 방영되었던 드라마 '태양의 후예'는 처음부터 중국 시장을 겨냥하여 크게 성공한 사례이다.

결론적으로 스타트업은 처음부터 큰 시장을 염두에 두어야 한다. 큰 시장에서 통하는 것은 작은 시장에서도 통할 가능성이 높은 반면 작은 시장에서 통했다고 해서 큰 시장에서 통할 수 있다는 생각은 큰 코 다칠 수 있다. 글로벌 창업은 창업과 글로벌화의 장점이 만나는 영역의 경영활동이다. 따라서 우리나라와 같이 창업을 통한 '경제 활력 제고', '글로벌화를 통한 해외시장 확보'가 절실한 국가의 경우에 글로벌 창업의 정책적 그리고 전략적 의미는 더욱 크다. 그러나 글로벌 창업은 기업 규모가 작고 업력이 짧은 기업이 추진하게 되기 때문에 글로벌 창업기업의 대열에 오르기가 쉽지 않다.

이와 같이 글로벌 창업의 필요성이 대두되는 반면, 실제로 글로벌 창업의 장벽은 높은 편이다. 그만큼 다양한 지원들이 마련되어 있고, 도움의 손길을 찾을 수 있는 방법이 많기도 하지만 글로벌 창업을 위한 창업자의 폭 넓은 시각과 창의적 도전이 필요하며 더불어 보다 '체계적이고 튼튼한 정부 주도의 지원정책'이 필요함을 강조한다. 우리 모두가 알고는 있었지만 참 쉽지 않은 것이 '성공창업으로 향하는 길'이라는 것을 깨닫는다. 마지막으로 한 현자의 말을 전하며 글을 맺는다. "한 때는 불가능하다고 생각한 것이 결국에는 가능한 것이 된다." (K. 오브라이언)

출처: 브릿지경제, 2018.12.20.

사업계획서(Business Plan, 사업계획)는 스타트업이 투자를 유치할 때, 중소기업이 자금 지원을 요청할 때, 매각을 원하는 기업이 잠재적 인수자의 의향을 타진할 때에도 필요하다. 기업 내부에서 신사업을 추진하거나 사업 전략을 결정할 때에도 작성한다. 본 장에서는 창업을 위한 사업계획서 작성에 초점을 맞추어서 설명하도록 하겠다. 사업계획 작성을 어떻게 해야 할지 어려움을 겪는 사람들을 많이 본다. 방법론을 모르는 것도 있지만, 사업계획서의 본질을 이해하지 못하는 것이 중요한 원인이다. 따라서 본 장에서는 창업의 가장 기본인 사업계획서의 작성과 창업 과정에 대한 실무적 논의를 해보고자 한다.

① 비즈니스의 시작점인 사업계획서의 중요성에 대해 알아본다.
② 사업계획서의 작성요령에 대해 살펴보자.
③ 실질적인 창업 과정에 대해 설명해 보자.
④ 창업 시 유의사항과 필요서류 및 절차에 대해 알아본다.

사업계획서는 사업을 시작하고 운영하기 위한 상세한 로드맵이다. 비즈니스 목표와 이를 달성하기 위한 계획을 간략하게 설명한다. 투자자와 파트너를 유치하는 데 유용한 도구가 될 수 있으며, 비즈니스 성장에 따라 집중하고 순조롭게 진행하는 데 도움이 될 수도 있다. 많은 사람이 사업을 시작하기 전에 사업계획을 세우는 것을 결정하지만, 정기적으로 사업계획을 수정하고 업데이트하는 것도 좋은 생각일 수 있다. 궁극적으로 사업계획서는 사업 아이디어를 현실로 만들고자 하는 모든 기업가에게 필수적인 도구이다.

사업(창업)을 이행하기 위해서는 무엇보다도 아이템을 어떻게 준비하는지가 중요하다. 창업 또는 신사업을 추진할 때 고객(사용자, 구매자)을 고려하지 않고 시작하는 일은 없을 것이다. 하지만, 고려만하는 것이 아니라 정확하고 다양한 정보를 통해 방향성을 탐지하고, 확인하고, 계량화하여 고객의 정확한 니즈를 분석할 수 있어야 한다. 이러한 내용을 정리하는 것이 바로 사업계획서이다.

사업계획서는 성공적인 사업을 추진하기 위해 산업/시장/기술 관점으로 전반적인 내외부 정보를 정리한 것이다. 또한, 체계적인 계획을 통해 사업화를 추진하는 것 이외에도 다양한 이해관계자(투자자, 정부기관 및 지자체, 금융기관 등)를 설득해야 하는 자료로도 활용된다. 사업을 추진하는 대표(사업 총괄)도 건축가와 마찬가지로 사업 목표를 정의하고 사업을 추진하기 위한 계획은 필수적으로 작성해야 한다. 기술 및 시장의 변화, 사업화 자금 조달 능력, 인적 네트워크(전문가, 인재 고용 등)

등 다양한 방면의 이해와 지속적인 수정 작업을 통해 비로소 완성된다. 즉, 사업계획서는 사업가의 설계도라고 할 수 있다.

⋮ 사업계획서의 의미

사업계획서는 사업계획, 비즈니스 플랜이라고도 하는데, 다양한 목적과 상황에 사용된다. 스타트업의 사업계획서와 수십 년 된 대기업의 사업계획이 같은 내용을 담고 있을 수는 없다. 투자유치(IR) 목적의 사업계획과 내부 전략 목적의 사업계획은 초점이 다를 수밖에 없다. 신사업을 추진하려고 한다면 매우 단순한 사업계획서면 충분하다. 가장 바람직한 사업계획은 실질적으로는 사업계획서도 아니고 우리가 가진 제품이 시장과 어떻게 적합한지를 혹은 적합하게 만들지를 찾아가는 과정이다. 기존 사업의 사업계획은 얼마나 시장점유율을 높이느냐 또는 얼마나 이익을 더 내느냐가 초점이다. 하지만 청업을 위한 신사업 사업계획서의 초점은 과연 우리 사업을 위한 시장이 존재하느냐에 있다. 즉, 사업계획서에는 한 가지 정답만이 존재하지는 않는다. 다양한 상황과 목적에 맞게 작성해야 한다. 그러므로 작성하기 전에 명확한 목적과 구체적인 시장환경과 기업상황을 잘 이해하고 있어야 한다.

사업계획서에는 창업하고자 하는 기업의 기본적인 비즈니스모델과 사업 전략이 담겨야 한다. 하지만 제대로 사업계획서를 만들어 본 사람이라면 이것이 가장 어렵다는 것을 알고 있을 것이다. 사업계획서를 만들면서 내용보다 멋진 그래픽을 중시하는 사람들도 매우 많다. 하지만 더 중요한 것은 논리와 숫자로 된 구체적인 사업 아이디어와 실행방안이다.

즉, 비즈니스모델과 전략을 수립한 후에 이를 사업계획서로 작성해야 한다. 하지만 현실적으로 사업계획을 작성하기 전에 사업모델이나 전략이 정리가 안 되어 있는 경우가 많다. 정립되어 있다고 생각하고 있지만, 사업계획서를 작성하다 보면 혼란을 느끼기도 하고 동업자들과 합의가 안 되는 경우도 있다.

사업계획서를 작성하면서 "우리 타겟 고객이 누구인가?", "생산은 어떻게 한다고 할까?"와 같은 질문을 스스로에게 해본 사람이 꽤 있을 것이다. 그런 질문 자체가 아직 사업모델이나 전략이 잘 정립되어 있지 않음을 보여준다. 시장규모와 같은 기본적인 사실도 모르고 있는 경우가 많다. 대충 클 것이라고 생각하면서 사업은 시작했는데, 사업계획서에 그렇게 쓸 수는 없다. 모든 전략적 질문에 답을 갖고 있을 필요는 없다. 연구개발 단계면 마케팅 채널은 나중에 결정할 수도 있을 것이다. 중요한 것은 이러한 문제들에 대하여 불확실할지라도 대안과 기본적인 해답은 가지고 있어야 한다.

사업계획서 작성은 단순한 문서 작업이 아니라 비즈니스모델과 사업전략 정립 작업으로 삼아야 한다. 문서 자체의 필요는 지원 사업이나 IR 때문에 생겼더라도, 그 기회에 전략을 정립하는 것이다. 사업계획서의 목적은 다양하다. 하지만 대부분 사업계획서는 누군가를 설득하기 위하여 쓰인다. 즉, 기업의 기본적인 마케팅 자료이다. 외부적으로 자금을 유치할 때는 물론이고, 기업 내부에서도 사업계획서는 경영진 등 누군가를 설득하는 수단이다.

어떤 사람들은 사업계획서를 행정문서처럼 생각한다. 어떤 내용이 왜 있어야 하는지를 따지지 않고, 그저 사업계획서는 그런 것으로 생각한다. 양식에 의존하다 보면, 더욱 그렇게 되기 쉽다. 특히 정부기관의 지원을 요청할 때 작성하는 사업계획서 양식에 맞추어서 작성하다 보면 행정적인 내용에 맞추어서 기계적으로 작성하게 된다. 동네 주민센터에서 각종 양식을 작성할 때처럼 수동적으로 내용을 채우는 느낌으로 작성하게 된다.

사업계획서는 본질적으로 마케팅 콘텐츠이다. 창업하고자 하는 기업을 투자 시장에서 돋보이게 하는 지극히 중요한 마케팅 자료이다. 그걸 주민센터에서 전입 신고할 때 인적 사항 적듯이 작성하는 것은 본질을 망각한 것이다. 사업계획서는 투자를 유치하거나, 회사 내부에서 승인을 받기 위한 마케팅 도구이고 콘텐츠이다. 이 사고방식 하나만 제대로 이해해도, 여러분의 사업계획서는 달라질 것이다.

⋮ 사업계획서 작성을 위한 준비 단계

작성 절차

대표적으로 활용되고 있는 사업계획서의 작성 절차는 다음과 같다.

그림 11.1
사업계획서의
작성 절차

출처: 중소벤처기업부/창업진흥원.

① **전체 목차 구성**: 사업내용에 맞는 전체 목차를 구성하여, 제품 내용 서비스 흐름, 사업모델 등에 관한 자료를 점검(사업계획서 양식이 정해진 경우에는 작성에 필요한 내용 확인)

② **시장/기술 분석**: 시장/기술의 동향 및 경쟁사 조사를 실시하여 조사 내용을 바탕으로 사업의 방향 및 실행계획 수립(자료는 공신력 있는 자료를 토대로 작성해야 함)

③ **계량 분석**: 투자·매출·비용·손익분석 등을 분석하고, 이때 발생하는 문제점을 확인함으로써 목표까지 도달 가능성 체크(계량적 수치는 보수적인 값보다는 현실화된 데이터를 통해 접근해야 함)

④ **내용 작성**: 분석이 목표에 맞게 완료된 항목부터 세부내용을 사업계획서 양식에 맞게 글씨체, 글자크기, 이미지 크기 등을 편집하여 입력

사업계획서를 목차에서 내용까지 처음부터 일사천리로 작성하는 사람은 없다. 보유한 사업화 아이템(Business Item, BI / Business Model, BM)과 유사하게 작성된 사례들을 참조하여 사업계획서를 작성하는 것도 하나의 방법이다.

사업계획서 작성 시 사전점검 사항

사업자가 본인의 사업을 위한 설계도인 사업계획서를 목표에 맞게 작성하려면 본인 스스로 사전에 점검 사항들을 꼼꼼히 조사해 두는 것이 좋다.

표 11.1

창업 준비 사전
점검 사항

사전 질문	준비상태
창업에 대한 비전과 목표는 설정되어 있는가?	Yes □, No □
사업화 아이템을 명확하게 설명(한 문장으로)할 수 있는가?	Yes □, No □
아이템 제품을 사용할 수 있는 기술/시장에 대한 객관화 정보는 조사되어 있는가?	Yes □, No □
아이템 제품을 사용하는 구매자는 세분화되어 있는가?	Yes □, No □
경쟁 아이템(경쟁자)은 알고 있는가?	Yes □, No □
사업화를 위한 인적 네트워크는 갖추어져 있는가?	Yes □, No □
기술실현을 위한 기본적 장비(시스템)는 갖추어져 있는가?	Yes □, No □
진입하고자 하는 시장은 명확히 알고 있는가?	Yes □, No □
홍보 및 유통채널은 보유하고 있는가?	Yes □, No □

출처: 중소벤처기업부/창업진흥원.

사업계획서 작성의 7가지 요건

① **자신감**: 나는 이 사업을 성공할 수 있다는 자신감을 갖고 시작하라.
② **객관성**: 다른 사람들이 사업계획에 대해 충분히 제기할 수 있는 문제점들을 이해하고 그에 대한 대응을 마련하라.
③ **일관성**: 창업 동기에서 한 말과 강점 부분에서 한 얘기가 서로 일관되게 하라.
④ **집중력**: 하고자 하는 얘기를 요점화하여 간결하게 제시하라.
⑤ **가독성**: 어린아이도 이해하기 쉽도록 작성하라.
⑥ **유연성**: 급변하는 시대에 따라 유연하게 정보를 자주 수정하라.
⑦ **시장 지향성**: 제품이 좋다는 얘기보다 왜 팔릴 수밖에 없는지 주장하라.

사업계획서의 구성

몇 개의 구성요소를 포함해야 하는지에 대한 규칙은 없지만, 사업계획서의 구성요소의 수는 종종 약 4~10개 사이로 〈그림 11.2〉는 일반적인 비즈니스 플랜의 주요 구성요소에 대해 정리되어 있다.

그림 11.2

비즈니스 플랜의
주요 구성요소

1. 표지와 차례	2. 요약	3. 회사 개요
• 차별화된 특징과 기능이 포함된 제목 • 연락처 등 관련 정보 • 차례는 9단계로 기재	• 비전/목표(핵심) • 핵심제품/서비스 • 차별화 특징 • 수익성 • 투자요청/회수방안	• 회사 개요(현황) • 비전/목표 • CEO 및 핵심인력 • 조직구성도(표) • 제품/서비스 • 핵심역량, 주요 시장 • 주요 주주 현황

4. 외부환경 분석	5. 사업 전략	6. 재무계획
• 거시경제 분석 • 해당 산업/시장 분석 • 5요인 분석 – 경쟁자, 잠재적 진입, 대체재, 공급자, 구매자 • 입지(상권) 분석	• 전략(SWOT 분석) • 마케팅(4P, STP-D) • 연구개발계획 • 생산/운영 전략 • 광고/홍보 전략 • 차별화 전략 등	• 예상매출계획 • 자금 조달(운영)계획 • 손익계산/현금흐름 • 투자자금/용도 • 투자회수방안

7. 위기관리 및 대응전략	8. 실행 일정	9. 첨부 자료
• 시기별 위기예측 (6개월, 1년, 장기) • 대응계획 수립 • 위기를 기회로 바꿀 수 있는 핵심성공요인	• 단계별 추진 일정 • 창업준비업무 실행 일정 (주, 월, 연간 단위)	• 특허/면허 자료 • 수상 자료 • 기타 인허가 자료

출처: 중소벤처기업부/창업진흥원.

개요

실행 요약은 전체 사업계획서의 개요이다. 계획의 요점을 강조 표시해야 하며 나머지 사업 계획을 완료한 후 마지막에 작성해야 한다. 요약에는 최소한 다음 사항이 포함되어야 한다.

① **사업 목표**: 사업을 통해 달성하고자 하는 구체적인 목표이다. 목표는 재무적(예 이익 증가 또는 특정 수익 창출) 또는 비재무적(예 시장점유율 증가 또는 새로운 시장으로의 확장)일 수 있다.

② **비즈니스모델**: 수익을 늘리고 수익을 올릴 계획이다. 비즈니스모델에는 여러 유형이 있으므로 비즈니스모델이 무엇이며 어떻게 작동하는지 자세히 설명해야 한다.

③ **목표 시장 분석**: 타겟 시장은 제품이나 서비스를 구매할 가능성이 가장 높은 사람들의 그룹이다. 목표 시장을 분석할 때 인구 통계, 심리 통계 및 구매 습관과 같은 요소를 고려해야 한다.

④ **재무 목표 및 예상**: 재무 목표는 비즈니스 재무(예 이익, 수익 또는 현금 흐름)와 관련하여 달성하고자 하는 특정 목표이다. 재무 예측은 특정 기간(보통 1~3년) 동안 비즈니스가 재무적으로 어떻게 수행될 것으로 예상하는지에 대한 추정치이다.

⑤ **영업 및 마케팅 전략**: 리드(잠재고객)를 생성하고 고객으로 전환하고 비즈니스를 성장시키는 방법에 대한 계획이다.

⑥ **경쟁 분석**: 직간접적인 경쟁자, 시장점유율, 강점과 약점에 대한 개요를 제공해야 한다.

⑦ **자금 요구 사항**: 자금 요건은 사업을 시작하고 성장시키는 데 필요한 금액이다. 사업계획서에 부채와 자본 자금을 모두 포함해야 한다.

⑧ **팀 구성과 역량**: 누가 회사를 이끌 것인지, 팀과 그들의 경험 및 비즈니스에서의 역할에 대한 정보를 포함해야 한다.

⑨ **직원 고용 계획**: 얼마나 많은 직원을 고용해야 하며 어떤 기술이 필요한지 비즈니스에 직원을 배치하기 위한 계획을 간략하게 설명하도록 한다. 이미 사업을 하고 있다면 현재 상황과 실적 성과에 대한 정보도 포함해야 한다. 예를 들어, 사업 확장을 위한 자금을 찾고 있다면 현재 매출, 수익성 및 성장에 대한 정보를 포함해야 한다.

회사 설명

사업계획서의 회사 설명 부분은 잠재적인 투자자에게 프레젠테이션을 하고 회사를 성공으로 이끄는 독특하고 차별화된 세일즈 포인트를 요약하는 부분이다. 이미 사업을 하고 있는 경우, 이 부분에는 회사 연혁, 사명 선언문 및 중요한 이정표에 대한 개요가 포함되어야 한다. 또한 회사의 현재 구조, 소유권 및 관리팀에 대해서도 설명해야 한다.

마지막으로 제품이나 서비스에 대한 개요를 제공하여 경쟁업체 및 제품과 어떻게 차별화되는지 설명해야 한다. 시간을 할애하여 균형 잡힌 회사 설명을 작성함으로써 사업계획서를 읽고 있는 잠재적 투자자와 기관에게 사업과 성공 가능성에 대한 명확한 그림을 제공할 수 있어야 한다.

시장분석

시장분석은 제품 또는 서비스에 대한 시장의 개요를 제공하고 목표 고객, 경쟁자, 회사의 강점과 약점에 대한 정보를 포함한다. 시장분석은 확실한 조사를 기반으로 해야 하며 1차 및 2차 출처를 모두 포함해야 한다. 시장분석을 작성할 때 시장의 규모와 성장, 시장 세분화, 해당 산업에 영향을 미치는 주요 동향에 대한 정보를 포함해야 한다. 시장분석은 모든 사업계획서에서 필수적인 부분이며 정확하고 완전하도록 세심한 주의를 기울여야 한다.

시장환경은 사업화 아이템과 직접적으로 연결된 시장에 대한 규모와 성장성, 시장 진입에 따른 애로사항 및 해결 방안을 제시하는 시장 진입장벽, 현재 진입해 있는 경쟁사에 대한 분석과 이에 따른 경쟁제품에 대한 비교로 구성된다. 제품에 대한 명확한 시장 선정 및 기존 제품에 대한 비교를 통한 시장진입 가능성을 확인할 수 있다.

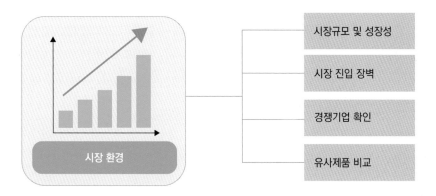

그림 11.3
시장환경 분석의
활용방안

출처: 중소벤처기업부/창업진흥원.

재무

사업계획서의 재무 부분은 회사 재무에 대한 정보를 포함하는 부분이다. 기존 사업체에서는 손익 계산서, 대차 대조표 및 현금 흐름표 등이 포함된다. 재무제표는 과거 데이터(기존 사업을 하는 경우) 또는 예상 데이터(새로운 사업을 시작하는 경우)를 기반으로 해야 한다. 투영된 데이터는 정확한 정보를 얻기 어려울 수 있으므로, 조사를 수행하고 현실적인 가정을 사용하는 것이 중요하다. 이를 더 쉽게 하도록 재무 템플릿과 소프트웨어를 사용하여 명세서를 생성할 수도 있다.

또한, 재무 부분에는 자금 조달 요건 및 출구 전략에 대한 정보도 포함되어야 한다. 만약 사업을 위한 자금이 필요한 경우 필요한 자금과 용도에 대한 정보를 포함해야 한다. 출구(EXIT) 전략은 비즈니스를 매각하거나 자산을 청산하는 방법에 대한 계획이다. 이는 투자 수익에 영향을 미치므로 투자자가 알아야 할 중요한 사항이다. 일반적인 출구 전략은 사업체를 다른 회사에 매각하거나, 회사를 공개하거나, 사업의 자산을 매각하는 것이 포함된다.

⋮ 사업계획서의 작성 방법

최대한 간략하게 작성

사업계획서를 작성하고 있다면 십중팔구 당신은 누군가가 처음 볼 사업계획을 만들고 있는 것이다. 투자 유치를 예로 들자면, 처음에 사업계획을 이메일로 보낸다. 투자자가 관심이 있으면 만나자고 할 것이다. 만나서 직접 설명하고, 좀 더 상세한 점을 묻게 될 것이다. 투자자도 일반적 마케팅에서의 고객 깔때기 같은 단계를 거치는 것이다. 투자자의 입장에서 생각해 보자. 이메일로 받은 사업계획이 길고 복잡하다면 집중해서 읽을 수 있을까? 당연히 그렇지 않다. 간결하고 눈에 쏙쏙 들어오는 내용이어야 한다.

큰 글씨의 발표형 프레젠테이션 양식으로 파워포인트 기준으로 20장 이내면 좋다. 때로는 한 장짜리 워드 문서로 한눈에 볼 수 있게 제공이 필요할 때도 있다. 이렇게 짧은 사업계획을 티저(Teaser)라고도 하는데, 용어는 중요하지 않다. 시간 많지 않은 사람들이 잠깐 보고도 금방 이해하고 관심을 가질 문서를 만드는 것이 중요하다. 문서로 만든 엘리베이터 피치(Elevator Pitch)라고 할 수 있다.

서론은 짧게, 본론에 중점

문서를 열면 바로 본론이 나와야 한다. 서론이 너무 긴 것은 읽는 사람을 지루하게 만든다. 아무리 하고 싶은 얘기가 많아도, 일단 핵심적인 내용부터 얘기하는 것이 좋다. 당신이 다른 사람이 쓴 사업계획서를 읽는다고 하자. 기업의 투자 요청을 검토하는 투자자일 수도 있고, 부하직원의 사업계획을 검토하는 경영자일 수도 있다. 또는 친구의 사업계획을 한번 봐주는 것일 수도 있다. 무엇이 제일 궁금할까?

당연히 무슨 사업인가가 제일 궁금할 것이다. 무슨 사업을 하려는 것인가? 그 다음으로는 그 사업이 잘될 것으로 생각하는 근거가 궁금할 것이다. 그런 핵심으로 바로 들어가야 한다. 신사업을 가정하면 보는 사람들에게 좋은 사업계획서는 다음과 같은 순서로 전개한다. 이 과정은 미국 최고의 벤처캐피탈 기업인 세쿼이아 캐피털(Sequoia Capital)의 절차와 철학과 매우 유사하다.

① 문제(고객의 니즈, 또는 시장의 비효율)
② 우리의 해결책(제품, 서비스)
③ 비즈니스모델
④ 시장 규모
⑤ 경쟁
⑥ 팀
⑦ 경과 및 계획
⑧ 성과 목표

재무 예측은 모두가 어려워한다. 최대한 간략하게

사업계획을 하면서 재무 예측에 너무 많은 공을 들이는 것을 본다. 하지만 사업계획서에서 가장 의미가 적은 부분이 재무 성과 예측이다. 보는 사람들에게 그 부분은 당신의 일방적인 주장에 불과하다. 5년 후 매출이 백억, 천억, 아니 일조가 된다고 해봐야 그것을 믿고 투자할 사람은 없다.

물론 항상 그런 것은 아니다. 앞에서 말한 것처럼 사업계획은 상황과 목적에 따라 다르다. M&A 대상기업의 IM(Information Memorandum)을 만드는 것이라면 재무 성과 예측은 매우 중요하다. 이미 사업운영이 일정 궤도에 올라간 회사의 손익과 재무 상태는 새로운 사업보다 훨씬 더 쉽게 예측할 수 있다.

신규사업은 되느냐 망하느냐, 0이냐 1이냐의 엄청나게 큰 불확실성이다. 사업계획서를 보는 사람에게는 매출이 몇십 프로 높으냐 낮으냐는 중요하지 않다. 중요하지 않은 부분에 상세한 것도 작성자나 보는 사람 모두에게 시간 낭비다. 직원 1명당 인건비는 얼마고 기타 비용은 대략 얼마인지 가정하면 충분하다. 한 달에 생수가 얼마나 필요하고 복사용지를 얼마나 쓸지를 계산할 필요는 없다.

누구라도 알아볼 수 있게 작성

어떤 사업계획서는 정말 이해하기 어렵다. 그 분야의 전문용어를 사용하는 경우가 대표적이다. 유행하는 경영 용어를 사용하는 예도 많다. 그런 사업계획이 나온 이유는 둘 중의 하나일 것이다. 평소에 전문 분야에 너무 몰두해있다 보니 전문용어가 습관이 되었을 수 있다. 다른 사람들이 모른다는 생각을 못한 것이다. 또는 전문용어를 사용함으로써 사업계획을 있어 보이게 했을 수도 있다.

어느 경우이든 결과적으로 바람직하지 않다. 읽는 사람들이 이해가 안 되는데 좋은 사업이라고 생각할 수가 없다. 이해할 수 없는 것을 공부해 가면서까지 이해하려고 하지 않는다. 유행하는 용어를 많이 안다고 유능한 팀이라고 생각하지도 않는다. 오히려 약간 거품이 있다고 생각할 수도 있다. 앞서 강조했듯이 사업계획서는 마케팅 자료이다. 좋은 마케팅 콘텐츠는 건성건성 봐도 눈에 쏙 들어온다. 보는 사람은 힘을 하나도 안 들여도 콘텐츠가 소화해 준다. 사업계획서도 보는 사람이 쉽게 이해할 수 있어야 한다. 할머니도 이해할 수 있게 써야 한다.

사업계획서는 중요하지만, 더 중요한 것은 사업 자체를 잘하는 것이다. 신사업의 경우 기존 사업보다 위험성은 훨씬 크다. 신사업의 성공 가능성을 높이고 사업계획서를 잘 작성하기 위한 팁은 다음과 같다.

성공적인 사업계획서 작성을 위한 팁

① 사업 계획 자문하기

왜 사업계획서를 작성하는지 자문해 본다. 투자자나 은행으로부터 자금을 조달받고자 한다면 상세한 계획이 요구될 것이다. 그러나 단순히 비즈니스 목표와 전략을 명확하게 파악하려고 한다면 더 간단한 계획으로 충분하다.

② 짧고 스윗하게 유지

100쪽 분량의 사업계획서를 읽고 싶어 하는 사람은 아무도 없다. 요약본은 2쪽을 넘지 않아야 하며 나머지 계획은 20쪽을 넘지 않아야 한다.

③ 현실적으로 작성

예를 들어, 시장분석을 작성할 때 시장 규모를 부풀리거나 회사의 시장 점유율을 과대평가하지 말아야 한다. 이것은 투자자나 대출 기관에게 사업계획서에 대한 신뢰를 잃게 할 뿐이다.

④ 도움받기

사업계획서의 특정 섹션을 작성하는 방법을 잘 모르겠다면 주저하지 말고 비즈니스 컨설턴트나 회계사에게 도움을 요청한다.

⑤ 사업계획서의 최신 상태 유지

사업이 성장하고 변화함에 따라 사업계획서도 변경된다. 반드시 정기적으로 수정하여 최신 상태로 유지한다.

⑥ 리서치 수행

사업계획서를 작성하기 전에 반드시 과제를 해야 한다. 여기에는 시장 조사, 경쟁 분석 및 재무 예측이 포함된다. 이 리서치를 미리 수행하는 데 시간을 들임으로써 장기적으로 많은 시간과 노력을 절약할 수 있다.

⑦ 피드백 받기

사업계획서 초안이 있으면 경험자나 전문 컨설턴트에게 피드백을 요청한다.

⑧ 포기하지 않기

사업계획서를 작성하는 것은 벅차고 어려운 작업일 수 있지만, 꼭 완벽할 필요는 없다는 것을 명심해야 한다. 가장 중요한 것은 시작하고 계속 나아가는 것이다.

좋은 사업계획서를 작성하기 위해서는 어느 정도 노력이 필요하지만, 사업을 시작하거나 운영하는 데 큰 도움이 될 수 있다. 이미 사업을 하고 있더라도 사업계획서는 여전히 손에 들고 있어야 하는 소중한 문서이다. 온라인에서 사용할 수 있는 템플릿과 리소스가 많으므로 시간을 내어 필요에 맞는 템플릿을 찾는다. 빠른 네이버나 Google 검색으로 무료로 제공되는 항목인지 확인해야 한다. 그리고 사업계획서 작성에 경험이 많은 다른 사람들에게 도움과 피드백을 요청하는 것도 필요하다.

평가자 시각에서 사업계획서 작성이 중요

사업계획서 작성 시, 투자가나 사업성 평가자의 시각에서 작성하는 것이 무엇보다 중요하다. 다음의 중소기업 기술개발사업의 서면평가표와 창업성장기술개발사업 서면평가표이다. 각 사면평가표의 상세항목들을 참조하여 본인 사업계획 내 평가항목들을 다 갖추고 있는지, 각 평가항목에 명확하고 설득력 있는 답은 하고 있는지 점검해야 한다.

표 11.2

중소기업 기술개발사업 서면평가표

중소기업
기술개발사업
서면평가표

사 업 명				
과제번호		평 가 일	20 . . .	
과 제 명				
주관기관		과제책임자		
참여기업		위탁연구기관		

구분	평가항목	평가지표	적합여부 확인	
			적합	부적합
사업계획 필수사항 검토	1. 사업목적과의 부합성	1-1. 사업 목적 및 세부과제 신청 자격의 부합성	( )	( )
	2. 유사·중복성	2-1. 기생산 제품과의 유사·중복성	( )	( )
		2-2. 기개발 지원과제와의 유사·중복성	( )	( )
※ 필수사항 검토는 각 평가지표별 부합여부를 평가하여 1개 평가지표라도 부적합 시 지원 제외하며, 모두 부합 시에 한하여 아래의 평가표를 작성				

구분	평가항목	평가지표	평점				
			탁월	우수	보통	미흡	불량
사업계획 세부검토	1. 기술개발의 필요성	1-1. 기술개발의 필요성, 시급성 및 사전준비성	5	4	3	2	1
		1-2. 개발과제의 독창성 및 차별성, 권리확보 가능성(신규성, 진 보성 충족 여부 우수특허산출가능성)	5	4	3	2	1
		1-3. 모방 가능성(기술적 난이도)	5	4	3	2	1
	2. 기술개발 과정 및 방법	2-1. 핵심기술개발 방법의 적정성 및 성과공유 적정성(협력 연구 수행 시, 협력연구의 필요성)	5	4	3	2	1
		2-2. 기술개발 수행팀 구성의 적정성(협력연구 수행 시, 역할 분담방안의 적정성)	5	4	3	2	1
		2-3. 사업비 규모의 적정성 및 집행계획의 합리성	5	4	3	2	1
	3. 목표달성도 평가방법	3-1. 최종 개발목표 수준의 적정성 및 정량적 측정 가능성	10	8	6	4	2
사업성 검토 (60)	4. 시장규모	4-1. 착수시점(평가시점)의 국내외 목표시장 규모	10	8	6	4	2
	5. 시장의 성장성*	5-1. 목표시장의 성장가능(시장의 성장률)	10	8	6	4	2
		5-2. 개발제품의 정부 정책방향 및 기술트렌드 부합성	10	8	6	4	2
	6. 시장진입 가능성	6-1. 시장구조 및 경쟁상황	5	4	3	2	1
		6-2. 진입장벽 극복방안 및 시장진입 가능성(시장경쟁력, 중 소기업 적합성, 수출가능성)	10	8	6	4	2
	7. 사업화 계획의 타당성	7-1. 사업화 계획의 경제성 • 정부지원금 대비 예상매출규모(ROI) • 경제적 파급효과(수출·수입대체 효과, 고용창출 효과 등)	10	8	6	4	2
		7-2. 사업화 실행계획의 실현가능성	5	4	3	2	1
합계							점
평가의견	ㅁ기술성: ㅁ사업성:						

*사업별 특화지표의 반영 시, 신규 평가지표 개선안 *항목을 조정하여 10점으로 배점(5-1, 5-2 항목을 통합하여
10점으로 배점하고, 사업별 특화지표를 10점으로 배점)

창업성장기술개발사업 대면평가표

표 11.3

**창업성장기술
개발산업
대면평가표**

사 업 명				
과제번호		평 가 일	20 . . .	
과 제 명				
주관기관		과제책임자		
참여기업		위탁연구기관		

구분	평가항목	평가지표	점	적합여부 확인
창의성·도전성 (25)	1. 기술개발과제의 창의성	1-1. 개발과제의 독창성 및 차별성, 권리확보 가능성(신규성, 진보성 충족 여부, 우수특허산출 가능성 등)	10	
	2. 기술개발과제의 도전성	2-1. 기술개발목표의 도전성(기술적 난이도) 및 기술적 파급효과	10	
	3. 기술개발과제의 공익성	3-1. 개발과제를 통해 삶의 질 향상 등 국민이 체감할 수 있는 개발효과의 정도	5	
기술성 검토 (40)	4. 기술개발 필요성	4-1. 기술개발의 필요성 및 사전준비 • 기술개발의 정부 정책방향 • 기술트렌드 부합성 • 기술개발 준비수준(지식재산권 확보/회피 방안 포함)	10	
	5. 기술개발 과정 및 방법	5-1. 핵심기술 개발 방법의 적정성 • 기술개발 내용의 타당성 및 체계성 • 기술개발 기간 및 세부추진 일정의 적정성 • 기술개발 관련 연구장비 보유 및 확보 계획의 적정성	10	
		5-2. 기술개발 수행팀 구성의 적정성 • 연구인력의 전문성 확보 여부 • 수행기관별 역할분담방안		
		5-3. 사업비 규모 및 집행계획의 합리성		
	6. 목표달성도 평가방법	6-1. 최종 개발목표 수준의 적정성 및 정량적 측정 가능성	10	
	7. 기술역량	7-1. 기술개발역량	5	
		7-2. 경영자 능력 • 해당 분야에 대한 경영(창업자)의 전문성 • 기술개발 및 사업화에 대한 의지 등 기업가정신	5	
사업성 검토 (35)	8. 목표시장의 규모(성장성) 및 진입 가능성	8-1. 국내외 목표시장 현황 • 착수시점(평가시점) 시장규모 • 시장 성장가능성 • 목표시장 설정 및 분석의 정확성	10	
		8-2. 목표시장 경쟁 상황 • 시장구조의 중소기업 적합성		
	9. 사업화 계획의 타당성	9-1. 사업화 계획의 경제성 • 정부지원급 대비 예상매출규모 • 경제적 파급효과(수출/수입대체 효과, 고용창출 효과 등)	15	
		9-2. 사업화 실행계획의 실현가능성 • 진입장벽 극복방안 • 양산 및 판로 확보 계획		
	10. 사업화 능력	• 제품개발 및 기술상용화 실적 • 생산시설 보유 여부	10	
합계				점
평가 의견	□ 우수한 점: □ 미흡한 점: □ 보완한 점:			

⋮ 창업 실무

창업 프로세스

다음의 절차는 2012년 6월 12일자 매일경제 신문에서 발췌한 기사내용으로 일반인들이 가장 많이 창업하는 매장형 창업의 절차를 설명한 내용이다. 다음 9가지 단계별로 잘 지켜나간다면 별 무리 없이 창업을 진행할 수 있을 것이다. 하지만 항상 창업을 들어가기 전, 책임감과 각오가 있어야 하고 주위 전문가들의 도움을 받아서 준비를 철저히 하고 실행하는 것이 필요하다.

창업 프로세스

① **사전 준비 단계**

창업자의 자기분석과 창업 환경을 파악하는 단계이다.
- 창업을 왜 하는가에 대한 방향 설정(생계형, 부업형)
- 창업을 하기에 적합한 여건 조성 여부(자금, 업종선택, 건강 등)
- 창업자 적성검사(창업자의 능력, 자질, 경험)
- 가정환경(가족의 동의와 이해, 적극적인 지지 여부)
- 창업 결심, 창업 경영이론 학습(창업교육 이수)

② **창업 아이템 물색 단계**

경험과 지식의 활용 가능성을 파악하여 나에게 맞는 아이템은 어떤 것인지, 창업시장의 흐름은 어떤지, 활용할 수 있는 기술이나 전문지식을 갖고 내가 접근할 수 있는 사업 아이템을 물색해보는 단계이다.

- 자신이 있거나 좋아하는 분야, 자본과 사업의 전망 등 여러 가지 주변 환경을 비교하고 검토해서 알맞은 아이템을 결정하는 데 30일 가량 소요되며 조사기간이 2개월 이상 걸릴 수도 있다.
- 서점에 들러 관련 정보서적들을 구입해 읽어보거나 매스컴 또는 인터넷 자료를 활용해 간접 체험 기회를 넓히고 다양한 아이템을 접해볼 기회를 갖는 것이 좋다.
- 이미 사업을 하고 있는 주변 사업주로부터 다양한 조언을 받는 것도 필수이나 유망 아이템에 대한 집착이나 맹신은 금물이다.
- 내가 가장 잘할 수 있는 업종이 무엇인가? 만일 없다면 주변의 도움을 얻어서라도 핵심역량을 발휘할 수 있는 아이템이 좋다. (아이템이 정해져 있으면 이 부분은 생략하고 다음 단계로 돌입)

③ 창업 아이템 선정 단계

과거 현재 미래의 어느 시점에서든 자기가 선택한 최종 아이템 선정을 위한 사업 타당성 분석을 해보는 단계이다. 이 과정을 거쳐야 어떤 아이템을 어떤 지역에서 할 것인지 결정하기가 수월하며 반드시 일정기간 현장체험을 한 후에 판단하여 결정한다.

- 몇 개의 업종이 최종 후보 자리에 오르면 10일 정도(1개월 이상 소요되는 아이템도 있음)는 집중적으로 후보 아이템에 관한 현장 실사와 정보수집에 투자해야 한다.
- 해당 업종을 이해할 수 있는 전문서적이나 관련 단체 등 보다 자세한 정보를 수집하여 좋아하는 일에 대해 끊임없이 생각하고 창의적인 상상력을 동원하여 하고 싶은 아이템을 선택한다.
- 해당 업종에 이미 종사하고 있는 사람을 만나서 동향을 파악한다. 다른 사람이 이미 수행하고 있는 사업이라 할지라도 그 아이템에 대하여 차별화하거나 더욱 개선하거나 더 저렴하게 사업을 수행하겠다는 각오를 다지는 것이 사업 성공의 관건이다.

④ 사업타당성 검토와 창업자금 조달 가능성 검토 단계

사업을 시행하기 이전에 사업의 성공 가능성에 대한 정보를 파악하기 위하여 사업 추진능력, 기술성, 시장성, 경제성, 위험정도 등을 분석하고 평가하는 총체적인 과정을 사업타당성 검토라 하며, 크게 사업 가능성, 사업 안정성, 사업 발전성에 대하여 검토한다. 창업자금의 조달은 항목별 용도에 대한 세부적인 내용을 파악하여 조달 가능성을 검토한다.

- 사업 가능성: 업종과 아이템을 선택한 후에 아이템에 대한 범위를 넓혀 비교 분석하고 독립 창업할 것인지 또는 프랜차이즈 가맹 창업할 것인지에 대하여 검토한다.
- 사업 안정성: 선택한 업종과 아이템의 분포 현황에 대하여 조사하고 월 또는 연간 매출액 달성 가능한지의 여부를 검토한다.
- 사업 발전성: 업종과 아이템의 발전 단계가 쇠퇴기가 아닌지 확인하고 현재 도입기 또는 성장기에 있는 상태를 선택하는 것이 좋다.
- 수익성: 현금흐름표와 재무제표를 세밀하게 작성하여 투자금액에 대한 회수가능성 검토와 영업이익 산출 가능성에 대하여 검토한다.
- 창업자금 조달 가능성: 자금의 용도에 대하여 시설자금과 운영 자금으로 크게 분류한 뒤, 다시 임차보증금, 권리금, 인테리어비용, 인건비, 재료비, 경비 등으로 세분하여 산출하며, 조달에 대하여도 자기 자금 규모, 정책자금 또는 은행 차입 가능금액 등을 세부적으로 산출하여 조달 가능성을 검토한다.

⑤ 사업장 입지 결정 단계

아이템이 결정되었으면 내 상품을 사줄 수 있는 고객이 누구인가에 대한 분석과 함께 유동 인구가 풍부한 지역 상권과 후보 점포를 물색하고 사업할 장소를 찾아 상권에 대한 시장조사와 입지 타당성 조사를 한 후에 계약하는 단계이다.

- 업종이 정해지면 20일 정도의 시간을 투자해 최종 결정한 아이템에 가장 궁합이 맞는 점포를 찾아본다.

- 점포의 조건을 꼼꼼히 확인하여 계약 후 권리침해 부분은 없는지 권리금은 타 점포에 비하여 적당한지 등을 검토한 후에 조달할 수 있는 자기 자본에 맞춰 점포를 확정한다.

- 다른 상권도 지속적으로 살펴보며 몇 개의 후보 점포들을 비교 검토해 본 후에 최종적으로 2~3개 정도의 점포로 압축한 뒤 점포 주인과 협상에 들어가는데 이때 건물 시가의 일정 비율 이상에 해당하는 근저당권이 설정되어 있다면 피하는 게 좋다.

⑥ 창업 실행 단계

사업장이 선정되었다면 이제 구체적인 사업 추진을 진행하는 단계이다. 상호를 정하고 점포 내외부 공사를 하고 인력을 충원하여 점포가 속한 상권 내에서 다른 경쟁 점포와 어떻게 차별화해서 운영할 것인지에 대한 고민과 노력을 통해서 우리 점포만의 컨셉트를 결정한다.

- 공사 기간을 20일 정도로 잡고 공사가 진행되는 동안 각종 집기와 인쇄홍보물 등 부대적인 요소들을 준비한다.

- 각종 부대 집기나 비품, 인쇄물, 개업기념품 등을 발주할 때도 몇 군데 업소의 비용을 비교 검토하여 정하며 미리 종업원을 확보하여 업무교육을 진행해야 개업과 동시에 정상영업이 가능하다.

⑦ 개업 준비 단계

간판 인테리어 시설을 끝내고 장치 시설물 등을 구입하고 진열을 하면서 개업을 준비하는 단계이다. 또한 인허가 사항 등을 받아 사업자등록을 얻은 후에 마지막으로 마케팅 전략 등을 점검한다.

- 시설이 완료된 후 집기나 상품들을 채우는 데 일주일 정도의 여유를 가지고 미리 작성한 도면에 따라 세심한 배치가 필요하다.

- 상품진열은 비교적 디스플레이가 잘된 경쟁 유사점포를 답사해 벤치마킹하는 게 오히려 시간과 비용 면에서 득이 된다.

- 간판과 썬팅 등은 전적으로 간판업체에 위임하지 말고 디자인이나 컨셉트는 가능하면 전문가의 조언을 듣도록 한다. 또한, 옥외광고물법, 도로교통법, 도식계획법 등 해당 지역 관공서의 기준을 따르는 게 좋다.
- 목표시장을 선정하고 상품계획, 판매재고계획, 가격전략을 점검한다.

⑧ **점포 홍보 마케팅 단계**

상호를 짓고 간판 달고 손님을 맞이하기 위해 준비한 홍보 내용물을 꼼꼼히 점검한다. 시선을 끌 수 있는 크기와 컬러를 사용하여 우리 점포와 제품을 알리는 단계이다. 또한 사업장 벽면에 대형 현수막을 설치하여 홍보하고 인근 지역의 타 사업장 근로자를 대상으로 할인권을 우송하는 등의 방법으로 홍보한다. 고객이 몰려들 것이라고 기대하지 말고 무엇이든 얻기 위해서는 열심히 하는 것이 최선의 방법이다.

- 개점행사(안) 결정
- 개점 판촉물 결정 및 전단지 확정하여 배포
- 고객카드 제작
- 상품, 종업원 교육, POS, 운영, 지원에 관한 최종 점검
- 외식업의 경우 이웃 초청 시식 및 품평회

⑨ **개업일**

개업은 사업자등록을 하고 고객 앞에 선보이는 날이다. 창업은 쉽다고 생각할지 모르지만 성공하기는 어렵다. 이제부터가 본격적인 창업이라 생각하고 고객에게 기쁨을 주는 점포, 고객을 감동시키는 점포가 되기 위한 노력을 해야 한다. 고객의 욕구에서 출발하는 마케팅이 본격적으로 필요한 단계이며 오히려 이제부터 시작이라는 자세로 긴장의 끈을 놓지 말고 전력 질주해야 한다. 반드시 성공하기 위해서라면 고객의 입장에서 귀한 서비스가 필요하며 나도 성공할 수 있다는 자신감을 가지고 어떠한 어려움도 이겨나가야 한다는 마음가짐이 중요하다. 성공한 사업가가 실패한 사업가와 다른 점은 사업에 대하여 절대 포기하지 않는다는 것이다. 바로 인내와 끈기로 사업이 활기차게 돌아갈 때까지 매진하는 것이다.

출처: 매일경제, 2012.06.15.

창업 기업의 종류는 합명회사, 합자회사, 유한책임회사, 유한회사로 구분할 수 있다. 그중 가장 많이 사용되는 주식회사에 관한 창업절차에 대해 알아보고자 한다. 다음 〈표 11.4〉는 각 회사형태와 개념, 설립행위 그리고 기관구성에 관한 요약 설명표이다.

창업 기업의 종류

① **합명회사의 설립절차 개요:** 합명회사란 무한책임(無限責任)사원으로 구성된 회사를 합명회사(合名會社)라 한다. 무한책임사원은 회사에 대하여 출자의무 및 회사채권자에 대하여 직접 연대하여 무한의 책임을 진다(상법 제212조 제1항 참조). 합명회사의 설립단계는 다음과 같다.

- 제1단계: 정관작성 등
  회사설립 준비단계에서는 회사의 설립목적 및 명칭을 정하고 정관을 작성해야 한다.
- 제2단계: 합명회사 설립등기 등
  출자금을 납입한 후 회사 본점소재지를 관할하는 법원등기소에 합명회사 설립등기를 하면 합명회사가 성립한다(상법 제172조 및 제180조). 설립등기를 한 후 납세지 관할세무서장에게 법인설립신고 및 사업자등록을 해야 한다(법인세법 제109조 및 제111조).

※ 합명회사 설립에 관한 자세한 내용은 "찾기 쉬운 생활법령정보" 홈페이지의 '합명회사(설립·운영)'에서 확인할 수 있다.

표 11.4
창업 기업의 종류

구분	개념	설립행위	기관구성
합명 회사	무한책임사원으로 구성되며 각 사원이 회사의 채무에 대하여 연대하여 무한의 책임을 지는 회사(상법 제212조)	2명 이상의 사원이 공동으로 정관을 작성하고 설립등기를 함으로써 성립(상법 제178조 및 제180조)	무한책임사원은 업무집행 권리와 회사를 대표할 권리를 가짐(상법 제200조 및 제207조)
합자 회사	무한·유한책임사원으로 구성되며 무한책임사원은 회사의 채무에 대하여 연대하여 무한의 책임을 지고, 유한책임사원은 출자 금액의 한도 내에서 책임을 지는 회사(상법 제268조)	합자회사는 무한책임사원이 될 사람과 유한책임사원이 될 사람이 각각 1명 이상으로 하여 정관을 작성한 후 설립등기를 함으로써 성립(상법 제268조 및 제271조)	무한책임사원은 회사의 업무를 집행할 권리와 의무가 있으며(상법 제273조), 유한책임사원은 업무감시권이 있음(상법 제277조 및 제278조)

유한 책임 회사	유한책임사원으로 구성되며, 각 사원이 출자금액의 한도에서 책임을 지는 회사(상법 제287조의7)	유한책임회사는 사원이 정관을 작성하고 설립등기를 함으로써 성립(상법 제278조의2 및 제278조의5).	정관으로 사원 또는 사원이 아닌 자를 업무집행자로 정해야 하며, 정관 또는 총사원의 동의로 둘 이상의 업무집행자가 공동으로 회사를 대표할 수 있음(상법 제287조의19)
주식 회사	회사는 주식을 발행하며 주주는 인수한 주식의 인수가액을 한도로 책임을 지는 회사(상법 제331조)	주식회사는 발기인이 정관을 작성하여 공증인의 인증을 받은 후 각 주식에 대한 인수가액의 전액과 현물출자의 이행을 완료한 후 설립등기를 함으로써 성립(상법 제172조)	주식회사는 의사결정기관으로 주주총회, 업무집행기관으로 이사회 및 대표이사, 감사기관으로 감사가 존재함
유한 회사	각 사원이 출자금액 한도 내에서 책임을 지는 회사(상법 제553조)	유한회사는 정관을 작성하고 출자금액의 납입 또는 현물출자의 이행이 있은 후 설립등기를 함으로써 성립(상법 제548조 및 제549조)	유한회사의 의사결정기관은 사원총회이며, 사원총회는 회사의 업무집행을 포함한 모든 사항에 대하여 의사결정을 할 수 있음

출처: 중소벤처기업부/창업진흥원.

② **합자회사의 설립절차 개요:** 합자회사는 무한책임사원과 유한책임사원으로 구성되는 이원적 조직의 회사이다. 무한책임사원은 재산, 노무, 신용 중 어느 것이든 출자할 수 있고 회사의 경영에서 각자가 업무집행의 권리와 의무를 가질 뿐 아니라 회사채무에 관하여 직접 회사채권자에게 연대무한의 책임을 진다. 합자회사의 설립단계는 다음과 같다.

- 제1단계: 정관작성 등
  회사설립 준비단계에서는 회사의 설립목적 및 명칭을 정하고 정관을 작성한다.

- 제2단계: 합자회사 설립등기 등
  출자금을 납입한 후 회사 본점소재지를 관할하는 법원등기소에 합자회사 설립등기를 하면 합자회사가 성립한다(상법 제172조). 설립등기를 한 후 납세지 관할 세무서장에게 법인설립신고 및 사업자등록을 한다(법인세법 제109조 및 제111조).

※ 합자회사 설립에 관한 자세한 내용은 "찾기 쉬운 생활법령정보" 홈페이지의 '합자회사(설립·운영)'에서 확인할 수 있다.

③ **유한책임회사의 설립절차 개요:** 유한책임회사란 출자자인 사원이 직접 경영에 참여할 수 있는 반면, 각 사원은 자신이 출자한 투자액을 한도로 법적인 책임을 부담하는 형태의 회사를 말한다. 유한책임회사는 내부적으로는 정관자체가 보장되는 조합의 실질을 갖추고 외부적으로는 투자액의 범위 내에서 유한책임을 부담하는 주식회사의 장점을 결합하여 만들어진 회사제도이다. 유한책임회사는 고도의 기술을 보유하고 있지만, 초기 상용화에 어려움을 겪는 청년벤처창업이나 사모(私募)투자펀드, 법무법인, 세무회계법인 등에 적합한 기업유형으로, 기존의 주식회사나 유한회사보다 좀 더 간편하고 편리하게 회사를 설립하고 운영하는 데 유용한 회사제도이다. 유한책임회사의 설립단계는 다음과 같다.

- 제1단계: 정관작성 등

  회사 설립준비 단계에서는 회사의 설립목적 및 명칭을 정하고 정관을 작성한다.

- 제2단계: 출자의 이행

  사원은 정관의 작성 후 설립등기를 하는 때까지 금전이나 그 밖의 재산의 출자를 전부 이행하여야 한다.

- 제3단계: 유한회사 설립등기 등

  출자금을 납입한 후 회사 본점소재지를 관할하는 법원등기소에 유한회사 설립등기를 하면 유한회사가 성립한다(상법 제172조 및 제287조의5). 설립등기를 한 후 납세지 관할세무서장에게 법인설립신고 및 사업자등록을 해야 한다(법인세법 제109조 및 제111조).

④ **주식회사의 설립절차 개요:** 주식회사란 주식의 발행을 통해 여러 사람으로부터 자본금을 조달받고 설립된 회사를 말한다. 주식을 매입하여 주주가 된 사원은 주식의 인수한도 내에서만 출자의무를 부담하고 회사의 채무에 대해서는 직접 책임을 부담하지 않는다. 따라서 주식회사는 ① 주식, ② 자본금, ③ 주주의 유한책임이라는 세 가지 요소를 본질로 한다. 주식회사의 설립단계는 다음과 같다.

- 제1단계: 발기인의 정관작성 등

  발기인은 회사의 설립목적 및 명칭을 정하고 정관을 작성하며 회사설립 시 발행하는 주식에 대해서 그 종류와 수 및 액면금액을 결정한다(상법 제291조).

- 제2단계: 주식회사 설립방법 결정

  발행한 주식을 인수할 대상자(발기인만 또는 발기인과 모집주주)를 결정하여 주식회사 설립방법(발기설립 또는 모집설립)을 결정한다. 발기설립(發起設立)은 회사 설립 시에 발행하는 주식 전부를 발기인들이 인수하는 경우에 설립하는 절차를 말하고, 모집설립(募集設立)은 회사 설립 시에 발행하는 주식 일부는 발기인이 인수하고 나머지는 주주들을 모집하여 그들이 인수하는 경우에 설립하는 절차를 말한다.

그림 11.4

주식회사 설립절차

출처: 중소벤처기업부/창업진흥원.

- 제3단계: 주식회사 설립등기 등

발기인이 주식의 총수를 인수하여 출자를 이행한 후 또는 발기인이 주주를 모집하여 창립총회가 종결한 때에는 회사 본점소재지를 관할하는 법원등기소에 주식회사 설립등기를 하면 주식회사가 성립한다(상법 제172조 및 제317조). 회사 성립 전에 회사의 명의로 영업을 한 사람에게는 회사설립의 등록세 배액(倍額)에 상당한 과태료를 부과받기 때문에(상법 제636조 제1항), 회사설립 등기를 해야 회사 명의로 영업을 할 수 있다. 설립등기를 한 후 납세지 관할세무서장에게 법인설립신고 및 사업자등록을 해야 한다(법인세법 제109조 및 제111조).

⑤ **유한회사의 설립절차 개요:** 유한회사란 사원의 지위가 지분의 형식을 취하고, 모든 사원이 출자금액을 한도로 유한의 출자의무를 부담할 뿐, 회사 채권자에 대하여 어떠한 직접책임도 부담하지 않는 회사형태를 말한다. 유한회사와 유사한 형태의 회사에는 주식회사가 있다. 유한회사의 설립단계는 다음과 같다.

- 제1단계: 정관작성 등

  회사 설립준비 단계에서는 회사의 설립목적 및 명칭을 정하고 정관을 작성한다.

- 제2단계: 이사선임 및 출자이행

  사원총회를 개최하여 초대이사를 선임한 후, 출자금 전액 또는 현물출자의 목적인 재산 전부를 납입한다.

- 제3단계: 유한회사 설립등기 등

  출자금을 납입한 후 회사 본점소재지를 관할하는 법원등기소에 유한회사 설립등기를 하면 유한회사가 성립한다(상법 제172조 및 제549조). 설립등기를 한 후 납세지 관할 세무서장에게 법인설립신고 및 사업자등록을 해야 한다(법인세법 제109조 및 제111조).

※ 유한회사 설립에 관한 자세한 내용은 "찾기 쉬운 생활법령정보" 홈페이지의 '유한회사(설립·운영)'에서 확인할 수 있다.

창업자가 하는 가장 많은 질문

> Q. 벤처기업을 주식회사 형태로 설립하려고 하는데, 벤처기업을 설립하기 위해서 필요한 서류는 무엇인가요?
>
> A. 설립하는 회사가 벤처기업인 경우(벤처기업육성에 관한 특별조치법 제2조의2에 따른 벤처기업으로 벤처기업 대상에서 제외되는 업종을 운영하지 않는 기업을 말함), 회사설립 등기를 신청하기 위해서는 설립등기를 위한 일반서류 외 벤처기업확인서를 제출해야 한다. 벤처기업확인서를 발급받기 위해서는 해당 기업이 어떤 벤처확인 유형에 속하는지를 확인(벤처확인종합관리시스템 접속 → 제도 안내 → 벤처기업확인 요건)하여 해당 유형의 확인기관장에게 벤처기업확인을 신청한다. 확인기관장이 해당 회사가 벤처기업 요건에 적합하다고 판단하는 경우에는 벤처기업확인서를 발급한다[벤처기업확인요령(중소벤처기업부고시 제2021-20호, 2021.03.11. 발령·시행) 제18조 제1항].

마지막 점검 사항: 회사의 상호

상호표시 주의사항에 대해서 알아보자. 상호는 주식회사를 운영하는 사람이 영업상 자신을 표시하기 위하여 사용하는 명칭이다. 상호는 문자로 표시되어 발음할 수 있어야 하므로 기호·도형·문양 등은 상호로 사용할 수 없으며, 회사의 상호에 반드시 '주식회사'라고 표시해야 안다(상법 제19조).

동일한 영업에는 동일한 상호를 사용해야 하며, 설립하려는 주식회사에 지점이 있는 경우에는 지점의 상호에 본점과의 종속관계를 표시해야 한다(상법 제21조)

누구든지 부정한 목적으로 다른 사람의 영업으로 오인(誤認)할 수 있는 상호를 사용하지 못한다(상법 제23조 제1항), 부정경쟁방지 및 영업비밀보호에 관한 법률에서는 사업자 간에 부정한 수단으로 경쟁하는 것을 방지하기 위하여 부정한 상호사용을 금지하고 있다(부정경쟁방지 및 영업비밀보호에 관한 법률 제2조 제1호 가목부터 다목까지).

이상에서 창업절차에 대해서 알아보았는데 최근에는 온라인을 통한 창업절차가 매우 쉽고 간편하게 알려주는 중소벤처기업부의 온라인법인설립시스템(www.startbiz.go.kr) 정부 사이트가 있다. 이를 통해 더욱 자세한 내용을 알아보고 이 사이트에서 시뮬레이션을 해본 후 실무적인 부분을 알아가는 것이 많은 도움이 될 것으로 생각한다.

그림 11.5
온라인법인
설립시스템

출처: 중소벤처기업부, 온라인법인설립시스템(www.startbiz.go.kr).

Startup Workshop

1. 자신만의 사업계획서를 직접 작성해 보자. 〈그림 11.2〉 비즈니스 플랜의 주요 구성요소를 보고 각각을 채워 보자. 구성요소별 세부항목이 모두 기재되었는지를 반드시 확인해 보고 이 목차에 맞게 사업계획서를 작성해 보자. 본서에서 언급한 사업계획서의 작성 방법에 맞춰 주의사항을 반드시 숙지하고 이에 맞게끔 작성해 보자.

2. 〈표 11.1〉 창업 준비 사전점검 사항에 대해 답해 보고 모든 사항이 충족되었는지, 아니면 어떤 부분이 개선되어야 하는지에 대해 말해 보자.

3. 자신이 작성한 사업계획서를 가지고 이를 다음 사업계획서 작성의 7가지 요건인 자신감, 객관성, 일관성, 집중력, 가독성, 유연성 및 시장 지향성을 가지고 평가해 보자. 모든 요소를 충족하였는지, 아니면 부족한 점이 무엇인지에 대해 말해 보자.

4. 1번 문제에서 작성한 사업계획서를 〈표 11.2〉와 〈표 11.3〉에 있는 평가표로 자신과 동업자가 같이 평가해 보자. 객관적으로 어떤 점이 부족한지에 대해 말해 보자.

5. 〈표 11.4〉에 있는 창업 기업의 유형을 살펴보고 자신이 창업하고자 하는 기업은 어떤 유형이 가장 적합한지에 대해 생각해 보자. 그리고 그 이유에 대해 설명해 보자.

참고문헌

◆ **CHAPTER 01 창업전략과 로켓 창업비즈니스모델** (Startup Strategy & Rocket Startup Business Model)

Zachary, M. A., Gianiodis, P. T., Payne, G. T., & Markman, G. D.(2015), Entry timing: Enduring lessons and future directions, *Journal of Management*, 41(5), 1388-1415.

Zhang, S., & Markman, A. B.(1998), Overcoming the early entrant advantage: The role of alignable and nonalignable differences, *Journal of Marketing Research*, 35(4), 413-426.

◆ **CHAPTER 02 인프라 분석** (Infrastructure Analysis)

남윤정(2016), 창업아이템 개발, 마인드탭.

Campbell, D., & Craig, T.(2005), Organizations and the Business Environment, 2nd edn, Butterworth-Heinemann, Oxford.

Cheverton, P.(2004), Key Marketing Skills, 2nd edn. Kogan Page Ltd., London.

Gillespie, A.(2007), Foundations of Economics, Oxford University Press, Oxford.

Kyler, J.(2002-2003), Assessing your external environment: STEEP analysis, Competia.com, 33(December 2002-January 2003).

McGee, J., Thomas, H., & Wilson, D.(2010), Strategy: Analysis and Practice, McGraw-Hill, Maidenhead.

Porter, M. E.(2008), The five competitive forces that shape strategy, *Harvard Business Review*, Jan., 78-93.

Porter, M. E.(1985), Competitive Strategy: Techniques for Analyzing Industries and Competitors, New York: Free Press.

Sirmon, D. G., Hitt, M. A., Arregle, J. L., & Campbell, J. T.(2010), The dynamic interplay of capability strengths and weaknesses: Investigating the bases of temporary competitive advantage, *Strategic Management Journal*, 31(13), 1386-1409.

◆ **CHAPTER 03 기업 분석** (Company Analysis)

김성남(2021), 연봉협상에 능숙한 직원이 인재는 아냐: 스타트업은 성장하는 기회로 보상해야, 동아비즈니스리뷰, 1(3), 48-59.

김철중(2000), 재무분석, 한국금융연수원.

박세용, 김정남, 박형인, 서용원, 신강현, 이혜주, 정승철 조영길 옮김(2017), 산업 및 조직심리학, 8판, 센게이지 러닝.

장세진(2022), 경영전략, 12판, 박영사.

한상만, 하영원, 장대련(2018), 경쟁우위 마케팅전략, 4판, 박영사.

한정화(2015), 벤처창업과 경영전략, 6판, 홍문사.

Barney, J. B.(1991), Firm resources and sustained competitive advantage, *Management Science*, 17(11), 99-120.

Horngren, C. T., Foster, G., & Datar, S. M.(2000), Cost Accounting, Prentice Hall International, INC.

Spencer, L. M., & Spencer, S. M.(1993), Competence at Work: Models for Superior Performance, John Wiley & Sons, INC.

Wheelen, T. L., & Hunger, J. D.(2006), Strategic Management and Business Policy, 10th Edition, Pearson Prentice Hall.

◆ CHAPTER 04 고객과 경쟁자 분석 (Consumer & Competitor Analysis)

Barney, J.(1991), Firm resources and sustained competitive advantage, *Journal of Management*, 17(1), 99-120.

Porter, M.(1985), Competitive Strategy: Techniques for Analyzing Industries and Competitors. New York: Free Press.

Rao, V. R., & Steckel, J. H.(1995), Understanding and forecasting market environment-II, In The New Science of Marketing, Chicago, IL: Irwin.

Stabell, C., & Fjeldstad, O.(1998), Configuring value for competitive advantage: On chain, shops, and networks, *Strategic Management Journal*, 19, 413-437.

◆ CHAPTER 05 창의적 아이디어 개발 (Creative Idea Thinking Methodology)

강한수(2011), 성공적인 비즈니스 모델의 조건, SERI 경영노트 108호.

계보경(2022), 메타버스의 교육적 활용 방안- 확장된 학습 공단으로서의 가능성과 한계, 정책연구, 2022 여름호.

김형준(2011), 소비자의 감각적 혁신성향과 인지적 혁신성향이 신제품 구매의도에 미치는 이중 경로, 한국콘텐츠학회논문지, 11(8), 187-197.

변문경, 박찬, 김병석, 전수연, 이지은(2023), ChatGPT 인공지능 융합교육법, 다빈치 Books

토니 부잔(2019), 마인드맵 마스터, 미래의 창.

Branwen, Gwem(2020), "Gpt-3 Creative Fiction" http://www.gwem.net/GPT-3

Fernando, Trias De Bes and Kotler, Phlip(2011), Winning at Innovation: The A to F Model, Palgrave Macmillan.

Kotler, Phlip(2017), My Adventures in Marketing: The Autobiography of Philip Kotler, IDEA BITE PRESS.

Mark W. Johnson, Christensen, Clayton M. and Kagemann, Henning(2008), Reinventing Your Business Model, *Harvard Business Review*, December.

Osterwalder, Alexander and Pigneur, Yves(2010), Business Model Generation: A Handbook for Visionaries, Game Changers, and Challengers, WILY.

◆ CHAPTER 06 비즈니스모델 개발 (Business Model Development)

김위찬, 르네 마보안(2016), 블로오션 전략.

김한수(2011), 성공적인 비즈니스모델의 조건, SERI 경영노트 108호.

남윤정(2016), 창업아이템 개발, 마인드탭.

최은정(2024), 마케팅관리: AI · 디지털시대의 마케팅, 3판, 정독.

Hagel, John and Singer, Marc(1999), Unbundling the Corporation, *Harvard Business Review*, March 1.

Jumar, Vineet(2014), 프리-미엄 전략, 어떻게 성공할 수 있을까?, 하버드비즈니스리뷰, May.

Kortler, Philip & Armstrong, Gary(2010), Principles of Marketing, 10th edition, Pearson Education.

Osterwalder, Alexander and Pigneur, Yves(2010), Business Model Generation: A Handbook for Visionaries, Game Changers, and Challengers, WILY.

Vesper, Karl H.(1996), New Venture Experience, Revised Edition, Vector Books.

◆ CHAPTER 07 Internal 4P Mix

김경민, 곽준식, 최은정, 박정은(2021), 고객가치기반 브랜드원론, 박영사.

김경민, 박정은, 김태완(2019), 고객가치기반 신제품 마케팅전략, 박영사.

박정은, 김경민, 김태완(2023), 고객가치기반 마케팅, 2판, 박영사.

Badrinarayanan, V., Suh, T., & Kim, K.-M.(2016), Brand resonance in franchising relationships: A franchisee-based perspective, *Journal of Business Research*, 69(10), 3943-3950.

Goldenberg. J. and Oreg, S.(2007), Laggards in disguise: Resistamce to adopt and the leapfrogging effect, Technological Forecasting and Social Change, 74(8), 1272-1281.

Moorman, Christine(1995), Organizational Market Information Processes: Antecedents and New Product Outcomes, *Journal of Marketing Research*, 32(3), 318-335.

Petres, R., Muller, E. and Mahajan, V.(2010), Innovation diffusion and nes product growth models: A critical review and research directions, *Journal of Business Research*, 27, 91-106.

◆ CHAPTER 08 External 4P Mix

강종열, 김정섭, 김태호, 신현길, 최종열 공역(2007), 생산운영관리, 한국맥그로힐(주).

공정거래위원회 가맹거래사이트(2023), 가맹사업이란?, https://franchise.ftc.go.kr

박찬욱(2017), 실전 유통론, 청람.

서용구, 한경동(2004), 대형 할인점 포화지수 산출과 결정 요인 분석, 유통연구, 9(4), 65-83.

안광호, 김동훈, 유창조(2020), 통합적 마케팅 커뮤니케이션 접근 촉진관리, 4판, 학현사.

임영균, 안광호, 김상용(2015), 고객지향적 유통관리, 3판, 학현사.

Huff, D. L.(1963), Defining and Estimating a Trading Area, *Journal of Marketing*, 28, 34-38.

◆ CHAPTER 09 재무계획 및 경영성과 (Financial Planning & Business Performance)

김경민, 박정은, 김태완(2019), 고객가치기반 신제품 마케팅전략, 박영사.

김철중(2000), 재무분석, 한국금융연수원.

박정은, 김경민, 김태완(2023), 고객가치기반 마케팅, 2판, 박영사.

이병관, 정원호(2021), 스타트업 회계학, 박영사.

한정화(2015), 벤처창업과 경영전략, 6판, 홍문사.

Drucker, P., Collins, J., Kotler, P., Kouzes, J., Rodin, J., Rangan, V. K., & Hesselbein, F.(2008), The Five Most Important Questions You Will Ever Ask About Your Organization. Frances Hesselbein Leadership Institute.

Drucker, Peter F.(2008), The Five Most Important Questions You Will Ever Ask About Your Organization, Jossey-Bass.

Stam, W. and Elfring, T.(2008), Entrepreneurial Orientation and New Venture Performance: The Moderating Role of Intra-and Extra industry Social Capital, *Academy of Management Journal*, 51(1), 97-111.

◆ CHAPTER 10 창업에 필요한 전략적 지향성 (Strategic Orientation)

Kyndt, Eva and Herman Baert(2015), Entrepreneurial Competencies Assessment and Predictive Value for Entrepreneuship, *Journal of Vocational Behavior*, 90, 13-25.

색인

저자소개

최은정 (choiej@smu.ac.kr)

상명대학교 경영학부 교수로 재직하고 있다. 상명여자대학교 경영학 학사, 고려대학교 마케팅 석사(MBA) 후, 미국 Michigan State University에서 리테일링 박사(Ph.D)를 취득하였다. 전문 분야는 마케팅 전략, 브랜드, 리테일링 및 창업이다. 대우그룹 컨설팅업체인 (주)인터패션플래닝과 (주)Brand Marketing Consulting에서 컨설턴트로 활동하였고 (주)앤더모스트컨설팅을 창사하여 대표컨설턴트/CEO로 회사를 이끌었다.

중소기업벤처부 산하 창업진흥원 비상임이사를 역임하여 우리나라 주요 창업 정책 및 사업을 심의 및 자문하였고, 많은 창업사업을 총괄하였으며 수많은 스타트업을 인큐베이팅한 창업전문가이다. 경영경제대학 학장, 경영대학원 원장, 창업지원단 단장, 산학협력단 부단장 등 다양한 학교 보직을 맡았다. 현재 디지털비즈니스연구소 소장, 한국공공브랜드진흥원 총괄위원장이며, 다양한 정부, 지자체, 공공기관 자문 및 민간기업 대상의 컨설팅, 교육, 강연과 함께 경영 관련 출판 활동도 왕성히 하고 있다.

김경민 (keim@silla.ac.kr)

부산 신라대학교 경영학과 교수로 재직하고 있다. 서강대학교에서 마케팅 전공으로 경영학박사(Ph.D.)를 취득하였다. 연구 관심 분야는 소비자의 정보처리와 행동과학을 이용한 브랜드 전략 수립 및 국제마케팅 분야이다. Journal of Business Research 등 국내외 유명 학술저널에 80여 편의 논문과 7권의 저서를 출간하였다. 대한경영학회에서 우수논문상, 한국마케팅관리학회에서 우수심사자상을 수상하였으며 기업과 정부기관에 관련 연구를 다수 진행하였다.

한국마케팅관리학회장, 한국마케팅학회 부회장, 한국전략마케팅학회 부회장, 경영컨설팅연구, American Journal of Business, Asia Pacific Journal of Marketing and Logistics 등 국내외 다수의 학회의 편집위원 및 Ad hoc Reviewer로 학술활동을 하고 있다. 부산 신라대학교에서 경영대학장, 경영학교육인증센터장, 경제경영연구소장, 교수평의원회 의장, 대학평의원회 의장 등을 역임하였다. 국가기관과 지방자치단체의 심의, 평가, 출제위원 등을 역임하였으며 (주)쌍용정보통신, BrandAcumen Inc. 등에서 풍부한 실무경험을 쌓았다.

이인구 (iglee@ut.ac.kr)

국립한국교통대학교 경영학과 교수로 재직하고 있다. 서강대학교 대학원 경영학과 마케팅 전공으로 경영학 박사학위를 취득하였다. 연구 관심 분야는 마케팅 조사분석, 기업 간 지배구조, 유통관리, 판매관리, 창업, 프랜차이즈 분야이다. Asia Marketing Journal, 유통관리, 마케팅관리연구, 경영컨설팅연구, 무역연구 등 마케팅 관련 주요 학술지에 다양한 연구를 게재하였으며, 한국마케팅학회 박사학위논문 프로포절 우수상, 2021년 무역연구 학술지에서 학술대상을 수상한 바 있다.

한국마케팅학회 상임이사, 한국마케팅관리학회 상임이사, 한국경영학회 이사, 한국유통학회 이사, 한국글로벌무역학회 부회장으로 활동하고 있다. 고용노동부 산하 한국고용정보원 위원, 한국가스안전공사 경영평가위원, 중소기업유통센터 평가위원, 충주시 민간 위원 등으로 활동하고 있으며 현재 국립한국교통대학교 지역발전연구소 소장을 맡고 있다.

박정은 (jepark@ewha.ac.kr)

고려대학교에서 영어영문학을 전공하고 경영학으로 석사 및 박사를 수료하였다. 이후 미국 University of Alabama에서 마케팅 전공으로 경영학 박사학위(Ph.D.)를 받았다. 이후 University of New Hampshire에서 교수로 재직하였고, 현재 이화여자대학교 경영대학 및 경영전문대학의 교수로 재직하고 있다. 연구 관심 분야는 마케팅 전략과 영업전략 분야이고 이러한 관심 분야에서 활발한 연구 활동을 하고 있다. Journal of Marketing Research를 비롯한 국내외 주요 학술지에 영업과 마케팅 관련 많은 연구를 게재하였다.

Asia Marketing Journal의 편집장을 역임하였고, 현재 한국유통학회 부회장 및 한국마케팅관리학회의 고문으로 다양한 학회활동을 하고 있다. 정부 및 공공기관의 각종 평가위원, 심사위원 및 정책연구를 하였으며 국내외 대기업 및 중소기업들을 대상으로 영업 및 마케팅에 관한 강연, 컨설팅 및 자문활동 등을 활발하게 하고 있다.

스타트업 창업: 창업의 A부터 Z까지 전략과 실행

초판발행	2024년 5월 30일
지은이	최은정·김경민·이인구·박정은
펴낸이	안종만·안상준
편 집	배근하·이혜미
기획/마케팅	박부하
표지디자인	Ben Story
제 작	고철민·조영환
펴낸곳	㈜ **박영사** 서울특별시 금천구 가산디지털2로 53, 210호(가산동, 한라시그마밸리) 등록 1959. 3. 11. 제300-1959-1호(倫)
전 화	02)733-6771
f a x	02)736-4818
e-mail	pys@pybook.co.kr
homepage	www.pybook.co.kr
ISBN	979-11-303-1971-1 93320

정 가   24,000원